思想觀念的帶動者

文化現象的觀察者

本土經驗的整理者

生命故事的關懷者

心靈工坊 PsyGarden

Holistic

探索身體，追求智性，呼喊靈性
攀向更高遠的意義與價值
是幸福，是恩典，更是內在心靈的基本需求
企求穿越回歸眞我的旅程

發光體：從太陽、月亮看生命追求與心靈整合

The Luminaries: The Psychology of the Sun and Moon in the Horoscope

麗茲・格林 Liz Greene
霍華・薩司波塔斯 Howard Sasportas——著

楊沐希——譯

目錄

contents

第二部　太陽　121

第三部　合體　227

推薦序

當你心中的月光隱滅，靈魂的太陽仍在散發光芒

鐘穎／心理學作家、愛智者書窩版主

月亮與太陽是占星學中的兩個發光體，同時也是星盤中最重要的兩顆星。我經常告訴學生，如果在星盤裡迷路，月亮和太陽就是你回家的路標。

本書論及許多太陽與占星的神話，但多數人可能不曉得，圍繞在月亮與太陽神話的其實是兩個截然不同的信仰。就算它們屬於同一文化，也經常有前後時期之分。即便這些神話的流行時期會有重疊，也反映了很不同的心靈面貌。

月亮每個月都會消失三天（黑月），它的光芒隨著自身的盈虧而產生變化，但它的變化卻遵循固定的週期。與之相對的則是太陽光，它是超越的光、永恆的光，因為太陽本身並沒有陰影，它的光芒也沒有偏私。

月亮光與太陽光相互調節，如神話學大師約瑟夫．坎伯所說，它們的神話組合構成了永生

的兩種基本形式。第一種永生是死而復生，人們相信自己死去的祖先會活在月亮上；第二種永生則是靈魂跟隨太陽光而去，自此永不復返，活在太陽的另一邊。

因此輪迴也就有了兩種假設：第一種是人會反覆褪下不同的肉身，如同月亮那樣隱而復現，死而復生；第二種是永不消亡的亮光，它化身為萬物，並隱藏在萬物之中。

讀者只要稍加思考，就可以發現，前者是普遍存在於母神信仰時代，人們對大自然春去秋來永恆循環的嚮往。後者在東方文化中所指的就是涅槃，一種不再輪迴，超脫六道的宗教理想。

以此為基礎，本書所提及的各種神話就有了一個共通的核心，月亮與太陽因此分別代表了：不變與變、精神與物質、獨立與安全。但無論如何，它們都是人類對死亡焦慮的反應，以及對死後世界的猜想。

用神話與心理學的角度來解釋星盤是心理占星學的特色。由於天文學與占星學的分家，加上自然科學的興起與實證主義的抬頭，遂使占星學另闢蹊徑，與心理學產生了合流，它們逐漸採用了人本心理學、精神分析與榮格心理學的觀點，形成了今日心理占星學的樣貌。

在結合榮格心理學與占星學的嘗試中，麗茲．格林是當中的佼佼者。許多市面的占星書也都可以看到對陰影、人格面具、投射、阿尼瑪／阿尼姆斯、共時性等榮格術語的採用。

然而，榮格心理學與占星學的整合企圖迄今仍未完成。榮格心理學擴充了占星師的文字資料庫，但並未根本解決占星學急需面對的問題：它究竟偏向自然科學，還是詮釋學？

有人認為占星是一門古代的統計學，但筆者必須誠實說，這個說法已被許多不同的研究所駁斥。那麼它的效力可以用詮釋學來解釋嗎？亦即它的地位源於它是一門具有內在一致性的學科，具有自圓其說的特質，而不是與客觀事實的對應。若如此，占星就無法宣稱它可以透過星體運行來預測吉凶禍福。

既然是心理占星的著作，此處不妨淺聊一下榮格與占星的問題。事實上，榮格很早就對占星學情有獨鍾，這從他與佛洛伊德的通信中可以發現，後來他在煉金術的文獻中也大量引用。他晚年依舊熱衷於占星的科學研究，但結果卻讓他失望。他在進行婚姻合盤的研究時發現，讓星盤準確的不完全是星體的位置與角度，而是占星師本人的主觀參與以及他個人的情緒／心裡狀態。這回到了他對共時性的說法：有意義的巧合。

誰認為有意義？占星師認為它有意義。

這麼說來，真正使命盤產生奧祕性質的並不是許多占星師認為的「時間」，而是「人」。與不少讀者以為的相反，星盤的客觀性不僅未因「共時性」而得到確立，反而受到了顛覆。這樣的矛盾在當前的心理占星書籍中似乎較少提及，卻是榮格與占星兩個學科交會時的深水區，尚待有志者提出理想的解釋。

之所以提及此點，是要表明心理占星學還有許多值得探究的題目可以做，也不應受到心理學知識的挹注而太急著全盤接受。而對喜好榮格的朋友來說，占星學背景中的一體世界（unus mundus）宇宙觀，以及出生盤所揭示的個體化圖像與進程，則高度反應了榮格思想的旨趣。

占星學是傳統命理學之中最突出、最開放接受新知，也最勇於嘗試的學科。相較於東方的命理學，占星學從未停止對新技法的開發，其對深度心理學及神話如海綿般的吸收，也說明了占星師們勇於接受新觀念。

對我而言，學習占星意味著相信個人的命運與宇宙的藍圖相連，對星盤的主動詮釋會使人以更具意義的方式將散亂的生命事件重組，並在回顧過往的同時又對未來展開進一步的推測。它不僅指向了今生，甚至指向了來世。

對在科技與資本面前感到渺小的平凡人來說，心理占星學的魅力相當巨大，撫慰亦相當深厚。所有學習過占星，運用過占星的人都會被它的豐富給吸引。心理占星學的學科跨度相當廣，麗茲．格林與霍華．薩司波塔斯更是當中的佼佼者。

讀者翻開這本書時務必當心，因為你可能會停不下來，從而不小心迷失在各種迷人的故事和心理學浩瀚的概念當中。這個時候請你再次回想月亮與太陽的基本性質：一個自帶陰影，一個永不消失。而我們的心中是否也存在著這兩個相異但互補的面向？是否也有來去無常的思緒，和持續一生的召喚？

我相信，古人仰望天空看到日月時的那份悸動依舊在你胸膛燃燒，提醒你是大自然的一份子。你應當這麼安慰你的個案／或是激勵你自己：當我們心中的月光隱滅時，靈魂的太陽仍在散發光芒。因此，人應該常保希望。

月光去而復返，而太陽永遠照亮你生命的黑暗。

導讀

發光體的魅力與智慧

愛卡 Icka／美國占星研究協會（ISAR）認證占星師（C.A.P.）
暨終身會員，著有《星盤裡的人》

遵循自然律例，是古人汲取農耕經驗和教訓的總括。《呂氏春秋》乃呂不韋為秦始皇治國而作，其中〈十二紀〉以「法天地」為建國藍圖，將一年分為十二個月，記載各月星象、動植物生長規律，議應興作之農事，且依氣候特色解釋節令和擬定環境保護事宜。然而，若《呂氏春秋》只提倡自然之道，尚不足流芳百世，可貴的是從自然之道中演繹出管理眾人之事的圭臬；《論語》有云：「君子有三畏：畏天命，畏大人，畏聖人之言……」，「天命」乃大自然之規律。古人依每日、每月，和每季的變化整理出其秩序，又在各種秩序中發現與現實生活的對應關係，例如人體的氣血運行與月相週期有關，因此在海水漲潮的朔望日應多休息、早入睡，保持清淡飲食，避免食用上火的食物；亦忌手術失血，以保安康。

這類概念亦可在其他文化的宇宙觀看到相似之處，如同占星學的英文 Astrology，來自希臘語的兩個字根，astro 是星星，logy 是學問或邏輯，從字面上解讀就是星辰的邏輯。無獨有偶，印度占星學既稱為吠陀占星 Vedic Astrology（又譯韋達占星，即來自上天啟示的智識），也稱 Jyotisha，Jyotisha 是由梵文裡的 Jyoti（光）和 Isha（萬物的基礎與源頭，可視為神）二字組合而成，揭示天上光體如何與個人生活、政經局勢等產生共振。人類從大自然裡獲益，高掛天幕的發光體功不可沒。

既然發光體引領人們生活，坐居主位者莫過於提供穩定光源的太陽，入夜後便由變化的月亮和其他繁星守望，因此想要追求精采人生是否聚焦星盤裡的太陽即可？我敬重的美國占星師諾埃爾．堤爾（Noel Tyl）認為耀眼的太陽無法以肉眼直視，倒是月亮反射太陽的光，故可先滿足月亮需求，以邁向太陽象徵的英雄形象，兩者相輔相成。印度瑜珈中也有禮拜日月的哈達瑜珈（哈 Ha 代表太陽，達 Tha 代表月亮），是一種透過力量練習來調和內在太陽與月亮的能量，即平衡體內的右脈（pingala）和左脈（ida），與本書結論在生命過程中學習平衡與整合的宗旨不謀而合。

本書為心理占星中心（The Centre for Psychological Astrology）於一九九〇年六月舉辦之「內行星」單週研討會的前半部，由麗茲．格林和霍華．薩斯波塔斯主持。講座內關乎太陽和月亮的內容收錄於本書，其餘涉及水星、金星、火星的討論則編入《內行星：從水星、金星、火星看內在真實》（繁體中文版於二〇一九年由心靈工坊出版）。我想講座內容之所以分冊出版，一是避免資訊量過多難以消化，另是日月關係緊密，不宜與其他行星類比。從講座舉辦的時間來看，雖為三十年前的討論，但讀起來仍不落俗套。我原企圖在收到譯稿後一口氣完成閱讀，卻因屢屢獲得啟迪而暫時關閉檔案。忍不住檢視過往所學，核對生命歷程。

一開場，麗茲便以心智圖格式將「月亮的神話地圖」輻射梳理。擁有史學博士頭銜的她引用史學、神話和傳說，考據心理學理論，娓娓闡述占星學中月亮象徵的意涵，讀來十分享受。首張星盤分析一如既往，清晰扼要，在星座、宮位和相位之間切換自如。解讀星盤當以兩位作者為典範（霍華的精采示範在第二部），原型解讀至上，忌捕風捉影，投射妄議，宜詳敘思路，適時舉證，並在不同層面上找出重複交集。客戶常讚嘆占星學在預測層面的準確度，我認為準確度只是附加價值，協助來訪者理解過去接受當下，因而更認識自我才是這項工具的絕妙之處。接續上場的霍華由探討月亮在關係中的象徵切入，聚焦在童年早期的發展歷程。讓我想起在印度一對一學習吠陀占星時，老師曾再三叮囑我，若真有兩張相似的星盤，一定得比對兩人的出生國度、父母的職業和當事人性別，因不同文化／家庭提供的資源相距甚遠，再配上性別優勢／劣勢，兩人的發展可能南轅北轍。月亮在占星學中與家庭、早年主要照顧者有關，霍華細緻拆解相位背後的可能性，可助讀者以更宏觀的方式理解自己根源的樣貌。

常有初學者誤以為占星學僅需背誦關鍵字眼，便無視人文素養中的點點滴滴，如此可能導致解讀流於形式或停滯不前。占星學中的象徵意涵好比印象派畫風，近看莫內的《睡蓮池》，難以分辨眼前的色塊究竟是睡蓮還是池塘？拉開距離，才易看清光影變化。著實來說，行星能量並不具象，無法一筆帶過。胡適先生有云：「做人要在有疑處不疑，做學問要在不疑處有疑」。學習該有剝洋蔥精神，本書便是這般規格，依此法檢視其他行星必大有收穫（當然，直接複習《內行星》是省時的捷徑）。

講座接續來到太陽主場。太陽的象徵意涵與意識到的自我相關，與之形成相位的行星都是在成為完整的「我」之前將經歷的過程（本書內容有大量的相位討論，建議對相位不熟悉的同好先行補充相關知識）。我在此特別引用麗茲的一段話：「太陽描述的是一段過程，而不是某種行為模式，也可以理解為每個星座的內在核心驅動力……如果這股內在力量遇到障礙或阻力，事實上，這種狀態就等同於拒絕神話的呼喚一樣。」所以，不是人人都能自然而然發展出成熟的太陽形象。占星學的價值在於透過星盤配置，循線找到障礙所在，再搭配後續段落示範的溝通方式（如P.184、P.243）協助當事人接納完整的我；另也可按麗茲的提議，觀察上升星座，因「上升點比較像在生命旅程中陪伴我們的嚮導，需要我們學習某些課程或特徵，協助我們成為太陽所象徵的樣子。」若讀者對此有興趣深入探討，不妨參考拙作《星盤裡的人》，其中有十二個範例可供參考。

章節尾聲，來到充滿亮點的第三部。儘管第三部為進階討論，但絕對滿足占星饕餮的求知欲。尤其第二部中的案例延伸至第三部，兩位作者攜手比對祖孫三代的日月差異性，再加上行運、二次推運和組合中點盤一起探討，想必有進階概念的同好讀來甚是興奮，在已出版的中文占星書籍裡，這是前無來者的首例。喜出望外的是麗茲還加碼暢談月相週期、二次推運以及南北交軸線。提到月相週期，我認為無論是從天文或占星角度切入，討論日月關係，不宜跳過月相。以占星學而言，理解月相有助領悟十二星座，更是體會占星相位的關鍵所在；若熟諳此觀念可擴及二次推運，作為觀察自我成長的自助工具。對月相週期有興趣的同好，可一同參考達比．卡斯提拉的《占星學中的月亮》與布萊恩．克拉克的《生命歷程占星全書》，三書一起服用，對月相會有非常完整的概念。

再者，關於合盤比對，我引用柏拉圖在《費德魯斯篇》（*Phaedrus*）裡的例子來說明。男孩不知道自己戀愛了，不曉得愛的感覺為何，他似乎因為愛人而盲目，只能在愛人的眼裡看到自己，但他卻不自知。人與人的相處也是如此，本書雖以祖孫三代做示範，卻將人我關係中作祟的期待與盲點刻畫入微。借力使力，正因能透過他人看見自己，合盤的觀察重點便不在雙方有哪些愛恨情仇，而是藉由這段互動挖出自己的情感糾結和不切實際的理想期待。執業過程中常有人問我能否藉由星盤配置找到最佳伴侶？我的回答是要找絕配實在強人所難，有緣人到訪時會點響不同樂曲，讓我們隨之沉浸在不同的旋律中。此君讓我們翩然旋轉，跳起如行星般自轉亦公轉的華爾滋；與彼君卻忍不住貼其心口，在探戈舞曲中熱情相擁……所以，合盤中的不同組合都是絕配！特別是當他人的行星觸動（產生相位）我們星盤裡的太陽、月亮時，正是體察情感需求的好時機，並在醒悟之際將收穫納入自我，進行整合，繼續往下一個心靈里程碑前進。我想，這是所謂的良緣，伴侶如此，親人尤是。

最後，補充提出月相與心理層面觀察的丹恩・魯伊爾（Dane Rudhyar），他於一九六七年出版了《月相週期：理解性格的關鍵》（*The Lunation Cycle: A Key to the Understanding of Personality*）一書，將八種月相推及八種人格。當我們著眼於生日當天的月相，即可透過對應得知性格的大致特色，輔以星盤裡其他訊息，可以更認識自我，發揮潛力。

文末，感謝心靈工坊出版此書，讓占星同好有機會站在巨人的肩上，窺覽不同的星空，體察發光體的魅力與智慧。

獻給阿洛伊斯與伊莉莎白

以及他們的雙胞胎女兒，阿蒂蜜絲與莉莉絲，

兩個女孩在本次研討會舉行期間受孕。

前言

根據《錢伯斯二十世紀字典》的定義，「發光體」（luminary）一詞的意思相當簡單，就是「光源」，也作「照亮物品或啟發人心之人事物」。因此，在文學或劇場領域，「發光體」指的正是才華洋溢之人，諸如演員勞倫斯．奧立佛[1]或作家托馬斯．曼[2]，透過他們定義的精湛卓越，讓我們追求的標準更上一層樓。「發光體」樹立典範，呈現出臻至完美的具體成就。

在早期且詩意的占星理論中，太陽與月亮即為發光體，意即「光」。這些發光體、這些啟迪的「引導者」，它們在各自領域裡定義了我們渴望的內在標準為何。過去在解讀行星配置

1 譯註：勞倫斯．奧立佛（Laurence Olivier），英國演員，獲獎無數，被譽為二十世紀最著名、最受崇敬的演員之一，與費雯．麗（Vivien Leigh）是美國影史上第一對奧斯卡影帝影后夫妻檔。奧立佛在舞台與銀幕上詮釋了希臘悲劇、莎士比亞戲劇等各種不同時代的角色。他對莎劇角色的詮釋和對詩意語言的掌握廣受讚譽，且自導自演，改編莎翁的《王子復仇記》（*Hamlet*），因此斬獲奧斯卡最佳影片等大獎。

2 譯註：托馬斯．曼（Thomas Mann），德國作家，一九二九年獲諾貝爾文學獎。一九〇一年，首部小說作品《布登勃洛克家族：一個家族的衰落》（*Buddenbrooks: Verfall einer Familie*）甫一出版就受到讀者與評論的廣大共鳴，之後又出版《魂斷威尼斯》（*Der Tod in Venedig*）及《魔山》（*Der Zauberberg*）等膾炙人口的作品。

時，會認為這是難以撼動的特質，本該如此。太陽與月亮象徵一個人的本質，定義了當事人的性格，無可辯駁。只不過，占星要素都是過程，因為人類是透過心理學的視角洞悉占星，人非靜止，而是在永無止境的改變與發展過程中推動人生。占星配置描繪起指向某處的箭，用創造力逐漸將層層血肉堆疊在原型模式的枯骨上，隨著光陰前進，以帶有智識的行為，將必要的細膩色彩填進銳利的黑白輪廓之上，而這些斑斕的色彩正是經驗與每個人的抉擇。占星學上的「發光體」的確是指引的明燈，反射出我們終有一天能夠達成的成就，以象徵的形式描繪出我們能夠成為的最佳自我。

人類出生時並未「完成」，相較於其他動物，我們似乎過早降世，無論身心，頭幾年都得仰賴他人才能存活。剛破蛋的小鱷魚就有牙齒能啃，具備能夠行動、可以游水的完整和諧軀體，同時也擁有激烈的攻擊本能，得以獵食、自保。不過，咱們人類這種自然界的偉大奇蹟（magnum miraculum）一出生卻是潛在的受害者，莎士比亞說我們「在奶媽懷裡啜泣嘔吐」，脆弱的無「齒」之徒，無法自行進食，除非有人能夠照料我們，不然我們就死定了。我們遭到子宮伊甸園的驅逐，沒有車、沒有房、沒有信用卡這些不可或缺的東西，我們必須仰賴母親或母親的代理人，這種立即且絕對的依賴會引發我們對最初生命資源提供者的深層緊密依附，這種依附關係之後只能透過掙脫母親來達到平衡。因為，打從一開始，母親就是我們的全世界，我們根據與母親共處的早期經歷來感知世界，之後根據這種「示範」，學習照顧自己（mother ourselves）。如果母親是安全的載具，足以滿足我們的基本需求（溫尼考特所謂之「夠好的母親」），那我們就能成長為信任生命的大人，相信世界基本上是充滿善意與支持的所在，因為我們有榜樣，可以學習善良，且支持我們自己。不過，若我們的需求遭到打壓、扭曲，或直接拒絕，長大成人後，我們就會相信世界充滿掠食者，他們狡猾又有超凡的能力，而且會覺得生命沒有站在我們這一邊，因為我們自己都無法站在自己這一邊。母親是我們首位的實際示範，能夠讓我們看到月亮提供的自我滋養是什麼樣子，具有指導性質，更能讓兒時的我們了解這種滋養可以達到何種程度。不過，月亮，這個能夠教育我們該如何按照個人獨特需求照顧自己的發光體，說到底還是存在於我們內在，（若生命早期的「載具」不夠好）我們可以學習如何療癒傷痛，進一步學習信任生命。

要達成心理上的誕生，我們必須認清自己是完整的個體，與母親有關，卻並非一體。人類內心有一股能量，對抗孩童時期的全然依賴與羈絆，就是這股能量迫使我們憑藉超越生命的力量，走上充滿荊棘的漫長道路，迎向獨立的自我。這不只是長出牙齒，啃咬其他鱷魚這麼簡單。太陽這個發光體在分離的儀式上帶領我們，以「我」這個巨大的謎團引領我們前進，光芒閃爍，承諾起與眾不同的真實自我，掌握的不只是生存的智慧，更是讓生命充滿意義、目的與喜悅的能力。從仰賴母親到獨立存在的道路，無論內在外在，皆如英雄之旅原型所描繪，充斥恐懼與危險。與母親合一的狀態是喜樂的，即天堂花園那永世永恆的繭，沒有衝突，不會寂寞，毫無痛苦，更無遑死亡。不過，自主與真我是孤獨的，要是沒有人愛我們怎麼辦？況且，萬物終有一死，這一切的掙扎與焦慮到頭來又有何意義？指引我們方向的內在明燈似乎永遠困在生死交戰中，如同巴比倫的火神馬爾杜克（Marduk）與他的海洋女神母親提阿瑪特（Tiamat）一樣。或如美國詩人理查・威爾伯（Richard Wilbur）《子葉》（*Seed Leaves*）一詩所言：「植物想生長／也想保持胚胎狀態／渴望抽高卻也想逃避／成形的宿命……」[3]

據說，歷史就是意識展開的故事。如同每個人的故事一樣，話說從頭都是嬰兒離開羊水，創世神話也然如此，帶有太陽性質的神祇或英雄脫離原始大母神的軀體。英雄與母龍戰鬥，之後返回神聖父親的懷抱當然不是故事的結局，因為英雄終將必須離開奧林帕斯山，以凡人身分與女伴結合，將英雄與惡龍的爭戰轉化為被愛。不過，正是我們內心一度遭到圍困（有時一輩子都無法脫身）的太陽英雄，這個內在的發光體指引方向，解放自我，從盲目的本能衝動中，走入孤寂卻堅不可摧的「我」之輝光裡。

太陽與月亮象徵著每個人內在兩種相當基本卻截然不同的心理過程。月亮的光會誘惑我們回到與母親融合的狀態，回歸銜尾蛇般的安然容器之中，但也是這道光教導我們如何連結，如何照顧自己與他人，還有歸屬感與同理心。太陽的光會帶領我們走進焦慮、危險與孤獨之中，但這道光也指引我們找到隱藏的神性，如十五世紀文藝復興時期哲學家喬瓦尼・皮科・德拉・米蘭多拉（Giovanni Pico della Mirandola）所言，我們有權自豪共同創造了上帝的宇宙。為了達到兩者之間的平衡，意即鍊金術中雙方兼顧的「合體」，則需要一輩子的努力。將自我從母親、自然及集體的融合狀態中分離出來，這樣的行為讓我們能夠發展理性、意志、力量與選擇，以歷史的角度來看，因此造就二十世紀西方文化在社會與科技上長足的進步。我們也許過分美化了舊時的「自然」母系社會，但只要仔細思考那時的生活條件（人均壽命二十五歲、面對天災疾病徹底束手無策、完全無視個體生命的價值），我們說不定就能以更加欣賞的目光看待太陽帶來的禮物，在漫長的演化過程中，讓我們走出母親的洞穴。只是我們似乎太過分了，代價是犧牲了心靈與本能，對地球母親的盲目殘害讓我們來到生態深淵的邊緣。我們著眼太陽的輝光，並非與母親脫離，而是處在解離的狀態，曾幾何時，我們得看「她」的臉色行事，現在是我們說了算，同樣受害的是我們的肉體與星球。我們的個人生命也受到影響，我們似乎還在天上日月的環狀舞步間尋求節奏平衡。榮格說如果社會有問題，那個體也會有問題；如果個體有問題，那我肯定也有問題。「我」是太陽也是月亮，正因這兩座內心明燈在每一張出生盤裡最特別的配置，也因每個人肉體、心智、心靈的不同，進而產生個體化的卓越標準，同時也

3 原註：理查．威爾伯（Richard Wilbur）《子葉》（*Seed Leaves*）一詩，出自《諾頓詩選》（*The Norton Anthology of Poetry*），第三版，一九八六年由紐約 W. W. Norton 出版，第一千二百〇一至〇二頁。

在每個人靈魂與精神發展的過程中，展演出狀態最佳的個人典範。無論出生盤裡較為沉重的行星能量多麼強大，最終要匯集、具體化這些能量且將其形塑為個體經驗與表現的還是太陽與月亮。了解日月作為人格特質的描述只是理解占星的起點；而發展發光體象徵的能量，讓我們成為自己內在潛力的完美載具也許是最為困難的任務，同時也是我們在個人生活裡能展現的最高成就。

註：本次講座內容擷取一九九〇年六月於蘇黎世舉辦之「內行星」單週研討會前半部分。該次研討會其餘的水星、金星、火星講座內容收錄在《內行星：從水星、金星、火星看內在眞實》一書中，繁體中文版於二〇一九年由心靈工坊出版。

麗茲．格林
霍華．薩司波塔斯
一九九一年十一月於倫敦

第一部

月亮

母親與母系制度

月亮的神話與心理學

麗茲．格林

本次講座會探討月亮、母親與母系制度。我想先聊聊你們手中的這張圖（見圖一）。我們本週會看太陽、月亮的神話地圖。這張圖表可以用來協助各位找出月亮神話形象中相互關聯的群組，但不是絕對的彙整，因為顯然有很多人物與主題我沒有放進去。我希望今天下午討論到的人物可以啟發各位的想像力，協助各位加深月亮在占星象徵上的看法。神話形象會在靈魂層次自己展演開來。如果我們探索這些意象，了解它們在日常的個人內心層面是如何運作的，我們就能開始捕捉到月亮更深層、更幽微的多層次象徵，遠超過月亮一條一條的定義。

首先，我要各位把月亮的占星知識先放一旁，思考一下你與天上實際月亮最直接的體驗。你會規律觀察每個月的月亮嗎？我認為每一位占星學子都該有一台望遠鏡及正確的天宮圖（astronomical map）。月亮的週期看起來很神奇，會引發人類強烈的想像與情緒反應，幾千年來皆如此。滿月充滿魔法與催眠效果，有時甚至看起來邪氣逼人，彷彿是掛在暗夜之中盯著我們的神祕之眼。大家小時候有玩過替月亮畫臉的遊戲嗎？每位都有？哎啊，你們證實了我的觀

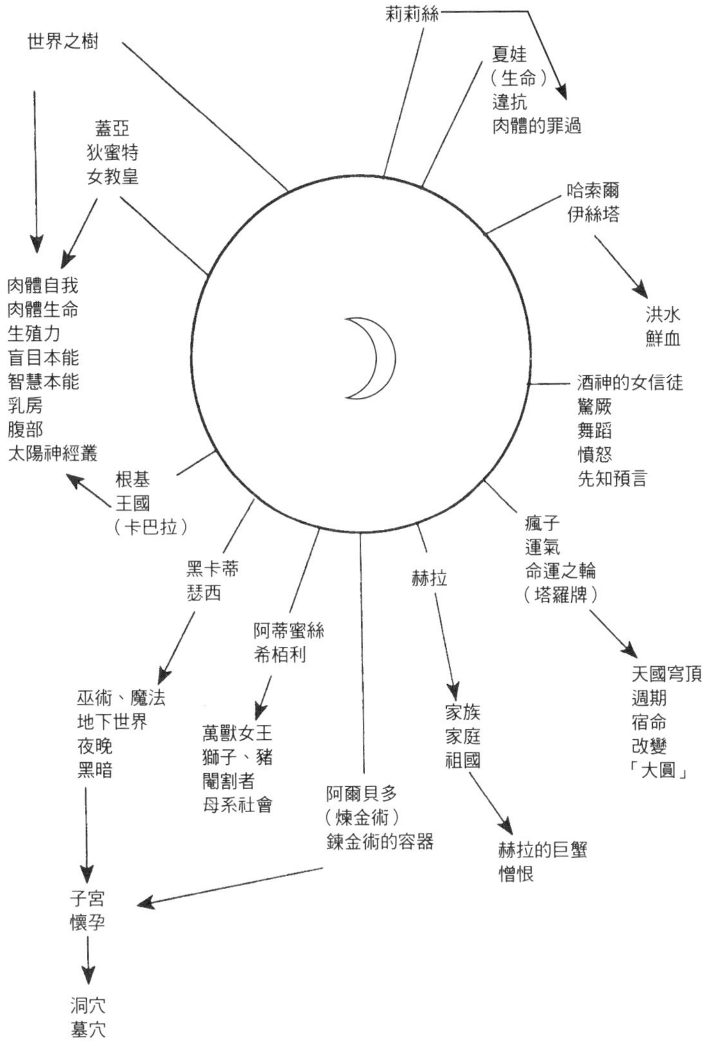
莉莉絲
世界之樹
夏娃
（生命）
違抗
肉體的罪過
蓋亞
狄蜜特
女教皇
哈索爾
伊絲塔
肉體自我
肉體生命
生殖力
盲目本能
智慧本能
乳房
腹部
太陽神經叢
洪水
鮮血
酒神的女信徒
驚厥
舞蹈
憤怒
先知預言
根基
王國
（卡巴拉）
瘋子
運氣
命運之輪
（塔羅牌）
黑卡蒂
瑟西
赫拉
阿蒂蜜絲
希栢利
天國穹頂
週期
宿命
改變
「大圓」
巫術、魔法
地下世界
夜晚
黑暗
萬獸女王
獅子、豬
閹割者
母系社會
家族
家庭
祖國
阿爾貝多
（煉金術）
鍊金術的容器
赫拉的巨蟹
憎恨
子宮
懷孕
洞穴
墓穴

圖一　月亮的神話

點。說真的，如果我們身邊有人，又滿月當空，我們絕對不會用手指著月亮，但我們肯定會說「噢，看月亮」，其實要錯過也很困難。還有優雅纖細的新月？這樣的月相裡帶有一種脆弱與細膩，甚至是有點感傷。反而不會像滿月有時看起來那麼邪惡。各位親眼看過月蝕嗎？月蝕是陌生又凶險的現象，因為月亮會變黑，變成血紅或咖啡色，在古時候與中古時期，當時的人認為月蝕是惡兆。

想像一下，古時候的人對物質世界沒有多少認知，他們看到月亮的感覺，如此一來，你們就會明白月亮為什麼一直都是強而有力的象徵，以及為什麼月亮可以投射出我們的靈魂風景。如果你是新石器時代的穴居人，你對實體月亮的第一個觀察就是，它永遠在改變形體，但它又固定會重複自己的週期。每天晚上，月亮的形狀都不一樣，但你可以確定，在一個月的時間裡，月亮會有重複的週期。月亮很矛盾，形狀不可靠，但週期很穩定。有時有月光，但月光不足以照亮任何事物，有時完全沒有光，天上漆黑一片。所以如果你是古代的旅人，需要仰賴夜晚的亮光，你很快就會遇上麻煩，因為光只會越來越弱。因此古人認為不可取信月亮，早期的月亮女神也充滿矛盾與模糊性。

我們要留意一點，在西方國家建設過的區域裡，我們已經很習慣看到城市夜晚的光反射在雲堤上，而這種反射會延伸好幾公里。我們活在電力的時代，完全不記得用爐灶、蠟燭或油燈照明的歲月。因此夜空並非完全漆黑，但我們很難察覺。多數城市人從來沒有看過全黑的天。

除非我們搭船去大西洋中央，或是去相對荒涼的郊外，好比說澳洲內陸或撒哈拉沙漠，不然我們根本沒有體驗過祖先在新月時的那種全然黑暗。而當有月光的時候，月光是一種很特殊的光，會讓物體黯然失色。滿月下的尋常地景與物品會顯得詭異，不太真實。如果正在談戀愛，那月光就令人陶醉。如果孤身一人，就會有毛骨悚然的感覺。

童謠裡充滿月亮的魔法，什麼月亮上的人啦，月亮是由綠色起司做的啦，牛會跳上月亮之類的。流行音樂與情歌也會唱到月亮，《藍月》（*Blue Moon*）、《帶我飛向月球》（*Fly Me to the Moon*），諸如此類。月亮讓人想起戀人，但也會想到瘋子（lunatics），這個詞就是從拉丁文裡的月亮（luna）演變而來。童話故事與傳說裡不乏有滿月時變身為狼或吸血鬼的人，還有睡覺時臉照到窗口透進來的月光，人就會發瘋，這就是月亮跟精神失常（lunacy）的關聯。在我們還沒細看不同月相串起的神話人物前，我們都曉得，幾世紀以來，月亮都引發人類想像中最與眾不同的幻想與投射。這些幻想總是與人類情緒的暗夜事件有關，好比說愛情、瘋狂或巫術。

月亮的不同面向

一直變換面容卻穩定改變的亮週期本身就是獨特的神話體現，各位大概都很熟悉了。月亮的神祇通常是一組三人的女性（但少有例外），或是三個面相，可以反映出滿月、新月、眉月的狀態。如果我們可以想像這三個月相，我們就能明白為什麼新月[1]，不可信賴的黑月時期與死亡、懷孕、巫術及黑卡蒂（Hekate）這位主宰出生與黑魔法的希臘女神有關。黑月一過，帶著處女般纖細與似錦前途的新月出現，彷彿準備受孕。新月的形狀像碗，對著從外在穿刺進來的物體開放。新月與處女神波瑟芬妮（Persephone）有關，她遭到冥王黑帝斯（Hades）綁架。據說新月也是阿蒂蜜絲的符號，她是處女獵人與野生動物的女神，我們晚點會再仔細討論她。相較之下，滿月看起來彷彿懷孕了，圓潤豐滿，帶有成熟風韻，也許隨時會生產。此時的月亮力量最大，也是月亮週期的巔峰，與富饒女神狄蜜特（Demeter）息息相關，她是所有活物的母親。接著月亮會開始虧缺，越來越細、越來越暗，忽然間，就從天上消失了。老太太黑卡蒂再次掌權，躲在地下世界，編織她的咒語、紡織起黑暗的未來。

月亮三女神的形象與月亮反映出的人類原型經驗有關，這是我們對天上實體月亮的投射。其中的重要面向在於形體本身，反映出月亮自己的週期與月相的消無。月亮的女神掌管每年的種植週期，也管人類的生死循環。因此神話中的月亮主掌肉體與本能的有機領域，所以這些神祇才大多是女性，因為我們都是由女體誕生、接收第一口食物。月亮週期又稱「大圓」（the Great Round），暗示了宿命，以及周而復始，永遠循環的一切。活物都有其循環，這是指大的循環，不是個體的循環，因為個體會死，但種族整體會持續再生。

從太陽角度來看，肉體只有象徵的價值。太陽意識只在乎永恆的事物，不在乎出生、實踐、蛻變與死亡。在日光中，肉體的世界會得到超越，提供我們永生不死與終極意義的承諾。如果我們只認同這個白晝的世界，就算只有一下下，我們都會與月亮失聯，因為月亮是一種「分心」，更是印度宗教中所謂的「摩耶之網」（the web of Maya）的一部分，摩耶的意思主要是指幻覺。如果我們透過月亮來觀察、體驗，那生命不是一成不變或永恆的，因為我們是在看一齣戲，一般人在生命中活了過來，飾演要角。一切都處在流動狀態，跟隨命運與時間之輪滾滾前行。

有些人比較習慣用月亮的鏡片看待生命，因為月亮在他們出生盤裡占了較為重要的地位，善變與週期循環似乎在他們的人格特質中相當顯著。相較於什麼抽象的意義追尋，安全感、保障、人類接觸的溫暖更為重要，因為生命持續流動，需要應對每一的生活。這種人的天賦就是腳踏實地，能夠以敏感、充滿同理心、令人覺得可靠的方式來待人接物。因為每個人星盤裡都有月亮，我們都能透過月亮的視角來觀看世界與自己。有些人會卡關，無法看到眼前急迫個人問題之外的視野。同理，我們之中也有人無法看清現實的循環週期本質，因此沒有辦法好好應對日常生活，因為我們對永恆上癮，忘記該如何信任本能，以具備智慧的方式與時間合作。

1 譯註：此處的新月指的是月亮的無光狀態，從地球上無法觀察到月亮的時刻。即初一，或所謂的「朔」。

中世紀的月亮與幸運女神福圖娜（Fortuna）有關，各位大概在塔羅牌的命運之輪牌上見過她。各位大概也聽過《布蘭詩歌》（*Carmina Burana*）的開頭。

噢，運氣，跟月亮一樣變化無常！
不是盈就是虧；
一度生活充滿苦難，
下一秒又偏袒賭徒。
貧窮，權力，
全跟冰雪一樣融化。

每當我們攀上生命的高峰時刻，也就是事物結果的豐盈滿月，我們都可以確定是因為過往的努力才走到這裡，暗月時分的暗地播種，接著是一段時日的新月階段，充滿前景與發展。我們也能肯定未來一定會衰退，循環終將走到無可避免的結局，因為生物不會保持不變。隨著月亮虧缺，時機流逝，我們回顧起一切看似充滿前景的時刻。用月亮的視角觀看生命時，我們肯定會回顧過往，肉體的老態反射出新月青春時沒有活出來的潛力。就算我們才二十歲，我們也能回想起自己體力更好、皺紋更少的時候。很久很久以前，孩提時代，肉體年輕，發育不完整。很久很久以前，涉世未深，天真無邪，心胸開闊，還沒有體驗過伊甸園毒蛇的那種入侵者，還在形塑一個人的感知與價值觀。所以看得出來，月亮的確與感傷、憂愁息息相關。月亮唱的是小調，因為一切終將逝去。我們不能永遠躲藏，因為我們會成長，藏身處終將容不下我們，我們必須面對月亮的黑暗，然後才能獲得新生與新的潛力。若認同月亮的風景，那死亡便是週期的終局。月光普照之處，生命的一切都遵循「大圓」的規律。關係有其週期。任何一位藝術家都會告訴你，創意有其週期。家庭生活有週期，財經（福圖娜主宰股市）、歷史都有週期與循環。一切都會回歸這個「圓」，而天底下沒有新鮮事，因為月亮都幹過了。生命經驗的循環會帶來何種正面或負面的層次？這其實正是一個人的心理狀態。我們也許可以稱這種狀態為「母系狀態」，因為這種生命觀點的本質是陰性、有機的，反映出受孕、懷孕、生產、青春期、成熟、老化與死亡的過程。在神話裡，母系意識與自然規律緊密連結，與「大圓」和諧共存遠比靠人類意志或靈魂超越「大圓」來得重要。

我們很容易對母系意識產生理想的憧憬，認為可以用母系意識來平衡過度理性與意志帶來的毀滅力量。此刻，某些「圈子」裡的確有這種思潮。不過，即使是好事，過度也不見得好，無論在哪一顆行星上，這樣都說得通。因為月亮掌管自然的國度，全然的母系意識會屏棄個人的價值，認為家庭與部落才重要，在群體的保障遭到威脅時，會找藉口壓抑或摧毀個人的自我表達。該領域無關道德或原則，與有紀律地使用意志更是無關。為了本能需求與物種延續，能夠找出很多藉口。男人將黑暗的月亮特質投射在女性身上，諸如操控、陰險、不可靠、情緒化、對感情索求無度，許多女性會因此憤怒。我聽過很多男人抱怨，與女性難以共事或客觀討論，因為只要說到個人感覺，理智與合作就扔一邊去了。不過，無論男女，只要是月亮在星盤裡顯著的位置上，這些特質都會變得特別鮮明。各位看得出來，極端的月亮意識是怎麼回事，以及為什麼月亮神祇不只是滋養、保護兒童，也會進行去勢、吞噬兒童。

同理，也不難看出如果我們持續與月亮失聯會引發何種後果。就身體層面，我們也許會疏於照料，就全球層面看來，我們會無視大自然與活生生的地球。肉體能夠提醒我們，自己的壽命是有限制的。身體能夠體驗痛苦、疾病、老化，也可以感受樂趣與愉悅。我們的身體也有狀態，與我們情緒緊密連結。何者先出現？很難說。低血糖與功能不佳的甲狀腺會反映出憂鬱的狀態，心情憂鬱又會影響免疫系統，所以我們會感冒，因此更加憂鬱。有時，早上起床時全身痠痛、滿臉浮腫，而天氣也很糟，但我們說得出哪個是因，哪個是果嗎？也許是因為，我們的身體作為與世界相互連結的有機體，只是比我們想像中更配合氣候變遷的走向？飲食會影響情緒，但情緒也會影響我們想要吃什麼。如果壓力大或心情不美麗，我們就會隨手抓起「慰藉食物」，好比說巧克力糖，結果我們只是更不開心、壓力更大，因為之後血糖會跌到谷底，因此讓我們更加鬱悶。這種影響可以有千千萬萬種變化。如果我們睡不著，我們就感覺很糟，但感覺很糟，我們也難以入睡。各位可以看到這裡的循環週期。無論迎向我們的是黑暗或光明的面孔，重點在於由月亮主宰的身體讓我們與當下的生命連結。月亮的能量展現不足，受苦的可不只是肉體，同時還會傷害我們體驗當下生活的能力。然後，我們會驚覺生命居然在不知不覺中流逝。載具內空無一物，記憶也是，沒有連續性，更感覺不到成果豐碩的過往。

大地之母

我們可以進一步討論圖表裡的另外兩個人物——蓋亞（Gaia）與狄蜜特。她們都是相當古老的大地女神，蓋亞更為古老，她是最原初的陰性原則，與天空之神烏拉諾斯（Ouranos）發生關係，創造出實際的宇宙。狄蜜特則是較晚、較為人性化版本的同樣神祇。大地女神或地球母親其實是具有生命的自然法則意象，物質宇宙間具有智識與目的的生命力，打從一開始，就與月亮脫不了關係。她不只將自然界體現為統一的生命形式，更主宰了人體，這正是人類與她最直接的原始經驗。因此，大地母親是我們肉身的神話型態，超越我們的控制，因此感覺神聖也神祕。

因為身體自行運作，我們不用思考呼吸、心跳或怎麼消化午餐，在我們原始的腦袋中，這些事情似乎具有魔法。雖然我們現在已經了解身體的各種器官運作方式，感覺起來仍像魔法，畢竟相較於六千年前的人，我們還是沒有完全理解自然的生命法則。依舊成謎。身體的智慧與複雜程度相當驚人。身體出問題的時候，體內會產生無比的智慧，只要稍微一點鼓勵，身體就會自己療癒。許多身體不舒服的替代療法都是帶有母系或月亮的元素，因為這種療法鼓勵體內自行療癒，而不是以強加的藥物及儀器干預。在啟蒙時代之前，村裡「有智慧的女性」（大多被當成女巫燒死）會提供自然的療癒方式，經得起當今的醫學檢驗，甚至可以說是更佳的療法。在神話的語言中，身體的本質與組織是由泥土組成，但組織內的生命智慧法則由月亮主宰。

因此，大地之母的形象就是自然的力量，足以永續支持自己。蓋亞與狄蜜特，阿蒂蜜絲與黑卡蒂，她們這些女神在神話中都是受孕與分娩的女神，因為她們象徵了智慧法則，這種法則創生也啟動了實體世界生生不息的必要載具。這種形象在舊約《聖經》裡由夏娃呈現，她是第一位女性，名字在希伯來文裡的意思正是「生命」。嬰孩時期，我們沒有自我，不會說：「我先是我自己，然後轉世到這具軀殼中。」「內在」自我、獨立個體反映出的是占星學裡的太陽，會隨著我們成熟而逐漸發展。不過，一開始月亮就存在。孩童的原初月亮經驗就是自己的身軀，生命開始的前幾週，寶寶只會有感官與基本的需求。我們會餓，要睡覺，要抱抱，要肢體接觸，想要得到安全感。如果基本的本能需求得到滿足，我們就會滿意，而生命是一個安全的所在。能夠表達月亮能量代表可以經驗且表現身體的存活需求與慾望，沒有必要透過太陽自我的理論能力或自我意識來為其找藉口。

因此，當我們思考月亮象徵的心理法則時，我們首先要考慮的是安全感與存活這種基本需求。如果這些需求無法滿足，結果就是焦慮不安，這種狀態大家都偶有經歷，但某些人經常受到這種折磨。焦慮會讓人覺得外頭的生命不安全，我們會遭到抹煞，或著會遇到壞事。誘發焦慮的方式因人而異，但我相信多數的焦慮（在此我要區分焦慮與常見或普通的擔憂，後者通常是立即且現實的狀態）深植於生命早期的不安全感，與成年後誘發焦慮的因素沒有太多關連。

某些人的焦慮是因為遭到拒絕、遺棄而誘發。對其他人來說，也許是因為環境改變，面臨工作或家庭生活的巨變。當我們焦慮，需要安全感時，我們就會尋求月亮，因為她是我們內在的地球母親，曉得該如何滋養、續存生命的本能法則。月亮的本命星座與宮位可以精確描繪出讓我們覺得安全的事物有哪些。雖然月亮的飢渴是人類的基本需求，但每個人表現、滋養的方式卻有所不同，差異源自於早期的童年生活。如果不曉得該如何接收、行使內在的月亮智慧，那月亮的能量就沒有辦法直接透過人格展演出來，必須用迂迴的方式表達。我們處在無意識焦慮狀態、急需安全感時，會採取盲目的機制，形成強迫的行為模式。每個人多少都有一點強迫的行為，因為生命有時的確感覺不太安全，沒有人可以放心到永遠感覺不到恐懼。畢竟，那樣就不智了，因為，生命裡有很多恐懼是明智的，包括我們內在的恐懼。不過，有時這種強迫感會主宰我們，控制我們的行為，長達多年，我們甚至沒有察覺。我們稱這種狀態為「月亮故障」。我們沒有注意到原始的焦慮遭到啟動，我們不曉得該怎麼滋養自己，重新打造出安全感，這種安全感對自由與滿足而言不可或缺。

月亮故障最明顯的例子就是強迫性的飲食習慣。這種「飲食障礙」範圍很廣，包括暴食症、厭食症，還有所謂的食物「過敏」，但很多人不會認為過敏算是「飲食失調」。多數人都經歷過一段時間的強迫性飲食習慣，也許時間很短暫，我們只是暫時壓力大，抓個洋芋片或巧克力來吃。我願意將這種食物渴望算到月亮頭上（古時候的占星學認為月亮主宰胃），但，當狀況成為慢性長期問題時，通常都與月亮的困難配置有關，因此可能要考量到其他行星。我們最早體驗的食物與安全感正是我們出生後首度接觸的月亮法則，即母親的乳房。雖然每個人內在都有月亮，我們首度接觸月亮卻要透過外面的一個對象，這個對象生下我們、餵養我們、保護我們。如果母親離開，出現的就是黑月，我們就得克服對破滅深淵的恐懼。

因為人類靈魂多元又有創造力，無意識的月亮需求不見得一定會透過食物這種實際的媒介表達出來。很多事物可以替代食物，甚至在個人及原型層面上，食物都是母親的替代品。與其一口氣吞掉一整盒薄荷巧克力，也許有人會囤積金錢，因為金錢也可以等同於安全感。這種人的出生盤，月亮通常在二或十宮，或是與土星有強烈的相位。只要擁有自己的房子、存款達到某個數字、退休金存好存滿，或是買了哪輛車、哪件衣服、哪條首飾，我們就感到安全。各位分得出對於金錢的一般態度與強烈的強迫擁有，因為後者通常對於失去懷有不理性的恐懼。換句話說，存在其中的是焦慮，而不是合理的關切。所謂的「幸運符」，通常是投射出自己月亮能量的物件。這種魔法思維存在於原始人、孩童、成人的古老靈魂層次，但當然啦，這些物品本身並不會帶來好運，卻不知怎麼著成了二十世紀月亮女神的化身，與意識無關，她成為一塊巧克力餅乾，或一串安神念珠2。

某些人會設定「月亮食糧」，也許是情人或伴侶、孩子或孫子，甚至是社交圈、專業圈，或志同道合的一群人。有些人可以享受親朋好友的陪伴，有些人則太過依賴他們，到了強迫的境界，如果遭團體驅逐或在家族裡角色改變，進而受到威脅，就會感覺無比焦慮。我遇過一些人，他們非常認同家庭，無意識地將家當成他們的「月亮食糧」，當家族成員威脅要離開、追尋自己的道路時，這種人就會擔心害怕，情感受挫。他們會說這叫「愛」與「關切」，但其實就是「月亮飢渴」，隨著我們繼續探討圖表裡的其他意象，各位就會看到月亮有時也可以冷酷無情、具有毀滅性。家人之間缺乏月亮連結，整個家庭都會受到傷害，畢竟我們每個人都是從父母身上學習表達內行星的方法。因此焦慮感會瀰漫整個家庭，其中的成員會無意識地成為彼此的食料。

本場講座結束前，我會希望各位保留一點時間，想想你的「食糧」是什麼。焦慮時，你會

2 譯註：安神念珠（worry beads），源自於希臘，是一串可以用單手或雙手握著的串珠。與宗教念珠不同，安神念珠不帶任何宗教傳統，也沒有儀式意義。可以作為護身符、幸運符。甩動串珠的線繩，讓珠子碰撞發出聲響，可以放鬆、打發時間。特殊的昂貴材質也可以用來彰顯身分地位。

去找什麼？人生在世，焦慮無可避免，因為生命本身就充滿變化、難以預料。就算與月亮「搞好關係」，我們也不會因此而不焦慮。只是我們也許能夠擁有用「對的食糧」滋養自己的能力，進而協助我們以充滿創造力的合理方式應對焦慮。其他人不容置喙，因為這是很私人的議題，端看個人星盤裡的月亮配置，以及在生命的關鍵時刻，二次推運盤裡月亮的位置。

萬獸女王

我想該來仔細討論阿蒂蜜絲了，她是安納托力亞地區（Anatolian，又稱小亞細亞）的月亮女神，後來納入希臘神祇。她是很矛盾的女神，這點可以讓我們了解月亮的陰暗面。我必須再次重申，就跟我們探討的這些月亮人物一樣，每個人都與眾不同，每個人的內在、外在可能會呼應不同的人物。也許在深刻集體層面裡，每個人都能接觸完整的月亮意象，但依照出生盤裡月亮的位置，每個人還是會有所偏袒。舉例來說，若月亮位在天蠍座，或與冥王星形成強硬相位，當事人可能會更同理黑卡蒂或月亮的陰暗面，更能欣賞其深度與神祕感，而不是害怕這個面向。不過，黑卡蒂的國度可能會讓月雙子感到不安。月金牛說不定會比較喜歡狄蜜特的形象與自然世界，但大地之母狄蜜特也許無法與月水瓶、月天有強硬相位的人產生絕佳共鳴。通常我們在星盤裡會看到各種相位組合與意象，加上二推月亮遲早會接觸到出生盤裡的每一顆行星。所以這輩子還是有機會體驗陌生的神祇能量。話又說回來，每個人都獨一無二。這場講座裡，我們的重點放在月亮的視角上，我們要學習的是欣賞每個人不同的需求，而不是想要成為理想中的圓滿完整。

阿蒂蜜絲的歷史可以追溯到很久遠以前，那時的她還不是穿著無袖背心裙的性感女獵人，世人稱她為「萬獸女王」。她最早的形象出自距今七千年的安納托力亞中部，加泰土丘（Çatalhöyük）下方出土的紅土陶像，她是正在分娩的豐腴女子，左右兩旁有獅子。獅子是她最古老的符號。過了好幾百年，她成了萬物之母希栢利（Kybele），形象是站在獅子拉的戰車上。對她的崇拜主要集中在土耳其西南方的以弗所（Ephesus），當地博物館裡有一座她的精美大理石雕像，羅馬時代晚期製成，獅子在她身旁，其他動物裝飾起她的衣袍。這座以弗所博物館收藏的雕像正面身上的肩膀到腹部之間有一排排東西，也許是乳房、卵，或睪丸。考古學家之間一直在爭論這些附屬的物體是什麼。她脖子上刻著黃道，說明她掌管了天上「大圓」的命運。希栢利－阿蒂蜜絲有一位年輕的戀人阿提斯（Attis），他為了向女人守貞，自我去勢。雖然她是豐饒的女神，但這個最古老的月亮神祇形象卻象徵了野性的黑暗，整體形象不是很美好。

這是月亮的何種面向？阿蒂蜜絲似乎體現出本能野性不羈的層次。傳統占星學認為月亮、巨蟹天性就是剛出爐的麵包、擁抱小嬰孩、持家很快樂，但阿蒂蜜絲與這種形象形成強烈對比。這位女神帶有狂喜、憤怒的特質，可以讓我們進一步理解月亮（luna）與瘋子（lunatic）

之間的關聯。她身邊的母獅子（沒有鬃毛）是月亮的野獸，而非太陽的動物。如果各位了解獅子，你就會知道母獅子包辦所有工作。她外出狩獵，公獅子只會躺在那邊舔毛，把自己打理得漂漂亮亮，等著女性將晚餐送上來。母獅是女性家長，伴侶只是小情夫，不過，要她們坦言這點，她們大概會先把你吃掉。

在我們喝醉，或是無法控制太陽意識時，月亮的面容就會出現。如果本能的需求遭到侵犯或威脅，我們就能在自己的野蠻情緒中瞥見阿蒂蜜絲。狼是她的動物，狼人的神話最初發源於希臘，之後才流傳成東歐的傳說，狼人也是她的生物。滿月時，狼人會現身，據說只會傷害狼人愛的人。環球影業一九四一年發行了電影《狼男》（*The Wolf Man*），由小朗·錢尼（Lon Chaney, Jr.）主演狼人，各位如果記得這部電影，大概也會記得戲中吉普賽人的警告：

> 就算是內心純潔之人
> 夜裡不忘禱告
> 牛扁花開時也會變成狼
> 正值月亮又圓又亮之時。

民間傳說中的狼人遭到超自然獸性力量控制，會對狼人情感依賴的對象施暴。要消滅狼人只能靠銀子彈，也就是傳統意義上，由月亮守護的金屬，彷彿只有大自然能夠對付或容納大自然。雖然我們必須容忍比《狼男》更蠢的狼人電影（好比說奧立佛．里德〔Oliver Reed〕飾演西班牙貴族，戴上假鼻子，手上毛茸茸，耳朵上還有毛），我們也有《狼之一族》（*The Company of Wolves*）及亞伯．芬尼（Albert Finney）主演的《狼人就在你身邊》（*Wolfen*）這種精彩電影。狼人電影魅力不減，光是這點就告訴我們，狼人的形象多麼深植人心、令人難忘。

我們很少在占星教科書裡看到月亮的這一面。不過，這不是新月的臉，而是滿月的容顏，滿月是月光最亮的時候，也是母系陰性特質主宰一切的時候。母系制度在此時最為危險，因為「播種人」面目模糊，可有可無，可以「殺掉做肥料」，確保莊稼、家庭或群體持續壯大。我有時會聽到女性提出這種老派的母系觀點，她會說：「噢，我對他不滿意，但燈關了，在床上都一樣，他沒有比其他人差，反正我只是想安頓下來成家。」對這種女性而言，與伴侶的個別關係並不是最重要的，要緊的是家庭，為了家庭，她們能夠合理化任何犧牲與毀滅。暗示了誰的精子都沒差，只要家族血脈能夠延續即可。崇拜阿蒂蜜絲的亞馬遜女戰士每年會與男人交媾一次，她們不會知道對方的名字，看不見男人的臉，只是為了要懷孕。這種結合之後，男嬰會遭到殺害，女嬰則會扶養成部落的一份子。

這是滿月很古老的展現方式，若我們認同這個面向，伴侶關係就沒那麼重要了。最要緊的是懷孕、分娩、養育下一代。多數女性在懷孕時都處於這種狀態，她也會成為新生兒最強大的保護者。在動物界中，女性經常必須保護幼仔，因為父親可能會吃掉自己的後代。獅子跟其他大貓都有這種傾向。因此各位可以看到這種母系意識的正面與負面展現方式，可以保護、守護生命，但也可以不顧後果摧毀一切。

酒神的女信徒

各位在圖表中看到了「酒神的女信徒」，也稱作「邁那得斯」（maenads），這個字與「狂熱」（mania）有關。女信徒崇拜的是戴歐尼修斯（Dionysos），他是外表年輕的草木之神，他最早的型態是掌管職務的阿多尼斯（Adonis）、古巴比倫的穀神塔木茲（Tammuz），以及萬獸女王的年少戀人阿提斯。這些女人遭到附身，以月亮的狂熱或狂喜的出神狀態，一口氣爬上山，撕扯野生動物。各位都讀過尤里比底斯（Euripides）的《酒神的女信徒》（*Bacchae*），其中就描繪出她們狂喜之力的可怕。古時候，她們不只會對野生動物動手，她們還有儀式會肢解祭品國王，將他與作物種子一起犁進土地之中。最原始的母系型態與國王獻祭脫不了關係，因為男性只是為了延續種族生命的「種子」罷了。這是「烤麵包」的另一面。

好，現在值得思考的是，來到二十世紀，就集體與個人層面上，我們能夠以何種方式宣洩月亮的能量？萬獸女王去哪裡了？我們可以在狂熱暴民之間瞥見她的野蠻，在那些場合裡，代罪羔羊會實際或象徵性地遭到撕碎。不過，除了告別單身派對、世界盃、政治集會場合外，我們其實沒有太多儀式能夠包容她。天底下沒有戴歐尼修斯那種宗教崇拜團體，一方面能夠讓我們迷失在月之狂喜中，另一方面又遵守法律的框架。就算我們透過酒精釋放阿蒂蜜絲，我們也失去了與她之間的宗教連結，我們得不到重生，只會宿醉。許多人也已經喪失了性愛狂喜帶來的宗教連結，因此高潮僅存在於肉體層面，沒有觸及靈魂。當我們沒有好好活出月亮神祇的輝光時，她們會以無意識、強迫的方式表達她們的責難。各位可以想出表達萬獸女王的恰當方式嗎？

觀眾：跳舞可以嗎？

麗茲：對，舞蹈可以是她的載具，特別是節奏鮮明穩定的場合，人就可以進入某種出神狀態。我們沒有戴歐尼修斯，只有迪斯可舞廳。可以用音樂與舞蹈祭拜月亮女神。我先前提過的亞馬遜女戰士，據說會在神聖舞蹈時完全出神，就算用武器傷害自己，也不會流血。我們現在稱那叫催眠性恍惚，有這個醫學現象，人在這種催眠狀態時，可以減緩或停止出血。部落或迪斯可音樂的持續節奏也能引發這種催眠狀態。我們會忘卻疲憊，過往疼痛都感覺不到，肉體擁有更深層次的生命力或力量。許多所謂的神蹟都是在這種狀態時發生的，而吟唱、音樂、舞蹈與奇蹟療法之間具有奇異的連結。

當月亮的這個面向遭到強力打壓時，結果可能會引發歇斯底里。我們用「歇斯底里」這個詞來形容過度情緒化的行為，人會尖叫、摔盤子、哭哭啼啼、行為太過份。不過，這也可能是慢性的問題，成為嚴重的臨床症狀，精神病學稱之為歇斯底里人格障礙[3]。這是一種持續的強迫性月亮癲狂行為，太陽個人性與意識無法在此成形。也許一個人看起來儀表堂堂，但外表很容易破碎，露出底下的「邁那得斯」。歇斯底里有深層的操控性質，通常也會有暴力、破壞的傾象，造成各種莫名其妙的身體症狀，同時也會表達太多情緒，整個氛圍都很「陰性」。臨床上，這與早期母嬰關係斷裂有關，因此孩子沒有完整發展出獨立人格。一個人在外人面前可以看起來適應環境、儀表堂堂，但這個人還是可能保持嬰孩心態與全然的月亮態度，透過某種無助的依賴性，在家中施加控制，進而索求到他需要的情緒食糧。受到打壓或傷害的月亮透過個性作為宣洩口，這是令人最為不安的表達方式。

掌管巫術的女神

現在我們來看看圖表裡的瑟西（Circe），因為月亮也是女巫。我們之前聊過黑卡蒂，她是黑暗的月亮女神，掌管巫術。較為人性化的形象則是瑟西，她出現在荷馬史詩《奧德賽》（*Odyssey*）中，其中談了很多月亮法術的細節。瑟西是一座魔島的主人，特洛伊戰爭結束，奧德修斯與手下返鄉時迷路、誤闖該島，她將他的船員通通變成了豬。這些可憐的男人困在豬體中好一陣子，他們還能理性思考，但無法控制自己的外表與行為。本能的天性變成了豬了外貌（又是與大地之母有關的動物），這種天性壓過了一切，讓意識人格無力也無法表達出明確的意思。

我實在不需要多解釋行為跟豬一樣是什麼意思，豬這個字本身就帶有貶義，用來行從粗野冒犯的行為。民間傳說裡，巫師或仙子將人變成動物的情節相當常見，也出現在莎士比亞的《仲夏夜之夢》（*A Midsummer Night's Dream*）裡，可憐的波頓有了顆驢頭，證明他變成了驢子。施展這種咒語的神祇大多為女性（莎翁作品除外），更常將王子變成青蛙。在月亮的魔咒下，人會淪落到獸的層次。通常這種故事都帶有警世寓意，那就是這個人先前無視、壓抑、不尊重憤怒的月亮之力，現在必須得到教訓。有時，這是相當惡毒的行為，月亮神祇的確可以很惡毒，他們的道德觀念與太陽國度無關。換句話說，大自然的確可以肆意地冷血無情，當我們與月亮失聯或太過驕傲時，她會展開復仇，讓我們產生野獸或驢子的行為，替我們好好上一課。我們淪落到只剩身體本能的能量，先前在我們如英雄般爬向太陽時，我們忽略了這股能量。也許，有時跟波頓一樣，我們也該戴上驢子腦袋。

3 譯註：一九八〇年代，《精神疾病診斷與統計手冊》第三版刪除了歇斯底里症，將之細分為其他多種精神疾病，醫學界逐漸停用這個病名。

守護家庭生活的女神

我們這裡聊聊赫拉這位女神，之後就可以把圖表放一邊去，開始討論星盤範例。這位守護家庭生活的女神能夠讓我們進一步觀察月亮的本質。她象徵了婚姻與家庭的穩定與神聖，因為她道德感很強，土星色彩跟月亮一樣強烈。不過，月亮本身也有法則與結構，因為她的存在就是為了保護物種的存續，而不是社會的運作效率。如果有人膽敢打破月亮的規矩，赫拉肯定會復仇。她描繪出我們的歸屬感需求，從根源來定義我們。我們的月亮那一面會說：「這是我的名字，這是我的家人，他們是我的孩子，這是我的土地，這是我的國家。我屬於這裡。」這些因素提供我們集體的自我身份，以及在團體裡的安全感。許多人對於自己的歷史根源有強烈的認同需求，如果「失根」，就會感到無比焦慮。要他們收拾行李、搬去別的地方，他們寧可忍受痛苦，甚至是死亡。我們沒有辦法理解，為什麼有人堅持要住在活火山旁邊的山坡上，那種火山會規律噴發，不然就是固守在明眼人都覺得危險的地方，好比說一九三〇年代的德國。同樣的理由，很多人會留在悲慘的婚姻裡，或是不肯離開糟糕的家庭。相較於承受眼前狀況的幽閉恐懼，隻身孤獨行走於人間的恐懼似乎可怕得多。月亮無法忍受孤單，通常寧可緊抓著熟悉的家族惡魔，也不敢追求陌生的獨立天使。這是內心的赫拉在作用，認為根源與傳統的價值高過追求個人生命。

這種原型上的需求有好有壞。少了家庭、國家的根源關係，任何一個社會都會陷入無政府狀態與混亂之中，因為勢不可擋的焦慮會讓集體陷入惡化以及通常具有毀滅性質的行為之中。有時，這種行為會讓集體開始尋找代罪羔羊，有時，這種行為會造就暴君行的家長出來掌管一切，重拾紀律。這兩種都是面對無比焦慮時會有的反應。歷史上發生過這種案例，國家傳統或國族認同遭到剝奪，好比說革命後的法國，或是一戰後的德國。法國大革命的血流成河讓拿破崙勢不可擋，一戰的災難讓德國人民產生強烈的需求，同時需要代罪羔羊及救世主的出現，這位救世主能夠重拾他們失去的尊嚴與根源感。這個人馬上就出現了。話又說回來，如果月亮法則太嚴苛，個人性會窒息，因為我們又回到母系體制的統治下。會威脅到集體安危的行為、思想、情緒、創造力都不允許出現，而個體肯定會變成非法份子，或逐漸陷入長期抑鬱的活死人狀態。

有時，一個人會覺得自己成功脫離根源。「哎啊，我是世界公民。我的家人是跟我共享同樣知識與靈魂價值的人。」射手人或水瓶人會這麼說。在意識人格上，也許說得通，特別是出生盤上土星與天王星特質強的人。不過，深層心理上，要擺脫赫拉可沒這麼容易。如果沒有清楚意識到，這個面向的月亮可能會造成強迫性的行為。如果意識層面拒絕這種價值，我們就會在無意識層面尋求根源的替代品。這種人的根源替代品遭到威脅，就算是以自由思想意識形態知名的群體，最開明、最不沾黏的靈魂也會變得排外、偏頗，甚至產生報復心理。根源替代品取代了家庭與國家，也許是靈性或提倡某種政治哲學的組織，這種組織接收了一票群情激憤、行為強迫的人。絕佳實例就是俄國與東歐的馬克思主義，理論上，這種思想是要將啟蒙與自由帶到沙皇的世界，那裡由舊時的赫拉掌控，也就是東正教與俄羅斯社會階級固化的世界。最受壓迫、最冷血無情的人立刻將馬克思主義作為他們的根源替代品。這些群眾無意識地變質成了「家」，所謂的「浪子」不外乎是單獨的異議份子或不願配合的國家，好比說匈牙利、捷克斯洛伐克，都會遭到狠毒修理，最後只能配合加入。在集體與個體層面全然屏棄月亮面向的人就會產生這種心理動能（榮格稱之為「反向轉化」4）。如果原先的種族、宗教、社會根源無法帶來滋養，只會扼殺，那人的靈魂（甚至是軀體）為了存活，就必須放棄這些根源。不過，只靠意識上的花招無法徹底擺脫先祖的基石。一直要到衝突與痛苦浮上意識層面，某個人事物就必然會取代原本失去根源與連續性的失落感，我們只是換個地方，又創造出一模一樣的難題罷了。

各位也許可以捫心自問，在你的生命裡，讓你與家庭、根源、過往連結的是什麼。如果你的意識形態層面否定這些東西，或是，原生家庭讓你窒息，這種思考就尤為重要。通常，我們內心受挫的月亮會想別的方式創造安全、堅不可摧的「家」，也許是透過盲目依附父母、孩子，或是透過同樣盲目的態度，緊抓著工作或公司不放。如果內心缺乏月亮的根源，我們就會往外求。如果這些狀況發生在無意識層面，當事人也許會成癮、禁錮在其中，而我們不懂為什麼三十年後，我們困在同樣無聊的工作或有害的婚姻裡，其他的可能似乎都行不通。也許我們要做的是發自內心感謝先祖過往帶來的正面意義，以及學習該怎麼在現世表達這些能量，這樣才能替赫拉找到一個家。

觀眾：我想請教所謂女性心中的母系態度，也就是過度認同家庭，覺得丈夫可有可無，只是賺錢工具或捐精者。為什麼會有這種心態？對女性來說可能還好，但我可不想當這種人的丈夫。

麗茲：我也不想，很多男性最後會在多年後離開這種婚姻。不過，常見的狀況是，男性也跟妻子一樣認同這種母系社會，他的需求是得到母親的照顧，而不是個體間伴侶的連結。這是原型的態度，我會認為這是最原始的月亮層次。這是本能，無關好壞。為了要適應家庭與社會生活的複雜性，某種程度來說，這樣對男女雙方都是健康且必要的。對目前的環保主義者來說，我們必須將集體放在滿足自我之上。不過，如果這個人還保有一點個人性，那母系妻子的丈夫或母系丈夫（如果這種人存在的話）的太太，都會感到非常寂

4 譯註：反向轉化（Enantiodromia），字源學上由「對面」（enantios）與「流逝」（dromos）組成，最早是由榮格定義的詞彙，指的是「在時間流逝的過程中，無意識的對立面逐漸出現」，類似自然界的均衡概念：系統為了要重獲平衡，最終會走向原本的對立面，類似物極必反的概念。

寞也沮喪，因為他們的個人價值會一直遭到侵蝕與踐踏。這就好像詹姆士・瑟柏[5]筆下的卡通漫畫，跟房子一樣巨大的女性，用韁繩牽著身後弱不經風的丈夫。對這種母系世界的孩子來說，感覺也不舒服，因為在這個孤雌生殖、自我滋養的女神母系神話背景下，孩子身上必然背負太多理想與期待。這意味著，孩子很神聖，誕生有如魔法，注定要英勇地救贖母親。孩子難以活出這種期待，長大後會引發情緒障礙。

我覺得，女性個體陷入這種陳舊認同背後有許多原因，而這種認同會犧牲掉她人格裡其他同樣重要的面相。通常起因都在她的原生家庭。如果一位女性童年時期的情緒極度缺乏滋養，因此內心充滿焦慮，她也許就會無意識地認同這種原型的月亮女神，作為她的情緒食糧。許多女性會透過外在化身來尋找內心的月亮母親安全感。如果我們內在有所缺憾，人類會用兩種特有的方式彌補：一，希望別人提供；二，自己成為這種情緒的誇張版本。

這只是一種可能。通常她們會對男人充滿敵意，因為她對父愛一廂情願，或是覺得是因為母親太強勢，才否定了她作為女兒的女性特質。當我們覺得匱乏，我們就會試圖借用原型的魔力，補償所缺。問題在於，原型之力是假的，因為那不是一個人自己的力量。如果不能透過個人性消化、作用這些能量，我們就會遭到反噬，放棄選擇，也不願承擔責任。因此，無意識認同月亮女神的女性，也許會索求無度、造成破壞而不自知。不過我們認同某些神祇，我們會認同他們的全部面向，而不是只有優點而已。

觀眾：可以介紹哪些月亮星座、相位與赫拉比較投緣嗎？

麗茲：月摩羯還有月巨蟹似乎跟赫拉比較投緣，還有月土強硬相位。月金牛也可以與赫拉產生共鳴，因為金牛座喜歡穩定性與傳統價值。這些星座的月亮在離婚及家庭破裂的過程中都很能撐，為了要保全家庭結構，當事人私底下通常都會經歷無比的不愉快。月亮需求遭到威脅或壓迫時會產生焦慮，月摩羯應對「連根拔起」的狀況時，會變得愛說教、控制欲會變強。月金牛會變得更加固執、貪得無厭也惡毒討厭（佛洛伊德所謂的「肛門滯留期人格」），月巨蟹會操弄別人、裝可憐，甚至有點歇斯底里。這些都是抵抗失根的防禦反應。月亮需求滿足時，這些星座就會展現出最為正向的特質，摩羯座會背負深層的責任感，關懷其他人，巨蟹座會產生無比的同理心與情感共鳴，金牛座則是平靜、溫柔與耐心。這就是敦厚的女神希拉，守護女性、孩童與家庭。

5 譯註：詹姆士·瑟柏（James Thurber），美國幽默漫畫家，主要在《紐約客》上發表漫畫與短篇小說，也集結成冊。作品常揶揄普通人的無奈與古怪。多部作品改編影視，最著名的為《華特·米提的祕密生活》（*The Secret Life of Walter Mitty*），改編為電影《白日夢冒險王》，二〇一三年上映，由班·史提勒（Ben Stiller）自導自演。

觀眾：先前提到其他行星與月亮產生強硬相位會跟不同的神祇「投緣」，可以聊聊外行星與月亮合相的狀況嗎？是否月亮的個人需求就會變得沒有那麼重要呢？

麗茲：我想之後請霍華深度解析月亮相位。不過，整體來說，無論出生盤上有沒有其他行星介入，月亮對我們都很重要。另外一顆行星加入，有時會與月亮的基本需求、表達模式產生衝突。不過，月亮還是月亮，是建構人格特質的原始特質，因為它描繪了我們成為自己母親、照顧自己的能力。

外行星也許會挑戰月亮較為平常的表達方式。特別是遇到天王星的時候。如果月天有相位，你就必須在表達月亮時，加入天王星的價值，若是強硬相位，事情也許會變得複雜，因為在傳統的家庭結構或長青肥皂劇《加冕街》（*Coronation Street*）裡演示的那種家庭中，月天相位會難以得到滿足。不過，月亮還是可以在許多天王星的領域中找到歸屬感與連續性。舉例來說，月天相位傳統上就與占星研究、其他新世紀主題有關。與有秩序且可預測的宇宙連結，了解所有人類之間都存在同樣的需求，這樣也許會提供某種「家」的感覺，這種感受在尋常層次中找不到，大概也不想去找。事實上，占星學在歷史長河之中存在已久，具有絕對的可靠性，已經成了某種天上的大母神。還記得以弗所的阿蒂蜜絲雕像嗎？她的脖子上刻了黃道。月天相位就是可以在「大圓」中安然找到根源與家的感覺，這大概可以解釋為什麼研究占星可以讓月天人心滿意足。

人際關係中的月亮

觀眾：某些夥伴關係會影響一個人星盤上的月亮表達方式嗎？

麗茲：肯定會。若伴侶的行星與你的月亮產生強硬相位，對方就很容易啟動你的月亮。感覺不一定舒適，但某種程度上來說，會帶來收穫，因為這段關係能夠讓你更容易意識到自己的月亮需求。舉例來說，一個人月亮獅子，對分位在水瓶座的土星，整張盤是相當理性、自制的風土盤。這顆火元素的月亮是一個玩心很重的神聖孩子，他的需求就是要經常的歡笑與戲劇性，但他可能遭到忽視與壓抑。或是，月獅子躲在十二宮，家族暗地裡交流的訊息是自私、個人性是錯的。結果有個人的金獅子與你的月亮合相，這是你這輩子第一次覺得可以自在做自己。這個人會認可你對於歡樂、浪漫、自我表達的需求，而在情感層面上，你會感覺到支持、滋養與得到重視。

同樣的道理，如果某人的土金牛四分你的月亮，你則會更留意自己的獅子情緒需求。不過，你也許是透過不斷遭到批評自私、不負責任才發現的。就算你壓抑了自己的獅子面向，伴侶的土星也很定會留意到，還會提醒你那一面令人作嘔。由另外一個人告訴你，你不該有何種行為，就是在確定這件事對你而言有多重要。在這種狀況下，你大概必須對抗自己的月亮，或是到頭來放棄這段關係，但這段關係讓你明白，你所需要的必要食糧為何，只不過這種食糧拒絕了你。透過與他人互動能夠讓我們更加了解月亮。兩張星盤裡相互的月亮相位會造就關係之間的本能反應，不見得與意識有關，但會決定我們與對方之間是否滿意、覺得安全。如果月亮與另一個人的行星之間不是強硬相位，或是沒有嚴重受到打壓，這段關係也許有效也重要，但不見得會滋養我們的本能層面。我們要麼必須替月亮另外找出口，要麼就換一個對象。如果兩人的月亮某種程度上互相支持，那他們的關係通常就捱得過其他困難的跨星盤相位重擊。如果兩人的月亮無法支持彼此，當事人就會感覺到不滿意、不自在，如果沒有意識到這個問題，遭到壓抑的月亮也許會造成關係中嚴重的情緒狀況。

觀眾：糟糕的跨星盤相位必然會導致月亮出問題？

麗茲：不，不見得會出問題。肯定的一點是，一個人的月亮被壓抑後肯定會有後果。需要一些意識上的理解釐清到底問題出在哪裡。我們清楚如何滋養自己，就不會怨懟其他人沒有按照我們喜歡的方式來餵養我們。因為月亮反映出的是本能的天性，本來就難以明說，而人通常不曉得自己不高興，或背後的原因為何。如果我們沒有意識到自己的需求，月亮就傾向於製造出負面情緒、憂鬱或身體微恙。負面情緒、憂鬱、強迫行為對於不舒服的關係毫無幫助。最終還是需要每一個人都與月亮產生基本的連結，這樣我們才能向伴侶表達自己為何不滿，或找到其他出口，足以補償伴侶無法提供的需求。

母親與月亮

現在我想放下神話圖，聊聊每個人母親與月亮的關係，接著再談月亮在星盤中不同星座、宮位的表現。月亮訴說的是一個人剛出生後的幾週、幾個月時間，因為正是這位母親促成了每個人心中的月亮大母神原型，且體現出這種原型的特殊面貌。我們「內化」這種特殊的特質，成為自己的靈魂發展結構，因為母親不止制定了這種結構，她也展演出我們內在的投射。因此，這段原始的關係會設定我們之後與內心月亮連結的基調。沒有任何一個月亮配置可以描繪出「失職」的母親。不過，某些配置可以描繪出一位母親難以展演母親角色的能量狀態（也就是說，這種能量與月亮的需求不匹配），她也許沒有辦法好好處理這種能量。接著，就輪到我們必須為同樣的原型議題作點有建設性的貢獻。占星很奇妙，可以同時描繪主動與被動、內在與外在的狀態，月亮不只是我們對母親形象的主觀看法，同時也描繪出母親實際擁有的重要特質（儘管有時遭到壓抑），因此月亮是一種共享的物質，能夠敘述母親與孩子的狀態，以及母嬰關係的動能。

舉例來說，月雙子也許反映出你對知識的好奇與焦躁、對美的鑑賞能力，以及需要持續的社交互動。這些特質可以同時應用在你與母親身上。至今都還好，能夠滿足這些特殊需求，你的月雙子就能得到滋養，在理想的世界裡，你的母親應該是最能完成這些需求的人，因為她與你共享這些天性。各位也許會想像充滿活力、精神抖擻的母親讀童話故事給同樣充滿活力、精神抖擻的孩子聽，還會帶孩子進行刺激冒險，鼓勵孩子接受最好的教育，諸如此類。這種母親不會是最適合持家的人選，但月雙子孩子本身也不會需要藍帶廚師或居家奶媽。這個孩子需要有人藉由聆聽與溝通，提供月亮需要的安全感與保障。

不過，如果母親沒有辦法表達自己的水星特質，或是只能擔任負面的角色怎麼辦？如果她不曉得自己有這些潛力怎麼辦？這種狀況下，她不太可能溫暖回應水星孩子的月亮需求，面對孩子自然的求知慾與反覆提問，她會變得煩躁不耐，因為她自己也覺得很氣餒。當事人也許會在星盤上看到土處女四分這顆月雙子。這種狀況暗示了過度發展的責任感，害怕失去安全感，也恐懼「了不起的他者」看法，這些東西加在一起，掩埋了母親的光芒，因為她太害怕顯露出輕浮、鐵石心腸或壞母親的模樣，或是因為背負太多責任重擔，沒有時間以雙子座的方式做遊戲。孩子肯定會內化這種難題，感受到月亮需求與（你以為的）世界賦予你的期待之間存在衝突。月土四分是你與母親共享的問題，責怪她吹毛求疵、責任都往身上攬、對你的情感需求不聞不顧都沒有幫助。說不定，雖然她的意識很努力，但她的情緒卻在很基本的層面上遭到拒絕。不過，狀況大概是成年後的孩子無法在自我滋養與集體期待之間，找到合理的內在平衡，因為你已經內化了她的衝突，現在對自己的方式，就是母親曾經待你的方式。

因此，月土相位對你透露了重要關鍵，以及母親為何憂鬱、為何無奈的主要根源。這組相位也說明你與母親早年關係中的冰冷情緒與疏離，就算她的外在行為看起來很盡責、犧牲奉獻也一樣。不過，最重要的是這組相位說明了，成年之後，你大概是在用土星修理月亮。或是反過來的狀況，說不定你沉溺於月亮的羈絆與飢渴中，不顧自給自足的土星。認清內在衝突才能從這組苛刻的配置中改變、得到自由，因為如果你能替自己遭到剝奪的情感負責，你就能朝較為平衡的境界前進。這點其他人無法幫你。

我們先前探索的神話意象可以同時屬於母親及孩子。這些形象協助我們理解，我們情緒需求裡的某些特定原型背景，以及早期母嬰關係間的神話主題。月亮相位能夠替嬰孩時期的我們提供絕佳的洞見，大力協助我們看清長期焦慮、強迫行為這種問題。月亮可以是一本史書，根據月亮的出入相位，我們可以了解生命頭幾個月重要的肉體與情緒經驗。不過，我想，在解讀月亮時，我們必須探討親子關係裡尋常與神話的兩種層次，這樣我們才能理解各種充滿創造性的可能，以及過往傷害我們的一切紀錄。

月亮星座與相位訴說的神祕故事已經在家族靈魂中流傳了好幾代。先人一代傳一代。男性通常會與帶有類似自己月亮配置的女性結婚，因為許多人都會透過女性伴侶、女性下一代，展演出本身的母親議題。研究家族中每個個體的星盤，觀察月亮模式一再出現是很有意思的事情。家族的本能需求會形成一種特殊的原型主題，透過不同成員尋求實踐，根據家族裡呈現出來的無意識與壓抑程度，這股能量會變得越來越具有毀滅性。處理月亮議題其實就是在處理家族的本質。隨著這些困境一代傳一代，每一代人都有尋找解決之道的全新機會。正因如此，解決自己的月亮衝突，就能救贖過往。

解讀月亮與人母的關聯時，我們必須要考慮到與占星無關的因素，好比說母親所屬年代特定世代與社會群體的集體期待。好比說，母親出生貧苦移民家庭，她長大後就會充滿焦慮，在生活中缺乏冒險的能力，如果我們打算誠實面對心理繼承的風景，我們就必須考量這種看似非常合理的問題。月土四分描述的也許是一位母親，因為人格上的深層缺陷，情感有所保留，但也可以形容母親原本很溫暖，卻因物資匱乏、無法支持自己，遭到嚴重打擊。我們也要謹記基礎的心理機制，好比說，母親天性獨立自主、充滿生氣，卻有絕佳理由無法好好飾演人母的角色，而孩子，說到底，卻想要得到一切。

如果我們仔細觀察這個問題，我們也許會得到大方向的概念，是因為月亮位在陽性星座，特別是與火、天這種充滿動能的行星產生相位，這樣就暗示了難以調和的議題。有這種月亮配置的母親肯定會受到「做母親」行為帶來的衝突。雖然情況再明顯不過，我們卻經常忽視了簡單的事實，因為我們憤恨不平，覺得自己遭到剝奪。不過，內在蘊含不羈萬獸女王原型的女性，她怎麼可能安於在家照顧孩子？或是，我們想想月天蠍好了。我先前提過這個配置，月天蠍比較符合黑卡蒂或瑟西等神話人物。這些會巫術的女性帶有強烈的情色元素，扮演母親角色時，性帶來的張力與熱情（即便是無意識的）還是難以調和，特別是如果女兒逐漸成長，讓母親感到競爭的時候。設想你是月天蠍的女性，你小時候與母親之間已經存在性嫉妒的問題。這並非「病態」，生活現實即是如此。充滿熱情的女人不會喜歡與具有情色競爭性的青春期女兒分享丈夫的情感能量。這種難題通常深埋在潛意識之中，因為不曾有人教育我們冥王星層面的家庭生活該怎麼過。任何道德判斷在此都不適合。不過，若一個人的月亮在天蠍，長大之後，當事人需要想辦法誠實面對孩提時代的情緒暗流，這樣才不會重蹈覆轍。

不同的月亮配置會引發不一樣的場景，只不過是特定原型模式在一個人早期生命中的面貌。也許每個人都需要經歷一些時期，在這些時刻裡，我們會為了自己童年的遭遇而憤怒，因為正當的憤怒有時是對自己忠實的起點，天底下也沒有樣樣滿分的母親。生命早期處處護著我們的理想化母親，特別容易引發這種情況。不過，在憤怒與指責的隧道盡頭，我們必須認清母子之中存在著某些類似的月亮本質，這樣才能真正原諒，繼續前進。這共享的本質不見得是月亮和善、滋養的一面。也許是狂野、難以預測的一面，或是深層、幽微的一面。我們前面討論過，月亮不見得都是令人放心、充滿母愛的形象。狄蜜特是最可靠的月亮女神，但連她都可以因為女兒失去貞操，讓大地成為焦土，作物統統凋萎。要了解月亮，我們需要重新定義所謂的「母性」。這麼多月亮女神都與兒子發生性關係、吃掉後代、幹了很多事情，這些事情絕對不會出現在史蒂芬·史匹柏所描繪的家庭生活中。不過，這些神祇都忠實呈現出月亮的不同面向。

月亮的星座與宮位

現在我想聊聊月亮的星座與宮位，從星盤一開始。這張盤的月亮反映出我們先前討論的幾個原型困境。月亮本身沒有主要相位，處在火象宮位（九宮）的火象星座（牡羊座），因此是相當易燃的月亮，卻與星盤裡的其他行星沒有關聯，只有跟上升點形成三分相。我先提供一些朱利安的家庭背景，然後再看看月亮對他過去與現在的難題有什麼影響。

朱利安的父親是著作等身、備受尊崇的劍橋大學古典學系教授。熟知典型「牛津劍橋」心態的人大概看懂了，月牡羊，日牡羊與火星合相，獅子座上升點也在一旁煽風點火，如果一個人的父親充滿智慧、冷漠，又想控制一切，這對當事人並不是很親切。加上水木四分，土凱合相，若當事人打算跟隨父親腳步，成為牛津劍橋學者，這些配置也不是很幫忙。我不是在暗示朱利安的父親是「戲裡的反派」。不過，在進一步探討這張星盤的月亮議題之前，我們已經可以推測出朱利安個性固執火爆、脾氣充滿戲劇張力，直覺式思考也毫無章法，他的出身環境也許無法認同他的本質。這不見得是壞事，但很可能會帶來麻煩，日牡羊與父親之間會產生競爭

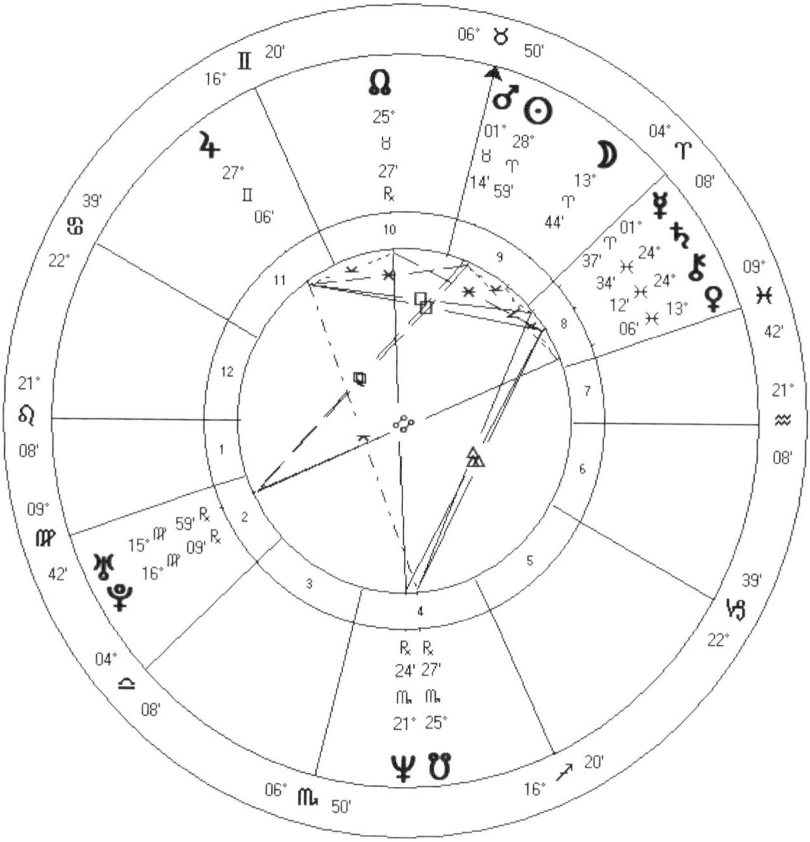

星盤一　朱利安的出生盤*

* 編註：由於原書的多張星盤相對不清晰，故使用 Solar Fire 軟體重製星盤一、二、三、五、七與八。

關係，當事人本來就會經歷這種原型旅程。

曉得這些大致的背景之後，咱們來聊聊月牡羊。各位有沒有想到什麼相關的神話人物？

觀眾：我想到先前提過的萬獸女王，充滿火的能量，狂野不羈。

觀眾：那「邁那得斯」呢？我總覺得月牡羊某些方面難以控制。

麗茲：我覺得這兩個形象都很適合。月亮會帶出牡羊座本能、不理智的一面，跟太陽意識的主動、領導力截然不同。的確會呈現出牡羊座狂野、易燃的面向，原始、容易發怒、充滿生氣。這顆月亮的確充滿亞馬遜女戰士的特質，享受作戰帶來的狂喜。我覺得剛剛觀眾提到的「邁那得斯」也很精準，因為前面提過，這個字語是「狂熱」的希臘文字根。等等各位就會發現這種形容再適合不過。

月亮牡羊

月牡羊充滿溫度與熱情，如同希臘的獅頭女神塞赫麥特（Sekhmet），她是女戰神，也像陪伴古老安納托力亞萬獸女王的母獅。朱利安的母親擁有許多相關的特質。雖然朱利安對自己的童年沒有什麼印象，他卻說在八歲前，母親尚未癱瘓，她是生氣勃勃、相當跋扈的人，脾氣也很差。他記得父母經常爭執，父親因此變得冷淡挖苦，會說理性卻輕蔑的話語，母親則變得易怒，動不動就大發雷霆。不過，雖然有這種很不討喜的回憶，他對母親也有較為正面的印象，覺得她「興致勃勃」、「不會無趣」。他在情感層面雖然與母親沒有很親近（這大概反映出月亮無相位，以及亞馬遜女戰士的特質），但母親還是以自己強烈的人格特質在兒子腦海中留下深刻印象。結果，在他八歲時，狀況惡化了。

當時朱利安的父母又吵得很兇，他們離開臥室，在二樓室內梯旁爭執。朱利安在樓下客廳看書，親眼看到母親伸手朝父親摑掌。她一不小心沒站穩，踉蹌了一下，整個人摔下階梯，昏死在朱利安腳邊。她脊椎的傷勢讓她必須終身坐輪椅。讓朱利安備受打擊的不是母親癱瘓，而是她性格上的轉變，她變得沉默寡言，與家人相敬如「冰」，蜷縮進沒有兒子也沒有丈夫的內在世界，讓他們內疚不已。朱利安忍不住將責任推到父親身上，但他從來沒有以理智的角度分析這件事；聽起來雖然可怕，但整場事故並不全然只是意外。後續的漣漪與事故本身同樣曲折、悲慘。

這是相當黑暗的故事，讓人想起希臘神話裡家族的詛咒，朱利安受到黑暗問題的折磨，彷彿是悲劇作家艾斯奇勒斯（Aeschylus）筆下的人物。他有躁鬱症，跟許多躁鬱症患者一樣，他仰賴鋰來維持合理的行為。朱利安在青春期後，症狀逐漸展現出來，之後不斷反覆處在躁症與鬱症的週期裡，這是典型的躁鬱症傾向。朱利安有時會覺得自己腳踏實地，相當理智，結果就會開始「飄」。雖然有鋰的協助（只能抑制，無法根除情緒波動），嚴重到想自殺的鬱症與

「邁那得斯」般狂熱的躁症還是輪番上場。躁症發作時，他可以爬上高樓，對人群罵髒話，相信自己會永生不死，進入某種以為自己無所不知、無所不曉的狂喜出神狀態，認為自己可以突破所有的謎團，擁有終極大哉問的所有答案。沒多久，遭到騷擾的人就報警，他最後進了醫院。一旦進去、接受大量藥物治療後，他平靜下來，就會不願離開醫院，不想重拾外頭的人生。雖然他每次都要求要見媽媽，但母親一次也沒有去醫院探望過他。不過，他最終會站穩腳步，離開醫院，之後，循環又開始了。

朱利安躁症發作時，月牡羊的狂熱表現非常明顯，月亮處在九宮這個充滿大局哲學觀點的位置也有推波助瀾的效果。月亮本身無相位，沒有沾染其他行星的色彩，會爆發出純粹的原型能量。這是令人不安的案例，說明無相位行星通常與自我人格斷裂，突破進意識層面時，可能引發何種後果。感覺會被牽著走，類似遭到附身。躁症發作時，朱利安消失了，徒留這股九宮月牡羊的純粹、古老能量。接著，他崩潰後，月亮回到潛意識層面，留下他一個人悲痛、寂寞、內疚又羞愧不已。

位在所有火象星座的月亮都反映出當事人必須覺得自己很特別，大家必須將其視為眾神之子。當事人會認為自己不受常規限制。這是月亮的本能需求，無法靠理智改變。如果星盤上有其他足以平衡的配置（特別是風元素行星，因為風元素可以提供架構，又不會捻熄這道火光），火象的月亮可以燃起強烈的想像力，同時還能有勇氣以充滿創意的形式，表達出這豐富的內在風景。不過，在朱利安的星盤上，只有土星位於風象星座，反映出內在風景能力的水星與土凱合相，因此遭到壓制。這暗示了，對父親來說相當自然的理智與反思能力，對朱利安而言並不簡單。朱利安與其他善用直覺的人一樣，習慣用主觀態度體驗一切，很難以抽離的態度看待生命的限制與痛苦的經驗（特別是母親的意外）。生命刻意傷害了他，因此他也會傷害自己的生命（與他的父母）。

觀眾：如果月亮不是火象星座，而是其他元素，還會發生同樣情況嗎？

麗茲：大概不會。行星所在的星座象徵了我們的本質。相位則是行星展現的生命領域。若朱利安的月亮在九宮的金牛座，他的本能需求肯定會包含全面的哲學觀或世界觀，加上旅行與冒險的渴望。九宮是心智的宮位，朱利安的月牡羊在九宮，還真的脫離心智，向內探索，抵達一個相當陌生的港口。不過，如果這顆月亮位在金牛座，他就會有不同的情感需求，以及截然不同的母親，他就不會跟「邁那得斯」一樣，展演出母親的怒火。我覺得他就不會展現出躁鬱症。如果月牡羊在六宮，他就不會爬上高樓，對路人高喊亞里斯多德的哲學。也許「邁那得斯」會發展在他的身體上，透過肉體的症狀來表達憤怒，好比說忽然發燒或偏頭痛。

火象的月亮需要意義，需要與高深模式產生想像的連結。因為我們討論的是月亮的滋養，這個問題無關哲學構思或靈性框架，而是一股強烈的本能慾望，想將神話元素、原型層面注入生命之中，當事人這樣才能感受到比世俗世界更浩瀚、更有意義的一切。因此，火象的月亮本身就充滿矛盾，因為月亮的國度本是肉體的國度。不過，月牡羊、獅子與射手的本能卻是想透過戲劇性、想像力來刺激物質現實。平淡無奇的生活會壓垮在火象的月亮，在這裡沒有白馬騎士、沒有遇險的少女、沒有巨人、沒有童話世界裡形形色色的角色人物來平衡稅務員與生活開支。

這點讓我們更了解朱利安躁症發作的時候，特別是當我們想起他成長的家庭背景，充滿教條與限制。英國學術界跟其他領域一樣，有醜聞與戲碼，但通常都呈現出彬彬有禮、舉止得宜的樣子。雖然《莫爾斯警探》（*Inspector Morse*）那樣演，但牛津劍橋教授的家庭生活相當低調。如果月牡羊的孩子想將豐富的想像力帶進日常生活，卻沒有得到足夠的重視，孩子就會退縮進高漲的幻想之中，脫離尋常生活。孩子也許是天才、偉大的藝術家、靈性的化身，但周遭的人太蠢、太庸俗，無法看清這點。

朱利安躁症發作時會讓他成為世界的絕對焦點。他成為戲碼的主角，周遭的人都要扔下手邊的一切，跑來協助他。這點也許加劇了他想自殺的憂鬱傾向，因為只要他失去了天之驕子的身份與眾神的連結，他就看不見生命還有什麼意義。他不相信當他只是一個普通人時，誰還會愛他。這就是深層、強迫的牡羊座在潛意識層面運作的表現方式。

觀眾：那他還真是在潛意識層面勒索他的父母。

麗茲：對，這是潛意識的勒索，更精確地說，是潛意識的懲罰。他為了父親的「罪過」而處罰他，彷彿是因為父親將妻子推下樓梯，但他主要還是在懲罰他的母親，因為她拋下了他，選擇了輪椅與沉默。母親的問題大概比較關鍵，但他比較容易意識到他對父親的憤怒。

觀眾：而且當他崩潰進醫院時，他要找的卻是媽媽，希望媽媽能夠照顧他。

麗茲：對，我想是這樣沒錯。而且，朱利安也變得跟母親一樣，成了沒有辦法應付生活的傷員，而因為他跟母親走上同一條路，他會覺得自己更加親近她。朱利安行為裡的操縱成分相當複雜，但也有強烈的象徵。他崩潰的背後有多重目的。他可以為此懲罰父親不支持他，他擅長的是自己並不渴望的崩潰。他可以藉此處罰母親的退卻。他可以逼迫世界提供他（大概這輩子都）得不到的母愛。而且，他能夠成為神話人物，宇宙的中心，他卻沒有做出任何努力就成為這種角色，這是火象月亮的特色，跟太陽完全無關。我們可以花整個講座的時間聊躁鬱症與其他心靈障礙的成因，但我在這裡使用朱利安的星盤只是因為這個案例很誇張，說明了月亮的潛意識及強迫行為會如何運作。他的狂躁狀態、與母親之間的複雜關係都和這顆無相位的月牡羊有關，就算他以更為溫和的方式表達，大概還是會與父親產生摩擦。

觀眾：請問妳對朱利安會有什麼建議？他應該是在躁症沒有發作的時候來找妳？

麗茲：對，但我擔心，如果我談太多神話、原型的話題會提供他下一次發作的養分。我建議他進行頻繁且深度的心理分析，一週四到五次。對於這種受傷的人格，克萊恩（Kleinian）分析最管用，他需要的是以長期為基礎的包容。與一般世俗精神病學意見相左，躁鬱症並非無藥可救，但過程並不輕鬆，需要心理治療師或分析師接受週期性的崩潰，過程中還不能失去信念。朱利安大概也需要分析師支持他火象天性的健康面向，這種特質狀況好的時候大概會很戲劇性。替代方案就是一輩子擺脫不了鋰，鋰讓他的情緒起伏的確不會那麼大，但沒有辦法阻止循環往復。

觀眾：前面一直沒有提到月金呈現三十度，這個相位可以替整張星盤解套嗎？

麗茲：我不會鼓勵只觀察一個相位，而且還是次要相位，作為這麼多複雜心理因素的解決之道。我覺得金星的三十度相位力量沒有大到可以包容月牡羊，更別說其他的配置了。三十度是很棘手的相位，需要意識上的努力，雖然月金三十度可以用來形容一個人溫柔的特質、鑑賞藝術的本質，但朱利安的自我還沒有辦法很妥善地使用這股能量。我更傾向於觀察有什麼特質能夠協助他建立強健的人格，進而包容這顆狂野的月亮。星盤裡最重要的大概莫過於太陽了，太陽位在九宮，暗示了如果朱利安能夠在浩瀚脈絡裡理解他的痛楚，我是指分析層面（檢視他的家庭背景）以及原型層面（探索他症狀背後深層的模式），他就越有能力面對讓躁症發作的痛苦。

我也會仔細觀察土星，土凱合相在八宮的雙魚座，暗示了朱利安在與其他人的親密接觸、情感包容上感到相當恐懼。我相信這種恐懼與父母有關，但尤其來自朱利安的父親。從日火位於九宮（學術宮位）、海王星在四宮就看得出來，對他來說，父親是很矛盾的角色。海王星合相南交點，暗示了父親隱藏的敏感與困惑，朱利安可以用他那三顆位在雙魚座的行星，替父親展演出來。雖然朱利安因為母親癱瘓很氣父親，卻深愛且理想化他的父親。事實上，我懷疑朱利安某種程度上乘載了母親的憤怒（意外後她一直沒有發洩出來的怒氣），以及父親的哀傷及軟弱（父親也從來沒有表達出來過的情緒）。

雖然我明白你為什麼會提到金星的相位，因為八宮可以成為月牡羊以性宣洩狂野面向的方法，但我還是想要先探索朱利安對父母這種盤根錯節的感受。所謂的「解方」更像是整張盤都要考量。

觀眾：他肯定覺得自己沒有活出父親的期待。他是否會為了取悅父親，達到某種學術成就，也許不是古典學科，但還是類似的領域？

麗茲：這條路他試過了，他大學時唸的是哲學跟比較宗教。不過他跟不上學術的要求。我同意，他的思想的確需要食糧（九宮成為高等學術宮位可不是空穴來風），做研究也許會替他與父親之間建立起溝通的橋樑。不過，這樣他可能會成為父親的競爭對手，因為日牡羊合相火星暗示了父親在無意識層面具有很強烈的競爭性，父親並不希望兒子來他的領域挑戰他。我相信朱利安與父親之間有複雜的議題需要攤開來說清楚，因為我認為牡羊座與伊底帕斯的神話息息相關，會透過典型的家族內三角關係重演。

觀眾：無相位的月亮是否暗示了與母親之間沒有關係？

麗茲：無相位的月亮意味著在深層的潛意識層面，通常沒有多少實際的情感交流。朱利安是這麼說的，他小時候就沒有感受過媽媽散發出多少母愛。雖然母親的現況也許可以歸咎於意外，但問題很早之前就存在了。那場事故意味著再也沒有救贖的機會。朱利安沒有足夠強大的「好媽媽」內在形象，讓他學習如何包容、滋養自己。結果就是原型層面的月亮在沒有任何人為緩衝的狀態下，直接突破闖進他的日常生活。他的躁鬱症週期都呼應了月亮原始的週期。朱利安的躁症狀態暗示了呼喚「邁那得斯」出來狂舞的滿月，黑暗的鬱症則是暗月時分，黑卡蒂的黑狗發狂。

月亮在不同元素時的表現

我想先把朱利安的盤放一邊去，聊聊月亮在其他三個元素的表現。土象的月亮會認同諸如蓋亞、狄蜜特等大地女神，她們掌管肉體的生命與自然。同時，我們看到對月摩羯者來說，赫拉可以視作土象的月亮女神，因為她守護了傳統家庭的結構與根源。對土象的月亮而言，身體的需求無比重要，但許多其他事物也能提供象徵上的實際安全感。舉例來說，一個人的家就像身體一樣，彷彿是可以讓我們感到安全、保護的子宮。對土象月亮而言，賣掉自己家的房子或搬去新的區域可能既可怕也充滿創傷（尤其是在孩童時期），就算所有實際的細節都已經妥善規劃好，沒有任何財務問題，搬家過程很順利也一樣。當事人還是會有靈魂出竅的感覺，認為深淵就在眼前。

如果一個人沒有意識到這些土象的月亮需求，無視或否認真正的根源，這種感覺被連根拔起的焦慮與不舒服會持續很久。土象星座的月亮也具有深層的儀式性。我們每天都會有小小的儀式，無論是必須要去院子裡拔野草啦，早上就著茶看報啦，去漢普斯特德荒野公園慢跑，或是沐浴更衣時有一定的順序。這些儀式對土象月亮而言無比重要，因為儀式能夠提供以身體為中心的必要安好感覺。土象月亮通常偏好飲食及運動的儀式，就算這些趕時髦的小動作對身體健康沒有實際幫助，他們還是會進行，重點在於重複儀式帶來的安全感就能提供平衡的感覺。

所以土象的月亮對於物質上的改變會有深層的抵抗，同時身體上也需要儀式性的日常生活秩序。這種月亮配置有時會具有強迫性，特別是當事人壓力大的時候，但各位看得出其中的原因，如果月亮是以無意識的方式表達，很可能就會出現強迫性的現象，而這些儀式提供了對抗焦慮的保護。土象的月亮通常會很在意物質保障、社交接受度，但當事人意識上可能會否認，各位還是能夠明白背後運作的原理。美麗或有價值的物品、金錢與聲望都能在某種程度上提供肉體的安全，是抵禦混亂冷風的堡壘。當事人若過度重視智識或靈性層次生命，進而否定這些月亮的基本需求時，土象的月亮會造成身體的症狀，或是嚴重的強迫行為。

土象的月亮也必須覺得自己有用。這與土象太陽必須對生命有實際貢獻的意識目標不同。月金牛、處女、摩羯有一種本能的需求，需要有事做，不能虛度光陰。自然界的一切事物都持續在動，雖然有時速度很慢，但如果靜觀院子或森林野外的昆蟲與蝸牛，就會看到大自然每一刻都充滿有意義的行為。螞蟻忙著將食物搬進蟻丘，蜜蜂忙著汲蜜，蚜蟲忙著吃樹葉，鳥兒忙著啄蟲。就算冬天看似一片平靜，植物還是蘊含著祕密的生命。這一切動作都是為了世界上的眾生而存在，土象的月亮本來就會依循這種節奏。就連月金牛，最為固定、平靜的星座，都持續有所動作，只不過是以他們獨有的緩慢步伐前進罷了。

土象星座的月亮同時也具有高度的觸覺與感官能力，對於肢體接觸、感官刺激有強烈的需求。雖然處女座跟摩羯座因為高度的自制力而聞名，他們也有相當敏銳的感官能力，只不過他們對於樂趣的來源相當挑剔。我將感官與性感分開，因為感官刺激不見得與性有關。月金牛在吃巧克力冰淇淋的時候可以感覺到美好的感官刺激，月牡羊也許可以體驗刺激的性愛，卻沒有啟動感官。如果在缺乏表達或壓抑的家庭裡，否定了基本的碰觸與身體上的愉悅，那麼土象的月亮對於身體的需求與功能就會產生深層的恥辱感。

在某些卡巴拉教導裡，月亮與「王國」（Malkuth）有關，也就是生命之樹最底部的位置。這是無知覺的物質，組成了肉體與所有的現實。「王國」是一種盲目的接收容器，靈魂種子落入其中，但本身不存在任何意識。我先前提過月亮本身是有其智慧的，這是反映出月亮女神的古老形象。我們在此觀察到許多宗教與祕傳教義當中的困難，因為這些知識貶低了月亮的層次，認為月亮不夠「靈性」。月亮的智慧不會像太陽意識朝著某個目標前進、進化，畢竟月亮迎合的是安全感、舒適與生命的存續。如果某個生物在大自然裡走不下去了，好比說恐龍，那這個物種就不會繼續前進了。不過，如果還能前進，好比說銀杏樹，同樣的模式就會繼續，偶爾會在幾千年間產生幽微的改良。沒有任何物種是根據「可能的完美理念」進行「高級」演化。從太陽的角度看來，土象的月亮似乎無趣遲鈍、缺乏想像力。如果擁有土象月亮的當事人意識層面過度認可所謂的「高級」國度價值，這個人對自己的月亮的確會有上述的感覺。

無論基於何種原因，只要否認月亮的需求，我們就會飽受煎熬。事實上，要讓土象月亮心滿意足相當容易，前提是當事人不要假設「自然」就是沒有進化。通常當土象月亮的客戶來解盤時，他們都深受深層、複雜的問題所苦，我大概會建議他們從最基本的層面著手，找出讓身體舒適的方式，讓自己感覺真正的滿意與滿足。他們的反應通常都是：「噢，對，但是……」因為他們完全低估了這些需求的價值。其他更有意義的追求更要緊。不過，如果月亮位在土象星座，對現實、世俗事物的認識與欣賞能力造就了當事人生命的基礎，就是這些「俗事」提供了樂趣與安全感。

也許我們接著可以聊聊風象星座。在場有多少人月亮在雙子、天秤與水瓶？哪些需求可以讓你們感覺安全又滿足？

觀眾：我需要與人溝通。我不喜歡獨處，沒人可以講話。

觀眾：我需要身邊圍繞美好的事物，我無法容忍醜惡或粗俗的環境。

麗茲：兩位都表達出了風象月亮的基本需求。風象的太陽也許會以意識爭取智識上的發展，但風象的月亮很可能只是需要口頭交流與心靈層面的刺激。沒有明確的知識目標，反而是喜歡思想上的碰撞，讓心智保持活躍。這就是為什麼月雙子熱愛八卦到無可救藥的境界。因為人實在太有趣了，光是聊這些人就有聊不完的娛樂。風象星座是社交動物，天生的群居動物，就算是內向者，也會向其他人尋求思想上的聯繫，但可能會慎選對象。對於風象的月亮而言，最痛苦的莫過於早年環境缺乏溝通，或是溝通很不誠懇，充滿模稜兩可的模糊、矛盾訊息。同時，風元素帶有一種天生的美學。沒有時間輕鬆玩樂，陰鬱、充滿紀律的童年令人思想遲鈍，缺乏美感、光明、風格的荒蕪世界會打壓靈魂。風元素的理想化，加上月亮的本能需求，足以產生出對美與清晰世界的深層飢渴，通常這種月亮在應對人類關係間一般的困惑與模糊性時，就會感到挫敗，特別敏感。雖然風象月亮需要與其他人聯繫，他們卻會避免複雜的情緒動力，正是因為這種過度的纖細與唯美主義。獨處會引發風象月亮的焦慮，但太強烈的情緒感受也會，因為情緒的黑色暗流會威脅吞噬風象的月亮。

觀眾：我的月亮在水瓶座，我發現我總會尋找關係裡的逃生路線。我很害怕卡在太多的情緒之中。

麗茲：對，所有的風象月亮都需要關係裡的空間來喘息。雖然天秤座熱愛浪漫，但浪漫關係必須明確、明亮，不能受到模糊不清的水蒸氣玷污。

觀眾：我也是月水瓶，我發現我開口閉口就是談我的情緒。我講太多，甚至沒有機會好好感受。彷彿我只要分析情緒，我就不用擔心它們了。

麗茲：這是風象星座用來對抗感受的經典台詞。當物質世界遭到巨變、威脅時，土象的月亮會變得強迫、執著於他們的儀式裡，而當太親密導致威脅感出現時，風象的月亮則開始分析、解離、閃避。

觀眾：月水瓶也會閃避嗎？我以為水瓶座很重視真實性。

麗茲：水瓶座的道德標準很高，但我們要先對自己誠實，才可能誠以對人。因為面對情緒衝突或情緒上的脆弱時，風象的月亮可能會強迫解離，當事人會欺騙自己的感受。因此月水瓶跟月雙子一樣，容易閃躲。這不是故意要騙人，而是拒絕情感痛楚的本能自保機制。風元素需要清晰度，而天底下沒有比人類情感更模糊不清的東西了。雖然風象星座必須溝通，但牽扯上情緒對峙時，溝通可以變得非常危險。這時換個話題就輕鬆多了，或是將複雜的議題回歸到黑白分明的公式之中。風象的月亮必須在關係中打造出私人空間，這樣當事人才能在其中喘息，且用美、光明與優雅滋養自己，重獲生機。這樣躲不開的情緒對峙才感覺比較可以忍受。

觀眾：這也許有點好笑，但我發現多數月天秤的男人都不喜歡親吻。

麗茲：對，的確有點好笑。我覺得不是這樣，但別放在心上。我想還是別往那個方面探討下去！

風象的月亮會逃避融合的狀態。他們需要保全理想的完整，不能遭到他人現實狀況的玷污。大腦會畫立界線，就跟情感會消融界線一樣。主宰風象國度的女神都是相當獨立的個體，舉例來說，守護天秤座的阿芙蘿黛蒂（金星）就拒絕任何人擁有她。她庇佑妓女與戀人，對婚姻神聖不可侵犯的連結毫無興趣。荷米斯（水星）守護雙子座，他是道路與旅人之神，庇佑騙子與小偷。他穿越天庭到人間，又往返冥府，是沒有固定居所的信使。最後還有烏拉諾斯（天王星），水瓶座的守護神，在明確的宇宙出現前，他是最古老的天空之神。在現實出現之前，他是理想的具體化身，而當現實以他的泰坦後代外貌出現在他面前時，他避之唯恐不及。這些行星神祇都反映對形體的執著或被情緒困擾所帶來的災難。因此風象的月亮傾向在透徹的領域裡找到安全感，也就是不完美的現實不會玷污生命理想之所在。

如果這些月亮的需求遭到阻塞，風象月亮就會跟其他元素的月亮一樣，發展出身體的症狀。不過，我發覺對於感到窒息的風象月亮來說，他們最典型的症狀是憂鬱。這種憂鬱是無意識的，因為風象星座的解離傾向，但若沒有空氣可以呼吸，當事人就會陷入某種蒼涼的絕望與冷漠之中，外表看起來很難相處。有時，童年時期，風象月亮的疏遠特質沒有得到同理，當事人就會一直聽到別人說自己冰冷無情。風象的月亮並不冰冷，但有時缺乏情感的流露，也會有週期性的情感抽離，也許是因為擁有對情緒需求很高的父母。我必須再次重申，溝通的需求與融合的需求完全不同。倘若月亮的天性在童年時期遭到拒絕，當事人長大後也許會因為自己「不討人愛」（unloving）而感到深深的自責，也無法被愛（unlovable）。

在我們結束今天下午的講座前，我們終於可以聊到水象的月亮了。在場有多少人的月亮在水象星座？你們對不可或缺的需求有什麼樣的感覺？

觀眾：我非常需要情感上的親密感。

觀眾：我很需要我的家人。我很擔心孩子長大搬出去。

觀眾：我必須表達自己的情緒。我不喜歡別人覺得我歇斯底里。

麗茲：也許有時風象月亮的伴侶會給你們這種感覺。不過，各位的意見都很符合水象的月亮需求。對水象月亮而言，最重要的莫過於感受其他人的情感回應。就算這種回應是仇恨或憤怒，這種感受都是全世界最重要的事。這樣好過感情墜落至黑洞之中。對水象的月亮而言，情感的交流就是將人凝聚在一起的手段。當事人不再孤單寂寞，因為情感就是可以消融界線、打破自身與生命邊界的溶劑。對方不回應就能立刻啟動水象月亮的焦慮，因為他們感覺自己墜入空無，彷彿不存在了一樣。只有在與他者融合時，他們會感到安全。剛剛觀眾提到的歇斯底里，雖然聽起來令人難過，卻非常精準，因為如果你不重視自己的這一面，只要其他人一拒絕你的情緒，就很容易挑起你情緒高漲的行為。

觀眾：我的月亮在水象星座，我跟月雙子結婚了二十年。我總想貼近他，他卻每每逃開。

麗茲：其中有很經典的異性相吸成分。你與對方具備了彼此難以表達的本能天賦。不過，我相信對具有水象月亮的這一方而言，最重要的不是找到完美的伴侶，能夠回應你的每一次情緒漲落。而是當事人必須重視自己的情緒，曉得情緒有多重要。就算伴侶冷漠疏離，感覺可能非常痛苦，但到頭來，滋養月亮的是當事人重視自我的能力。水象月亮的滋養意味著清楚自己內心的價值與真實，就算其他人不回應也無所謂。歌德說過：「若我愛你，與卿何干。」也許正是因為你不夠重視自己，才會在情緒層面努力想得到肯定。你希望丈夫認同你的需求，但你必須在內心認同自己。這樣當他扮演荷米斯，上演情緒失蹤戲碼時，你才不會這麼介意。

水象月亮的困境相當複雜，因為，如果一個人需要他人的回應，這個人又該怎麼滋養自己？受阻的水象月亮會發展出深層的操控行為，這樣才能獲得足夠的關照。這種悲慘的傾向很容易引來反效果，因為當別人感到操弄時，通常就會抽離開來，當事人就會親手打造出自己最害怕的景象。通常童年時期，這種人的父母也許透露著冷漠、排斥的態度，孩子會因此內化，結果就是長大之後，愛人些許的迴避都會讓當事人感到無比不滿，因為對方的態度撕開了陳傷舊疤。同樣的情況也會發生在需求比孩子還大的家長身上，這種父母散發出來的訊息是：「家裡只容得下一個小孩，而這小孩不是你。」因此，當事人長大之後會覺得自己索求無度而感到羞恥，同時又因遭到剝奪而充滿憤怒。情緒羈絆似乎沾黏糾結，如果展露太多，其他人就不會愛我們。不過，這其實是惡性循環，因為水象月亮越是覺得自己遭到拒絕或無視，他們就會變得更加仇恨，變得更具操縱性，而其中暗藏的情感需求又會把其他人嚇跑。

我想這個困境的解方在於，當事人享受及欣賞自身情緒的豐富性與重要性。水象月亮在情緒暗地運作時，對親密感的強烈渴望只會把其他人嚇跑，如果我們無意識期待其他人持續提供我們自身缺乏的無條件接納、愛與原諒，這股不滿也不會消失。如果我們接納自己的感受，也許就能順利表達出來，而不是用說不出口的要求期待其他人療癒父母在我們內心留下的傷害。這種方式足以拉近人與人之間的關係，而不是逼走對方。如果你的月亮在水象星座，你大可捫心自問，在沒有外界認同的狀況下，你能不能珍視自己的情緒與感受？月亮是水系的行星，又處在水象星座，因此會反映出月亮本身最原型的層次，也就是生命源頭的原始大母神。萬物都蘊藏在她的子宮之中，她無需外界人事物對她的內在品頭論足。

觀眾：我的月亮不在水象星座，但我有疑問。我認同自己的需求，也欣賞自己的月亮星座。不過，我覺得其他人都不認同。

麗茲：人永遠沒有辦法取悅所有人。有時，接受生命這種基本的事實足以造就不同的局面，當事人終於能夠放下心來。不過，如果你真正找不到任何人欣賞你這一面天性的價值，也許你該檢視自己都吸引了哪一種人，為什麼拒絕的模式一而再、再而三出現。其中也許有家庭的情結，如果是這樣，你也許內化了排斥的父母，批判自己的程度遠比你想像中嚴重。而你會透過投射表達出自我的批判，任由其他人批判你。這是很常見、也很人性的行為，多數人多少都會這樣。當一個人說「我喜歡自己這樣，但其他人都不喜歡」的時候，通常都是這種狀況。畢竟，這個所謂的「其他人」到底代表什麼？

初戀

月亮作為關係中的象徵

霍華．薩司波塔斯

母親成爲年幼嬰孩的定位人物，她是孩子在世界上的家園。她是第一個親密的伴侶，有一天會被另一個定位人物取代……這個人會是愛人或伴侶。不過，就在這段生存的初戀關係中，這個不成熟的小人會發展出愛戀關係裡原始的模板，或該說模式……熱戀的人不只是對原初戀愛對象的某些特質產生回憶上的「共鳴」，而是再度經驗那段關係。

——瑪姬．史卡芙6

首先，我希望各位聚焦在解讀月亮的原則上，各位可以參考下頁表格。課堂時間不多，我無法涵蓋月亮所有的行星、宮位與相位。這分表格可以協助各位解決不同配置的意義，至少可以刺激各位思考，提供星盤月亮配置的解讀概念。

月亮的不同原型，以及在心理學層面、占星層面的意涵，麗茲都說了很多，但今晚我想探討的是月亮非常特殊的面向，也就是作為關係象徵的面向。通常，如果要探討某人星盤的親密關係，我們可能自然而然會立刻去找金星或七宮，作為參考的來源。這是很自然的傾向。金星是愛的行星，所以我們的確要考慮金星的配置。七宮是關係的生活領域，所以研究七宮也沒錯，要注意七宮裡的行星、宮頭星座、守護星等等。這些觀察的確會協助占星師了解星盤主人在關係裡的狀態，以及在合作關係中會遇上何種議題、衝突與經驗。不過，擔任占星師多年，我發覺月亮的配置跟金星一樣，也能說明一個人在愛裡的展現，愛會激起一個人何種情緒與態度，以及對男性與女性而言，這段關係的不同感受。因此，就我看來，只是評估七宮或金星不足以提供愛或親密關係的全貌。我還記得自己第一次發現這點的時候。當時我在替一位女性解盤，她的金星只有幾個小相位，七宮也沒什麼大問題，但她的愛情生活卻麻煩不斷（我是說，大麻煩），焦慮到不行，充滿恐懼，容易吸引到暴力傾向的另一半。她的金星超美，如果是在拍賣會上，這顆金星可以賣到好價錢，七宮也不是特別麻煩。然而，她的月亮卻是一團糟，各種挑戰相位，什麼月冥四分啦，與土星、海王星形成緊密的一百五十度。她不悅的月亮似乎壓過了金星與七宮的優點，在關係與親密關係中惹出不少麻煩。

6 原註：瑪姬．史卡芙（Maggie Scarf），《親密伴侶：愛與婚姻的模式》（*Intimate Partners: Patterns in Love and Marriage*），英國版一九八七年由倫敦 Century 出版，美國版一九八七年由 Random House 出版。第七十八頁。

表一　月亮的詮釋原則

月亮的星座展現	(1) 月亮星座顯示一個人如何經驗或看見母親的方式，也是作為家長或母親的風格，如何滋養，喜歡何種滋養方式。可以用來描述阿尼瑪的形象，或是陰性的形象。 (2) 月亮星座可以用來描繪一個人的情感本質，對於事件或環境，最本能的反應為何。只要月亮沒有受到太多相位的阻礙（或是受到與本質起衝突的世俗制約），那我們通常可以用月亮星座回應生命的大小事。 (3) 月亮星座通常展現出的是能夠提供舒適感及安全感的物品。也能代表需要休息、暫停、庇護時，當事人會選擇何種空間。同時也能描述一個人的居家生活。
月亮的宮位展現	(1) 宮位顯示出我們對他人需求最為敏感、反應最為迅速之處，但也是我們容易受到他者影響的領域。我們會模仿、反射出他人的樣子，也就是我們傾向於融入的環境。 (2) 宮位展現出容易受到習慣與過往制約形塑的領域。對於母親的體驗會與月亮所在宮位以某種形式串連起來。宮位也可能是我們受限於家族或文化的概念、期待、價值觀、標準束縛之處。我們也可能在此表現出受到過往吸引或退化的樣子，也許會表現得幼稚或黏人。 (3) 渴望與月亮宮位有關的生活領域是因為這裡帶來安全感、舒適感、歸屬感。當我們需要可以休息或避難的場所時，月亮宮位就是最佳選擇。

(4) 與月亮宮位有關的生命領域是我們會感受到不同情緒、心情與行為產生起伏波動之處。

月亮的相位展現

(1) 月亮的相位會影響我們的阿尼瑪形象以及我們透過母親或照顧者所帶來的體驗。舉例來說，我們是否透過月亮（女性或母親）遇到木星或土星？阿尼瑪的形象屬於我們，還是被我們投射出去？

(2) 與月亮產生相位的行星通常可以用來描述童年時期的制約，進一步也能定義我們的情感本質。我們的反應是開放、閉鎖、抵抗、快或慢？與月亮產生相位的行星本質能夠用來描述我們對於生命中的本能反應，以及我們對應情感的方式。月亮相位也會影響我們關心、照顧他人的方式，以及我們喜歡人家怎麼照顧我們。

(3) 月亮相位可以解釋我們的居家生活。

(4) 與月亮產生相位的行星可以透過身體和行動方式展現出來。尤其可以用月亮相位解釋女性與自己身體的關係。

因此我想從這個角度與各位探討月亮，檢視當我們與某人親近時，月亮有什麼意涵，以及月亮如何在生命歷程中，影響我們與他人的融合與及親密關係。不難想見月亮為什麼會成為關係的主要象徵。月亮也代表母親，月亮在星盤上的配置象徵了一個人的親子關係。這部分可以參考我與麗茲的心理占星講座卷一《人格發展》（*The Development of the Personality*），其中的

「童年階段」章節7。例如，若一個人的出生盤裡有月土相位，當事人就會在母親身上感受到土星的能量，若一個人有月木相位，當事人就會在母親身上感受到木星能量，諸如此類。我現在不會詳細解讀這代表什麼意涵。不過，我想要說的重點在於，母親不只是母親。除了愛護、照護孩子之外，母親更是孩子生命裡第一段重要的關係。她不只是你的母親，她更是你這輩子最重要的初戀。無論當事人的性別，母親都是你這輩子第一次的親密關係。每個孩子都會瘋狂、絕望地愛上母親。現在看著自己的母親或回想童年的狀況，可能難以置信，但的確如此。在今天的講座裡，我想從初戀的角度來分析月亮的配置，以及一個人在人生首度的熱情中是如何「親熱」的。我不會沉溺於過往的童年之中，探討這些是因為那時發生的一切，會對之後的親密關係帶來深遠的影響。

相信各位都了解我在這個議題上的想法，你們都曉得我相信過往總會找機會糾纏我們。我們的意識不見得清楚一歲時或生命早期，我們與母親之間互動方式為何，但我們絕對不會忘記。因此我覺得星盤很管用，很像X光。如果各位曉得該怎麼解盤，就能了解童年早期有過什麼經歷。光是從月亮的本命盤配置，就是大膽推測出你與母親之間發生過什麼事，也可以參考小時候月亮的二推與行運。這麼說好了，星盤可以向每個人展現出「過往的內在小孩」。我們的過往，特別是孩童時期，充滿各種憧憬、恐懼與期待，還有喜悅與恐怖的場景，這些東西統統儲存在記憶之中，可以由星盤展現出來。一個人的「過往內在小孩」至今始終存在。無論你多成熟、多世故、多老練，你還是內心裡的那個小小孩。我見過學識淵博、成熟穩重的人因為男、女朋友沒有在約定的時間打電話來，就跟孩子一樣鬧起脾氣、憤怒不已。當下的交往關係可以帶出深植於孩童時期羈絆的深層情緒。母親是我們第一段重要關係，她是我們這輩子的初戀，這段關係裡所發生的一切都會成為日後親密伴侶關係中的「樣板」。你與母親之間會建立起內在期待的模式或模板，足以形塑、影響我們之後在親密連結中遇到的對象與經驗。瑪姬·史卡芙在《親密伴侶》一書中對於母親與最終選擇的伴侶是這麼說的：

正是這種原始的心理狀態（具有回應性、心領神會的本能，能夠滿足需求的情感共生關係）陪伴我們逐漸甦醒，面對人世。就是在這種脈絡的甦醒過程中，我們開始假設親密之愛的關係樣貌。因為在我們逐漸了解且認識照顧我們的對象時（通常是母親），我們會發展出依附的關係，這種關係強烈到用「人生首度的偉大激情」來形容都不為過……選擇伴侶時，哪種人「適合」，某種程度來說就是過往那種熟悉的感覺，也就是我們對親密關係假設的內在「契

7 原註：麗茲·格林、霍華·薩司波塔斯，《人格的發展歷程：心理占星講座卷一》（*The Development of the Personality, Volume 1 in Seminars in Psychological Astrology*），一九八三年由 Samuel Weiser 出版，第三到八十二頁。

合」模板。[8]

母親與嬰兒的連結

為了強調母嬰羈絆的重要，我想簡短介紹勒內．史皮哲（Rene Spitz）博士在一九四〇年代的研究。身懷六甲的女囚產下孩子，這些孩子會送去醫院，一位護理師要照顧八個孩子。護士會輪班，白天晚上不同人，因此孩子沒有辦法與護士或生母產生一對一的連結。想像這對孩子來說是多麼困擾的事啊，八個孩子都需要關注，一次只有一個人照料他們，還不見得是同一個人。這項研究的結論很誇張，相較於與母親或母親代理人之間產生一對一照顧基礎的孩子，這些寶寶差不多到了一歲時，就會出現明顯的肢體或心理遲緩。史皮哲研究裡的孩子比較會哭，不太愛笑。你大可說他們憂鬱了。他們語言發展遲緩，對什麼都興趣缺缺，比一般的孩子更沒有反應。他們容易感染生病，死亡率高於單一母親照護的孩子。這項研究展示出驚人的結論，那就是童年早期擁有關愛的母親是健康發展的先決條件。[9]如果缺乏這一切，可能就活不成了。因此，如果我們一開始沒有這段美好、充滿關愛的關係，或是，如果我們與母親連結（我們的初戀）之間產生許多問題，我們就會如同茱蒂．維斯特（Judith Viorst）在《必要的失落》（*Necessary Losses*）一書中所言「在大腦上留下情感疤痕」，也就是深刻的情感傷痕。[10]第一個教會我們愛的就是母親的羈絆，讓我們覺得自己不被愛的也是這段關係。

之後，我會談到另一項兒童研究，早年失去父親也會引發類似的問題。不過，於此同時，我們要討論的是與母親關係對人的心理影響。大方向是如果一個人的月亮有很多困難相位，那通常意味著當事人與母親的「戀情」不是太順利。假設如此，這個人大概沒有辦法在生命或內心發展出信任的基礎，因此會導致在夥伴關係中恐懼或疑神疑鬼，在親密關係中感到不安或深層的不確定性。我相信每個人都有被愛的權利，且擁有關愛我們的母親。如果得不到，這個人可能內心會受傷，難以信任生命，自我感覺也不良好，而且這個人也會感覺到憤怒，因為他喪失了一個人與生俱有的權利。話又說回來，如果與母親的連結順利流暢（通常是以月亮的和諧相位呈現），這個人會覺得安全、受到照顧，基本需求獲得滿足，感覺有人理解。顯然在當事人之後親近其他人時，這點會成為一種祝福。當事人腦海裡彷彿已經明白親密接觸是沒有問題的，因為愛會讓一切順利平安。

所幸，就算與母親的連結不順暢，我們也不會全然失落。我們可以逐一解決這些議題，其中之一的過程就是要慢慢了解「過往的內在小孩」，現在這個內在小孩依舊存活於我們內心。

8　原註：瑪姬．史卡芙，《親密伴侶》，第七十三、七十九頁。
9　原註：瑪姬．史卡芙，《親密伴侶》，第七十四頁。
10　原註：茱蒂．維斯特，《必要的失落》，一九八六年由紐約 Fawcett 出版，第十九頁。

這點很重要：跟內在小孩形成連結，成為內在小孩的朋友，認同其需求與情緒。如此一來，我們才能開始療癒或接受先前留下的傷疤。許多人要哀悼失去與母親之間合一的喜樂狀態。許多人還在痛心自己永遠無法體驗的母愛；如果我們不哀悼、放下過往，我們就會一直在伴侶、另一半身上尋找失落的理想母親，這種探尋終究會失敗，因為無論另一個人多愛我們，對方都達不到這種期待。我們等下會以占星的角度探索月亮的這一面。在那之前，我想讓各位簡短練習與內在小孩的連結。

與內在小孩連結的練習

首先，閉上雙眼。

（如果練習過程中感覺任何不適，只要睜開眼睛，寫下當下的感受即可。）

花一分鐘放鬆一下，深呼吸幾次，釋放壓力，然後讓思緒與心靈回溯起你對母親的感受。

當你想到母親時，你感覺到的是溫暖安全，還是焦慮不安？

好，現在想想一件實際發生過的事情，這個事件或情況是你與母親一起經歷的。

讓回憶自動浮現。

花一分鐘重溫整個回憶。

好，放下這個回憶，回想另一個你與母親之間的場景。

花一分鐘重溫這個回憶。

看看你能不能捕捉到一些整體的畫面、象徵或感受，能夠總結或描述你對母親的感覺。

我在不同團體裡進行這個練習時，總能看到有意思的現象，這個練習會引發觀眾程度各異的情緒與連結。有人想到母親會覺得恐懼難受，但也有人覺得安全溫暖。月亮的星座、相位，加上跟母親有關的父母宮位，這些配置足以反映出一個人對母親的感受。

我都會在課堂裡提到子宮經驗。多數人都熟悉我子宮經驗的思考脈絡與想法，以及其對爾後的人生有何種影響，所以今天我不會花太多篇幅探討，只是稍微提一下（請見下頁圖二）。在子宮中以及出生後六個月左右，我們的自我還跟母親融為一體。在圖二，母親是這個大圓，你的自我是大圓上的小圓。乍看之下，你是她的一部分。等到出生後六個月，發展的階段是小圓（就是你）從大圓上分離出來，然後你就是完整的小圓，但你跟大圓之間還是有關聯，只是你不再是她的一部分。

讓我進一步解釋這點。剛出生幾個月時，孩子其實沒有與特定或某位母親產生連結，而是與大地母親融合在一起，她才是整個世界。不過，到了六個月大，孩子逐漸區分出「我」跟母親不一樣。也就是小圓與大圓分開的時候。一旦自我與大地母親分開，你就會有一位特定的、個人的、符合狀況的母親，而這個人與你有關。你逐漸可以認清自己是一個獨立的個體，你被

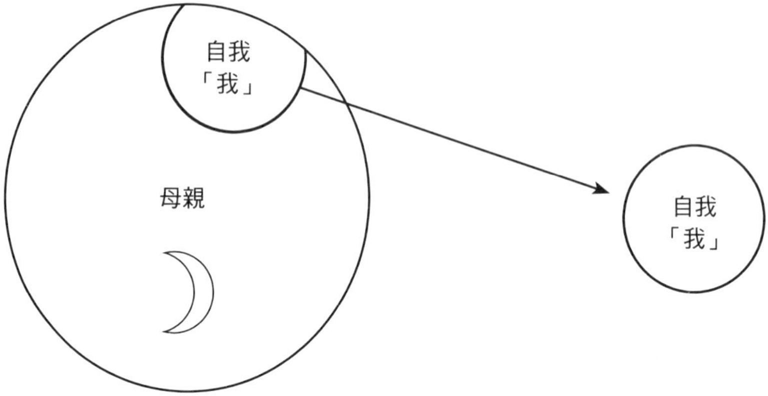

圖二　從母親身上區隔「我」或「自我」之需求。

迫認清母親與你分離。因此，到了六歲，我們會形成特殊的母親依附。只有這時，你才會與她形成一對一的關係，如果你跟某個東西是一樣的，你就沒有辦法與其產生關係，因為沒有二元性。當你的「我」與母親的「我」分離開來時，你就必須面對這兩個「我」（你與母親）必須相處。當你逐漸了解她跟你不一樣，她不是你的時候，你會怎麼想？如果你面對某個不是你的對象時，第一個反應可能是恐懼或害怕。因為，有他者就有恐懼。如果母親不是我，要是她不喜歡我，要是她無法理解我的需求，要是她決定扭頭拋下我怎麼辦？生命頭幾年的關鍵議題是存活。人類出生時，功能並不完整，我們缺乏某些關鍵必需品就被逐出子宮，好比說公寓、車子、信用卡。我們需要母親站在我們這一邊，才能存活下來。

根據許多不同的心理學思想，當我們首度自我與母親分離時，我們會試圖安撫隨之而來的恐懼，手段就是讓她愛上我們、討她歡心、贏得她的愛，進一步得到她的忠誠與特殊的關注。如果她愛我們，她就會想讓我們活下去、活得好好的。這是我所謂的，與母親之間的浪漫戀情，你想要博得她的好感，你想要贏得她的芳心，這種手法就跟你與喜歡的對象去約會時一樣，你覺得跟這個人在一起會有美好的未來。好，記得這一切發生在出生後六個月左右。從行運盤的太陽角度來看，每個人出生六個月後會發生什麼事？沒錯，太陽首度對分。我想這個象徵再貼切不過，因為這是分離的兩個自我首度看清彼此。如果我們將太陽當成發展自我的象徵，太陽的對分相（這個相位也跟關係息息相關）象徵了你逐漸形成的自我面對面迎上另一個人的自我。當然啦，將自我從母親身上區隔開來並不是一夜之間就發生的，這是一個循序漸進的過程，通常需要差不多三年才能完成。如果家裡有父親或另一個重要人物出現，能夠吸引孩子對母親的注意力，那會很有幫助。晚點我們會深度討論這點，也就是父親如何成為有吸引力的局外人，協助打破母嬰共生現象，將我們從對母親全然的羈絆間抽離。

我強調的是，這個**區分的階段**會在六個月大時順利運作。我們也可以從星盤裡看出些許端倪。首先，我會看月亮的原始相位，了解孩子與母親之間的戀情大致會如何發展。不過，我也會參考六個月到三歲間的月亮行運與二推。二次推運盤裡的月亮差不多一個月走一度。看看孩子六個月大時，二推月亮發生什麼事。咱們假設孩子的二推月亮此時與冥王星產生入相位的對分，這是孩子開始察覺母親與你不同的時刻。就這個例子而言，孩子在進入關係領域時，會察覺到冥王星的能量，因此感覺起來，關係會帶有冥王星相關的特質或議題。如果六歲時二推月亮合相或三分金星，那孩子之後在關係裡期待會遇見的對象就會帶有金星特質。

我也會想觀察月亮的行運。孩子在出生到六個月大時，二推月亮與土星、外行星的相位應該還是以出生盤的相位為主。不過，考慮到整個區別與分離的過程要到三歲時才會結束，我們也該參考一直到三歲左右的月亮重要行運，這樣才能觀察長大後對關係的期待。也許一個人出生時的土星位在獅子座一度，而本命月亮在獅子座二十九度。這裡沒有合相，但當這個人差不多兩歲半的時候，土星就會合相月亮。在這個年紀，孩子還是容易受影響，因此土星會左右孩子對照護關係裡親密對象的感受。

月亮相位如何影響母親及伴侶關係

接下來，咱們會仔細探討月亮在出生盤上的不同相位，聊聊這些相位對母親的連結、以及日後伴侶的連結有何種意義。我們沒有時間深聊月亮的每一組相位。我也希望各位能以不同的角度看待月亮，不只是一對一關係的象徵，而是考量到一個人與社會整體的連結，以及一個人在社交場合裡會如何自處。

我們先從月水相位開始，談談這種相位對當事人與母親戀情的影響，第一次的浪漫關係氣氛如何？我會聚焦在強硬相位及一百五十度上，因為這些相位較為棘手，也更有意思。我不想自己一個人講，所以歡迎各位一起討論。如果一個人出生盤上就有月水強硬相位，在與母親之間容易產生何種問題？

觀眾：溝通上的問題。

霍華：的確，難以理解彼此、難以與彼此溝通。這樣的結果顯而易見。月亮跟一個人的安全感、安全需求有關，也就是一個人需要有人抱、有得吃、有人安慰的需求。水星則與訊息傳輸有關。因此，當象徵母親的月亮與水星出現問題時，也許代表了母子雙方無法理解彼此。簡言之，她可能會看不懂孩子的需求、誤會孩子的意思。當母親氣質與你不一樣的時候，這種狀況就可能產生，好比說，母親火元素氣質比較重，孩子卻土元素、水元素特質比較強。孩子可能會以某種方式展現自己要人抱或餓了，但她無法理解，或是沒有按照孩子想要的方式來抱他。孩子這時可能會覺得自己很笨，一定是自己哪裡沒做好。這點會成為你的個人神話，生命早期形成的印記會糾纏一輩子。換言之，月水議題會讓一個人對自己的智識感到不安，或是覺得自己無法好好溝通、讓人理解。不過，我們不該只藉由檢視過往及早期童年經驗，就擔心未來會怎麼發展。我們想要的是深入過往及潛意識，進而理解怎麼讓此刻的自己變得更好，並從當事人小時候與母親的關係，了解過往對往後人生或當下關係問題產生的影響。因此，當一個人無法被母親理解、無法與她好好溝通時，在關係裡可能造成何種後果？當事人會對什麼狀況特別敏感？我經常聽到月水相位的人抱怨：「我的伴侶都不懂我。我們沒有辦法對彼此表達需求或感受。」各位了解這就是當事人童年早期與母親之間的問題。

咱們來想想月金之間的強硬相位。這組相位對母嬰戀情代表了什麼？

觀眾：我自己就是月金四分，我記得我總覺得媽媽很醜，登不上檯面。我看不慣她的姿態，也不喜歡她碰觸我。

霍華：的確，我聽過其他人講類似的話。雖然月亮跟金星都是內行星，你也許會想月金之間的強硬相位大概沒有月土或與外行星的相位那麼棘手，但月金困難相位還是會在之後的關係裡引發巨大的壓力——一個人的安全感需求、歸屬感需求（月亮與母親）與吸引他的美麗事物（金星）互相抵觸。之後，這種衝突會以各種方式重現。當事人也許會跟能夠提供安全感的另一半結婚，但這個另一半無法以金星的方式激起當事人的感官或性慾。換句話說，因為這兩顆行星互相抵觸，當事人也許會犧牲金星，與安全感結婚。狀況也可能顛倒過來，吸引當事人的金星無法提供所需的安全感與保障。

我也見過月金問題以另一種方式呈現。當這兩顆行星呈現四分相或其他強硬相位時，可能會引發兩顆行星原型上的緊張及不容。我們先前說過，孩子也許會覺得母親不美麗。不過，相反的狀況也可能發生，孩子會認為母親太令人興奮或太誘人。換句話說，母親原則與性愛原則容易攪和在一起。因此，也許母親餵奶或擁抱孩子是為了滿足孩子基本的月亮／生存需求，但孩子卻會有性慾方面的感受。也許母親無法透過伴侶滿足金星的需求，因此無意識向孩子索求這種愉悅或快感，進而表現出「誘人的母親」的形象。這樣兒子長大之後容易遇到麻煩，因為與母親發生性關係是一種禁忌。他只要開始親近女性，一旦這位女性變得熟悉或是出現類似母愛的關懷，他就會覺得跟她發生性關係不妥。

月金相位在女兒身上則會引發稍微不同的問題。母親也許獨占了所有的美貌、品味、時尚，讓孩子自慚形穢。比較的心態油然而生：「魔鏡啊魔鏡，誰是世界上最美的人？」女兒可能一輩子都會有這種美貌比不上母親的感受，之後會展現在與其他女性的相處困難與競爭意識上。

觀眾：這些相位會不會讓母親覺得孩子不吸引人，而孩子捕捉到這種情緒呢？

霍華：會的，在某些實例裡，我覺得孩子可能會覺得母親不重視或欣賞自己。月金議題可以視為女性原則不同面向之間的不合，這兩種原則分別是母性與肉慾。擁有這種相位的女性在年紀漸長之後才會感受到這兩種女性面向的衝突。她們也許會認同母性，放掉金星那一面，不顧外表，或是不在乎自己是否吸引人，另一種則是**小女孩**或**交際花**，她們喜歡跟人打情罵俏，甘願成為伴侶的女朋友或是靈感，但對承諾、婚姻、母性生活存疑。這種相位的挑戰是在婚姻或關係中替月亮與金星預留空間，舉例來說，偶爾將孩子丟給長輩一週，你跟另一半單獨來場浪漫假期。我們已經提過，月金強硬相位的男性會將阿尼瑪（anima）人物撕裂成妓女與聖母。如果他們跟某位女性住在一起太久，這位伴侶就會被視作母親，因此引發床笫間的問題，因為人不該與母親發生性關係。某些男性試圖以外遇或其他方式來滿足金星的需求，「解決」這種張力，但我很確定在婚姻或長期關係中，還是有辦法調和月亮與金星雙方。

月火強硬相位呢？這種相位在愛情中對月亮代表什麼？

觀眾：也許會交戰。

霍華：的確，我立刻聯想到兩個意志堅定之人的戰爭，你要這樣，她偏要那樣；你想現在發生，她想晚點去做；她要你有某種表現，你卻沒心情配合。你六個月大的時候，沒有足夠的口語能力可以跟媽媽吵架或爭論，但這組相位的確會讓之後的關係裡，出現摔盤子的激烈對抗。當事人早期與母親的戀情之間容易有領地或空間的問題。感覺母親太「侵門踏戶」、太霸道、盛氣凌人。不難看出為什麼這兩顆行星產生交集時會發生這種情況，象徵母親的月亮與火星這個戰爭、確立自我之神有了連結。我也想像得到一個嬰孩想要外出探險，探索周遭的環境或外在世界，結果母親卻跑過來阻止。你開始「施展」你的火星，確立你的自主性或冒險感，但如果月火有強硬相位，母親可能動不動就跟在你後面，或闖進來，用她的觀點指導你該做什麼，或該怎麼做。因此，如果你在人生第一次重要的關係裡有這種經驗，之後在伴侶關係中也很容易吸引到類似的狀況，或對這種議題特別敏感。我再三聽到月火相位的當事人抱怨起遭到「入侵」或空間不夠。不過呢，我相信月火強硬相位其實是內在的衝突、內在的困境：一方面是當事人想要冒險、獨立，另一方面，這個人又渴望親密感、安全感與保障。人的自我卻不喜歡這種矛盾的心態，因此也許會認同、活出火星的能量，將月亮特質投射出去，因此會覺得其他人好像都黏著你，想要拖慢你。

觀眾：合相也會這樣嗎？

霍華：對，經常如此。不過，評估合相如何運作時，也要檢視星盤裡其他與這組合相產生相位的行星。如果月火合相三分金星，狀況會比月火合相四分金星舒緩一點。話雖如此，這兩顆行星的合相還是會讓當事人的母親形象與戰神連結在一起。當事人會覺得母親非常強壯有力，甚至火氣很大。她也許不會展現出怒氣、無奈或力量，也許是悶著不說的狀態，也許這些情緒在暗處悶燒，但依舊存在。母親是孩子最原初的全世界，因此母子之間的交流足以顯示出孩子之後整體看待世界，或與世界連結的方式。如果跟母親在一起讓孩子感到安全，那整個世界都是安全的，如果母親不是穩定、可靠的載具，那之後整個世界都感覺危機重重。如果一個人必須與母親對抗，才能建立自己的空間與獨立性，那之後的生命裡，這個人就會一再遇到必須與親密的朋友、伴侶、愛人對抗的場景，這樣才能爭取到更多自由與活動的空間。

咱們來聊聊月木相位。月木的強硬相位會讓母子關係呈現外顯的情緒波動，經常充滿戲劇性，一下充滿關愛與祝福，一下又痛苦絕望，今天萬事美好，明日全都變調。孩子愛母親，覺得她是世界上最美好的人，然後不知為何，狀況反轉，孩子覺得遭到背叛也失望。各位看得出來其中的原因嗎？月亮與情緒、感覺息息相關，卻遇上了木星，木星是擴張的行星，有超過或極端的傾向。擁有月木相位的人通常會有雲霄飛車般的瘋狂關係。

我想起我認識的一位女性，她就是月木合相在金牛，四分獅子座的冥王星。她小時候對母親的感覺充滿起伏，一下是崇拜、仰慕，之後就是憎恨、恐懼、厭惡，在她長大之後，這種相處模式一再出現。四分的冥王星帶出了月木合相的極端性質。她先是告訴我，她的母親有多棒、有多好，下一秒又說，有時，她媽會因為不大不小的調皮搗蛋，就對她動手動腳，或是把她關在櫥櫃裡。因為有早期這些經驗，她後來將關係與誇張的起伏連結在一起。她邂逅一個男人，然後打電話給我，滔滔不絕說起這個人有多完美，有多神聖，簡直宙斯下凡。她的關係通常會立刻「起飛」，在一起兩天，她跟新情人就開始計畫未來，通常是一起經營什麼事業，或是什麼可以賺大錢、豐富人生的神奇計畫。這位小姐的運作模式相當準時。每次她聯絡，跟我分享這些事情的時候，我都會看手錶，確認日期。我知道差不多兩週後，我又會接到她的電話，她會開始抱怨那個男人多混蛋，多讓人失望。多年來，我注意到她有這個模式。看得出來她只認同星盤裡的月亮，因此各位大概也猜得出來她的關係大致上如何發展。我要說的重點就是這樣，月亮跟金星一樣，都是象徵關係的重要行星。

如果一個人的出生盤裡有月木相位，這也暗示了你的母親在成為人母與想要外出冒險、感受刺激之間是有衝突的。她也許的確是一位外國人，或經常旅行，也許是對宗教、哲學、運動等擴張的領域有強烈愛好。因此，孩子對愛人的形象就會沾染木星的特質。如果是男性的星盤，他也許會尋找能夠體現出木星特質的伴侶，例如令人興奮、啟發人心或具有冒險感覺的另一半。只要這樣的渴望沒有抵觸他想要較為沉著穩定伴侶的另一面，那就沒有問題。

咱們快快帶過月土強硬相位的可能性。這組相位對一個人在愛與母親連結之間的渴望會怎麼表現呢？

觀眾：你也許會遇到冷淡的人。

霍華：的確，當事人會遇到一個可以說是拘謹的人，似乎背負了很多重擔，或只是沒有辦法以輕鬆的方式回應當事人的需求。在這種狀態下，母親也許已經盡最大力量關注孩子的舒適度與滿意程度了，但她可能因為擔心自己表現不佳，讓孩子最後只感覺到她的不安與疑慮。我們也可以換個方向討論。假設你六個月大，想要喝奶，想要抱抱，但不知為何，媽媽就是沒有辦法滿足這些需求。你撞上一堵牆，也許她還有別的責任要忙，或是讀到某些書上說餵奶有固定時間，而不是當孩子想喝奶時就餵。因此，孩子產生了真正的情緒或生理需求，但沒有得到滿足。這樣對孩子會有什麼影響？對孩子內心會有什麼衝擊？

觀眾：孩子會感覺到挫折、不安。

霍華：的確，很有可能。孩子也會覺得自己遭到責難，彷彿是自己做錯了什麼：「她不滿足我的需求，我一定是太壞了，不值得被愛。」這是對壞母親的「心力內投」（introjection），或該說，認同了不好的乳房。早期印象的影響深遠，所以當一個人覺得自己很糟、不夠好、不值得被愛，之後這個人會將何種情緒帶入之後的關係之中？就算另一半真的很愛這個人，當事人內心深處還是會覺得自己不值得。擁有月土強硬相位的人通常缺乏自信，深信其他人沒有辦法滿足他們的需求。他們會形成敏感、緊張的依附心態，這種人在關係中難以放鬆，他們的焦慮與不安也許最後會把另一個人嚇跑。因為如此，他們會將最害怕的恐懼與期待化作自我實現預言。或著（根據重複性強迫的教條），當事人也許會找到天生就難以示愛或難以滿足當事人特定需求的對象。也許天底下有人真的很渴望你，想要讓你幸福，但你卻對這種人不感興趣。吸引你的反而是那些不太能回應你需求的人，彷彿是你的靈魂還在努力，想把「壞媽媽」變成好媽媽。

月土相位可能會讓當事人覺得有需求或慾想是不對的。身為孩童，當事人沒有辦法滿足需求，孩子可能就不繼續要了，因為這樣就不用經歷得不到的痛苦。如果孩子需要母親以某種方式出現，而孩子一再失望，孩子就會覺得愛與需求帶來的傷害太大了。情緒抽離成為一種對抗未竟需求痛楚的策略與防禦機制——最好別展現出需求來，因為需求沒有滿足時，實在太痛苦了。因此，當事人切割自己想要的一切，否認自己的感受。因此，你看似自給自足。一塊感覺不到痛苦的石頭，你看似堅強，但內心傷痕累累，充滿恐懼，覺得自己不值得愛與滿足。

補償心態也會進來作用。如果一個人跟母親之間存在月土的關係，後來就會覺得自己不值得被愛，也許會以過分認真來扭轉一切，向世人證明自己的價值。不過，這種補償的行為背後有強迫或情結存在。如果當事人不認真、有效率地進行他認為有價值的活動，他就覺得自己不值得被愛。當事人必須證明自己，永遠無法放鬆。為了要感受價值與安全感，這個人必須以土星的方式承擔責任、功成名就。這一切都是為了彌補這個人內心深處覺得自己不夠好的感覺。相信各位都能理解我的意思，或認識某些人有這種行為。對於月土有相位的人來說，哀悼從未擁有的完美母親相當重要，與母親之間的羈絆斷裂、薄弱或脆弱時，必須想辦法面對痛苦、內疚與憤怒。

咱們簡單聊聊月天困難相位在早期母嬰戀情中的影響。想像一下，這兩顆行星相互牴觸後產生的結果。孩子想要與母親產生連結，結果卻一頭撞上天王星，換句話說，孩子撞上了某種斷裂、沒有規則、不確定或非約定俗成的東西，這些通常都是與天王星有關的特質。孩子會覺得母親是不穩固的載具，她也許人在，但不知為何，孩子就是沒什麼把握。孩子覺得她坐立難安，可能隨時會起身離去。她可能抱著孩子，或在餵奶，但她感覺不在狀況裡，也不是非常專心，她的心思也許飄去別的地方，想著她想做的事情，或是在思考抽象的理論或哲學，而不是全然陪伴在孩子身邊。如果你有這種相位，你也許會覺得安全感與保障隨時會遭到打斷，狀況隨時會改變。

如果一個人與母親的相處出現這種情形，同樣的疑慮或期待也會有意無意地出現在長大之後的生命之中。當事人進入一段關係，但總有一種感覺提醒著一切可能忽然改變或結束。另一方面，因為當事人從來沒有感受過穩固、安全的載具，這個人也不曉得該怎麼扮演這種角色，因此在合夥關係裡，會覺得焦躁不安，容易覺得厭煩或分心。或是，這個人會看起來相當自律、自給自足，事實上，這種樣子只是一種防禦機制，想要掩飾其下的驚嚇孩童；這個孩子害怕信任、仰賴其他人的愛。

這組相位出現在男人的星盤中，意味著他會強烈受到獨立或具備天王星特質女性的吸引，無論這些女性是否率先散發出這種特質。若女性擁有這組相位，她不確定自己是否願意成為人母或過上世俗的婚姻生活。擁有這組相位的人內在會充滿衝突，一方面想與提供安全感、能夠成家的伴侶一起生活，卻又發現自己會受到更獨立、自主之人的吸引。

因為這兩顆行星象徵了非常不同的原則或原型，強硬相位會產生「親密感／自由」困境。月亮渴望親密感與包容性，天王星則喜歡空間與自由。若一個人星盤裡有月天相位，這個人必

11 原註：茱蒂·維斯特，《必要的失落》，第二十三頁。

須在這個極端中尋求空間。如果當事人只認同親密感需求，就會否認自己的自主性、獨立性需求。而伴侶很可能就會展演出當事人壓抑的面向。當事人沾黏與遵循傳統的一面也許會趕走伴侶，尋找更刺激的對象，或是尋找更自由、更拓展的生活。換句話說，其中存在分歧，也就是瑪姬．史卡芙所謂的「情緒分歧的勞動」[12]——當事人扛起親密感需求，另一個人則活出當事人否認的天王星特質。狀況也可能顛倒過來，伴侶提供穩定性，當事人則是不確定、善變的那一方。不管怎麼樣，這種狀況通常都不會令人滿意，也無法讓關係長久。

我會在金星講座裡深度探討自由與親密感的困境（請參考《內行星：從水星、金星、火星看內在真實》）。於此同時，我必須說，當事人必須接受自己就是同時渴望親密感與內在的自主性，想辦法在生命與關係裡為這兩種需求騰出空間。手邊的任務是如何親密，且同時保有屬於自己的空間。當事人的母親很可能也面對過這種困境與內在張力，之後出現在孩子的生命裡，可以在關係的模式中觀察到。

阿若優的造句練習

稍後我們會在一起討論太陽與月亮的章節中探討月海及月冥相位（請見本書第三部）。現在我想稍微換個方向，用更為寬廣的視角看待月亮。我們先前是將月亮作為親密一對一關係中期待碰撞到的象徵，這段關係則以早期跟母親相處的方式為基礎。不過呢，當人想要尋求歸屬感或包容時，月亮就會啟動。換句話說，月亮象徵了一個人的包容需求。各位只要想想當你想要得到歸屬感時的不同場景即可，你想要融入，也許是晚宴或其他社交場合，也許是工作場合。

我會進一步拓展月亮在集體場合裡的象徵，好比說在派對上的時候，再聊聊一個人在何時何地該如何感覺到安全與保障。我希望各位觀察一下，想想看你能不能察覺到自己怎麼樣才會覺得自在，要怎麼做才能在社交場合裡感到安全。你的安全感與歸屬感需要哪些條件？在什麼樣的情況下，你會覺得自己不討喜、不受歡迎、遭到排擠，或格格不入？

這個觀念不是我提出來的。我只是借用史蒂芬·阿若優的概念，他在《占星學的實踐與專業》分析了月亮象徵一個人為了感覺自在、受歡迎、包容感會採取的互動方式[13]。事實上，咱們現在可以來玩個遊戲。想像你參加一個派對，想像不同的月亮星座會採取何種行為，才能感覺到自在舒適。阿若優建議可以用「咱們來怎樣怎樣……」這種句型來造句，我先用月牡羊做示範。除非月牡羊遭到沉重行星的嚴重阻礙或攻擊，不然當事人應該可以讓整個環境活絡起來，這樣應該是月牡羊感覺最好的時刻，因此月牡羊的造句應該是「咱們來推動活動前進吧」

12 原註：瑪姬·史卡芙，《親密伴侶》，第六十頁。

13 原註：史蒂芬·阿若優（Stephen Arroyo），《占星學的實踐與專業》（*The Practice and Profession of Astrology*），一九八四年由加州塞瓦斯托波爾 CRCS 出版，第一五九到一六二頁。

或「咱們在環境裡注入一些活力吧」。當事人也許迫不及待或容易厭倦，因此想要推動整個派對的步調。這種人也許會主動與不認識的人交談，或是第一個下場跳舞。對大部分的月牡羊來說，任何行為比什麼也不做來得好，推動派對的進展、著手做點什麼會讓他們覺得自在舒適。

與之相反的是月金牛。他們需要感覺到身體舒適或安頓下來，才會覺得安全。他們會找一個感覺對的地方或站或坐。他們也會徑直朝擺放食物的桌子前進，要吃點東西才會感到安全。我某種程度上是在開玩笑。我第一次讀到阿若優的文字時，覺得有點訝異，因為他說月金牛必須控制環境才會覺得安全。我沒有考慮過金牛座有什麼控制的議題。不過，他說的沒錯。我自己就是月金牛，我曉得當狀況不是太混亂、隨意的時候，我才會覺得自在、高興，也就是事情井然有序的時候，我可以決定該怎麼進行的時候。譬如說，若我發現我們明天必須換講座的場地，我大概今晚就會難以入眠。新的教室適合嗎？有我需要的設備嗎？我越熟悉環境，就越覺得自在。

那月雙子呢？他們的造句是什麼？

觀眾：咱們來溝通、進行資訊交流吧。

霍華：的確，他們通常在與其他人交談、交流時最覺得自在舒適。好比說，月雙子在派對上遇到了某個人，發現他們有共同的朋友，或是兄弟都在電腦科技產業工作。賓果！好，他們活躍又融入。他們也許會想用廣博的知識博得別人的印象。月雙子也很會觀察，可以說是妄下結論的偷窺狂，從看得到的線索演繹推敲。這種活動會讓他們在本能層面覺得安全、得到包容感。那月巨蟹呢？最明顯的是什麼？

觀眾：融入環境之中，或是對場合裡的人伸出援手、提供關懷。

霍華：沒錯，如果周遭環境沒有讓他們感覺到威脅，他們的本能是融入。如果他們身處於一群聖人之間，他們會以善良聖潔的一面的回應。不過，如果一屋子都是罪犯，月巨蟹融入的方式很可能就是展現出自己壞的一面。剛剛觀眾說他們需要照顧別人這點也沒錯。他們也許會去吧台幫你拿飲料，或替大家端咖啡。因此滋養他人或對他人的需求特別敏感，這也是月巨蟹感到自在的方式。不過，我也注意到另一點，如果他們不喜歡當下的環境，或是處在「自閉」情緒裡，他們的本能就是閃避、坐在角落、不跟人交談，或是提早離開。他們只想回家躲進自己的殼裡，回到熟悉的地方。

月獅子呢？第一個火象星座的月亮在社交場合裡會怎麼做，才能感到安全與包容？

觀眾：他們大概會需要對環境造成某種衝擊。

霍華：的確，他們的造句會是「咱們來炒熱氣氛吧」、「咱們來吸引目光吧」、「咱們來幹點可以發光發熱、鶴立雞群的事情吧」。當其他人注意到他們稍微有點不一樣，有點特別的時候，他們才會好過一點。有位業力占星師說過，月亮在獅子也許代表這個人過去世是貴族或名人，現在轉世來此，期待得到特別待遇，期待得到挖掘或關注。某些月獅子來找我解盤，他們會看起來害羞低調，但當我問起他們需要認可與欣賞的本能時，他們會坦言內在的確有這種強烈渴望。同時，我也會注意到他們高人一等的氣質。如果他們是一團盜賊，月獅子就會說：「我搶得比你多」或「我的搶銀行點子最棒」之類的話。如果他們的表現比較好，他們才會自我感覺良好，認為自己值得包容、值得被愛。孩子在母親眼中越特別，就會覺得自己越安全。這點對月獅子更是如此。他們一輩子都需要這種特殊性，才能感覺好過，就算老早離開母親身邊也一樣。

那月處女呢？這個配置充滿矛盾，各位率先想到什麼？

觀眾：他們在清菸灰缸、擦桌子的時候最自在？或是找到某個對象可以討論健康議題的時候。

霍華：對，這是教科書上對月處女的描寫。我覺得他們無論身處於何種環境，都要覺得自己有用、有生產力。所以他們也許會幫忙洗碗，或是，早在活動還沒開始之前提早抵達，看看能不能幫忙製作三明治，或帶什麼東西過來。或著，如同剛剛觀眾所言，他們會找到一個能夠比較膽固醇指數的「知己」，這位知己肯定也是符合典型處女座過分關注身心健康議題的人。從更嚴肅的角度來說，月處女要感覺到安全，就得經常評估環境、分析環境、留意周遭的狀況。所以他們的造句可以是「咱們觀察一下環境，看看狀況如何，然後我才會感覺到放鬆、自在、安全、舒適」。畢竟，處女座是水星守護的星座。如果某個月處女的人超級敏感或超級拘謹，各位想想他們要怎麼做才能自在？他們的本能大概是開始批評環境，小部分、小部分拆解，這樣才能感覺好過一點。他們大概會提議場地該怎麼佈置，或對周圍對象的缺點品頭論足。不過，這通常是在他們特別緊張或非常不自在的時候才會發生。

月天秤在社交場合最明顯的自處之道是什麼？

觀眾：他們的造句可能是「咱們來討人喜歡吧。」

霍華：的確，各位經常想到月天秤為了感覺到保障與安全感，會強烈與環境產生共鳴。或是，他們可能會美化一下環境。不過，話說回來，我覺得認為月天秤只是想客客氣氣的，這點大概是誤會了。這個星座也具備調整不平衡狀況的本能。因此，如果他們身處的環境裡每個人客氣得要命，某些月天秤的本能就會想要表現出相反的一面，也許稍微激進或粗魯一點、有些粗鄙、有些躁進，這樣才能平衡他們眼裡周遭環境的惺惺作態與不平衡。因此，他們的造句可以是「咱們跟環境唱反調吧」，特別是如果他們覺得沒必要討別人歡心的時候。這裡有點月處女的味道，月天秤也可以批判、挑惕，評估派對或其他人是否符合他們的理想與期待。有一個理論是這麼說的，在很久很久以前，處女座與天秤座是同一個星座，我顯然觀察到這兩個星座的確有相似之處。其他人不符合理想時，高度期待背後的陰影就是批判。這跟刻板印象裡客氣迷人的月天秤很不一樣。

那月天蠍呢？他們在特定環境裡會怎麼表現？在派對上要怎麼才會感覺安全與舒適？

觀眾：他們也許會有「咱們靜觀其變」的態度。

霍華：對，這麼說很有意思。多數月天蠍都會近距離觀察身邊的狀況，這樣他們才不會戰戰兢兢的，比較自在。他們也許一開始會出現警戒狀態，不會有太多表現。他們目光銳利，宛如老鷹。因此，他們的造句可能是「咱們先搞清楚這地方隱藏的勢力」，或是「咱們先搞清楚人與人之間的湧動暗流與幽微互動」。表面上發生的一切無法滿足他們，他們必須注意到暗地醞釀的小動作、誰在追誰的伴侶啦、誰散發出哪種氣息，原因為何。之後他們才會覺得較為自在。若派對很無聊，他們也許會想辦法鬧事：「我該嚇誰，或讓誰難過，場面才會變得更有趣？」我不願這麼說，但月天蠍通常都有一點「戲劇女王」的特質。如果生活或環境太無聊，一點危機絕對可以「帶動氣氛」。月射手呢？各位覺得他們會有什麼樣的造句？

觀眾：咱們把場子炒熱吧。

霍華：是的，「咱們替環境加點料吧」、「咱們炒熱氣氛吧」、「咱們拓展疆土、發揮冒險精神吧」都是，也可能是「咱們將派對移到更大的空間吧」。除非月射手跟土星或外行星之間存在嚴重問題，不然這些人通常都很喜歡交際。如果能夠從他人身上學習，他們會感覺良好，如果能夠教育或分享自身的理念與熱情、認識有意思的新朋友，他們會覺得自在。不過，如果他們因為某些原因不安或緊張起來，你大概會看到他們呈現出驕傲或稍微有點傲慢的一面：「這不是我的人，這裡不是我的場子，我的水準高多了，大家掰。」

各位覺得月摩羯在社交場合或聚會中，感覺自在的方法有哪些？這個星座也挺複雜的，但各位第一個想到的是什麼？

觀眾：咱們利用這個環境讓自己的生活更上一層樓。

觀眾：說不定他們會希望重要人士在場，攀附權勢會讓他們感覺良好。

霍華：的確，許多月摩羯無法放鬆，只能放下或假裝。他們講究效率，野心勃勃，因此他們很有可能利用社交場合滿足不可告人的動機，好比說達到什麼目標或成就。他們的造句也可能是「咱們控管整個環境吧」。狀況井然有序，也就是時間表與行為規矩明確，而且規範清晰說明哪些事情可以做、哪些不能時，他們會覺得最為安全。另一個造句可能是「咱們擔起整個環境的責任吧」。因此，如果需要有人負責換音樂或是擦掉嘔吐物，月摩羯通常都會把這種事當成自己的責任。不過，如果他們感覺不自在，又會發生什麼事？他們也許會以最頑固的防禦機制來面對環境，行動僵硬，將自己與其他人劃清界線。

月水瓶有幾個不同的面向。若星盤裡的天王星能量比較強，那這種月水瓶的造句會是「咱們在環境裡放電吧」、「咱們注入新的能量與生命力吧」或是「咱們打亂整個環境，讓狀況變得有趣或有生氣吧」。月水瓶跟月雙子類似，通常會對生命好奇，喜歡觀察其他人的運作方式。他們需要學習、挖掘新事物，才會覺得滿意、自在，因此月水瓶很可能會到處走動，跟不同的人交談，聊聊他們的背景、信念，以及他們是怎麼過生活的。某些月水瓶最為滿意的時刻則是在能夠散播觀點、分享政治或社會理念的時候。「既然大家都來參加這場派對，我想跟你們聊聊動物的權利。」

月雙魚在社交場合的應對方式有趣也特別。最明顯的造句莫過於「咱們去愛吧，關懷且協助這個環境」。當他們逮住某個需要協助或同情的悲慘靈魂時，他們會非常滿意。相反的狀況也成立。他們感覺不自在、不安全，但跟另一個人敞開心胸、遇到知音，並對他們展現同理心後，這些月雙魚才能真正放鬆，享受一切。他們通常會融入環境之中。各位看得出來這點跟月牡羊很不同。月牡羊根本不在乎是否融入，但融入能讓月雙魚感覺好過。因此各位會看到月雙魚在這群人裡呈現出某種樣子，與另一群人相處時，又是另一種模樣。不然，他們就是會花很多時間幻想、做白日夢，在腦袋裡產生各種想像。

觀眾：我認識很多月雙魚，他們的造句會是「咱們喝吧」。

霍華：對，我同意。能夠放下、模糊界線的時候，他們會感覺良好。這點跟月巨蟹有幾分相似，如果他們無法在原地得到舒適感，他們通常會找藉口閃避、鬧失蹤，或直接離開。

以上只是從月亮的角度，聊聊一個人為了得到歸屬感、安全感，會採取哪些行為。請原諒我講得如此粗略也簡短，只是拋磚引玉。各位都曉得必須考慮十一宮與整張盤，才能得到更為精確的面貌，特別是，還要考量與月亮有關的其他行星。

第二部

太陽

千面英雄

太陽及意識發展

麗茲．格林

今早講座我想先聊聊太陽最古老、影響最為深遠的神話象徵，也就是古老的王權象徵。直到上個世紀初，世人依舊將王權視為神性在人間的化身，是神性在世界展露頭角的凡人載具。各位也許會覺得特別，尤其是我們所在的瑞士是歐洲最老的民主國家，從來沒有國王。不過，至今每個人內心還是有古老的面向，依舊會回應王權這神奇的象徵。古時候，君王也是一種祭司，扮演管理人民的角色，其中也包含了**祭司**的功能，是天上與人間的橋樑[1]。我們今天早上會探討太陽的神話，也許能夠協助各位加深王權的象徵，因為這種形象可以串連不同的太陽神話人物。

昨天我跟霍華談到月亮是私密、本能的人格面向。雖然也許每個人都需要盡力表達月亮，但其實我們的月亮本質無意在世界上發展出什麼目標。自我滋養的能力是一種天性，我們只需傾聽即可。月亮的本性是倒退的，總是拖著我們回到過去、回到母嬰連結，因為我們基本的情感、肢體需求完全無需改變。不過，太陽卻不斷前進。太陽是動態的原則，會在生命各個階段發展開來。人生在世，太陽永遠都在發展，從這個角度來看，因為人格是永遠發展的過程，總會朝向某個未來的願景或目標前進。各位也許熟悉喬瑟夫・坎伯（Joseph Campbell）所謂的「單一神話」（monomyth），也就是在不同文化神話中一再出現的英雄故事。英雄神話正是太陽神話，因為英雄永遠都在征途之上。他不是生為英雄，他必須爭取成為英雄與王的權利，且為了上一輩的神祇，成為神明最合適的載具。

此刻我該強調一下這裡所謂的英雄雖然都是男性，但英雄這個概念不專屬於男人，就跟月亮的母親不只是女人才會有的特質一樣。每個人的天性裡都有月亮及太陽的面向。透過太陽發展英雄之旅對女性來說，就跟男性的月亮自我滋養智慧一樣重要。用來形容象徵形象的「陽性」、「陰性」指的並不是特定的性別，而是能量、感官、動態的一種特質，而神話中的某些男性或女性神祇形象最為符合這些能量。同理，希望各位在本週後續的講座上，也就是在探討太陽與月亮的結合時，能夠觀察到無論男性女性在人格特質上，這兩種面向的潛在內在關係。

現在也許各位可以看看太陽的圖（見圖三）。我用來形容太陽英雄的神話描述大多出自喬瑟夫・坎伯的《千面英雄》（*The Hero with a Thousand Faces*），這是一本探索神話心理學的

---

1 譯註：祭司（pontifex）源自拉丁文，到了羅馬時代變體為 pontiff。字源學上可以拆為 pont（橋樑）與 facere（建造），字面意涵為「建造橋樑之人」，可視為人神之間的橋樑。古羅馬祭司團的最高級祭司即為「大祭司」（pontifex maximus）。此處翻譯策略直接採用「祭司」之意。

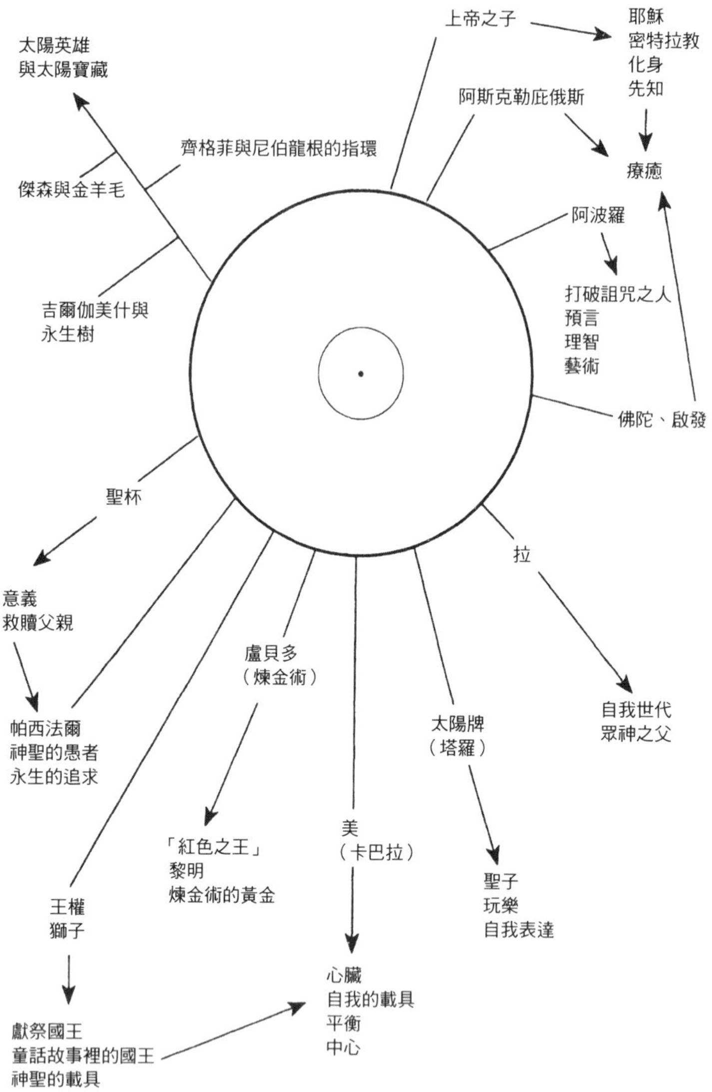
上帝之子
耶穌
密特拉教
化身
先知
太陽英雄
與太陽寶藏
阿斯克勒庇俄斯
齊格菲與尼伯龍根的指環
療癒
傑森與金羊毛
阿波羅
吉爾伽美什與
永生樹
打破詛咒之人
預言
理智
藝術
佛陀、啟發
聖杯
拉
意義
救贖父親
盧貝多
（煉金術）
自我世代
眾神之父
帕西法爾
神聖的愚者
永生的追求
太陽牌
（塔羅）
美
（卡巴拉）
「紅色之王」
黎明
煉金術的黃金
聖子
玩樂
自我表達
王權
獅子
心臟
自我的載具
平衡
中心
獻祭國王
童話故事裡的國王
神聖的載具

圖三　太陽的神話

佳作。在我將這本書與心理象徵連結前，我想先大致解說一下英雄之旅的基本階段。首先，英雄的誕生可不簡單，通常是天神父親與凡人母親的結合。當然有某些特例，好比說希臘英雄阿基里斯（Achilles），他的父母角色剛好顛倒，他的父親是凡人佩琉斯（Peleus），母親則是海洋女神忒提斯（Thetis）。還有羅馬英雄艾尼亞斯（Aeneas），父親是凡人安基塞斯（Anchises），女神維納斯是其母。不過，無論父母何方為人或神，英雄的其一特質即為他是人類與神祇的混合存在，因此，註定要成為「祭司」。

英雄小時候不清楚自己的出身。他覺得自己與其他人並無二異，但他總有一種想要與眾不同的感覺，想要走出不一樣的命運。英雄之旅的其中一個主要主題便是探索自己真正的身世，具有神性與人性的身世。在這種混種出身的神話形象中，我們可以看到深植在其中的二元性，確認我們不只是以泥土製成，只會吃喝拉撒，最後死掉的東西。每一個人都與眾不同，擁有個人化的命運，對於生命的貢獻也獨一無二。月亮是肉體的生命，由凡人父母賜予，基因的傳承早已註定。而我們內在的太陽意識到我們有一條征途，必須探索未知的未來，探究「我」的核心祕密。

許多孩童都幻想過自己是領養來的。家裡那兩個笨手笨腳的傢伙不可能是我們真正的父母吧？我們的父親或母親其實是某個特別又美好的人，什麼王子、公主或國家領袖，但這一切都是祕密。這種幻想在孩子身上很常見，已經可以視為一種原型。這種幻想存在於神話想盡辦法鑽進日常人類生活的所在，早在「現實」踐踏童年幻想世界之前。同樣的主題也經常出現在童話故事之中，繼父、繼母取代了缺席的家長。雖然這位缺席的家長不見得神聖，卻充滿神祕感。繼父繼母通常都歹毒、討厭，孩子的特殊天命就是要逃離這受到壓迫的環境，尋找自己身世的真相。

我們的太陽意識也許一開始就是透過這種神祕未知家長的早期幻想來表達的，或是認為有一種「崇高」使命在等待我們。我們內在的太陽不會跟情緒、肉體一樣，屈服於月亮的週期與宿命法則之中。太陽拒絕平庸。許多人到了中年才探索到太陽的存在，我經常聽到四十幾歲的客戶說「我覺得我是為了某種更深層的目的而存在，賺錢、情感保障與世俗的成就已經無法滿足我了」。這種太陽原則的覺醒也許會跟內在探索的起始同步發生，也許是因為某種危機導致，這種危機的結果會讓人憂鬱、不滿。在場多數人有這種感受？那你們就懂我的意思。

太陽英雄的神話與挑戰

觀眾：一開始要說清楚實際的目標實在很困難。

麗茲：的確，因為太陽並沒有把實際的世界作為它的最終目的地。物質世界是月亮掌控的範圍，我們前半生追求的目標大多是可以轉換成世俗詞彙的月亮安全感需求。太陽的目標發自內心，關乎自我實踐、體驗生命的特殊性與意義。這種目標難以定義，每個人的目標也不盡相同，因為每個人表達需求的方式各有其異。蘇格拉底稱這種神祕的內在驅動力為代蒙（daemon），也就是驅使一個人成為自己理想形象的宿命[2]。太陽說：「但我不是隨隨便便的張三李四，我的生命有意義，我擁有尚未實踐的潛力。」各位可以明白，若我們不英勇跨出第一步，進行某種具有創意的特殊貢獻，無論這一步或這種貢獻有多渺小都沒有關係，若無視這種太陽的驅動力，我們就會面臨危險，註定會因沒有活出的自我而飽受折磨。這樣我們就有各種理由害怕死亡，因為我們根本沒有好好活過。

太陽英雄童年的另一個重要元素是他通常會遭到羨妒或責難，卻不知原因為何。有時敵人是母親的丈夫，實際上就是孩子的繼父。有時則是篡位或黑心的國王，因為聽信了預言或占卜，害怕英雄成年後會顛覆他的政權。類似的主題在希臘英雄柏修斯及耶穌的故事中出現過，耶穌還是嬰兒時期就遭到希律王迫害。我在太陽的旅程中會經常提到羨妒這個主題，以及英雄

2 譯註：代蒙（Daimon），在古希臘時代，代蒙一開始指的是比較小的神明或守護精靈。古希臘人把許多無法理解的災難現象歸咎於代蒙，好比說水災、火災、瘟疫等。也可以用來指稱一個人的力量或宿命。蘇格拉底則在對話形式作品《會飲篇》（*Symposium*）中提到馬提尼亞的迪奧蒂瑪（Diotima）告訴他，愛不是一位神，而是「偉大的代蒙」，她又解釋「代蒙的一切都在神聖與世俗之間」。另有「守護靈」、「善神」等譯法，本書採音譯。

對既有政權造成的潛在威脅。太陽獨一無二，要表達這種特殊性就會引發其他人的羨妒，而這種羨妒會造成有害的影響。如果太陽持續處在無意識狀態，也許還是會引發其他人的羨妒。只要探索神話，我們肯定可以在凡人生命各處看到呼應。

這種新生的太陽特質遭到羨妒與迫害的原型問題也許在許多家庭裡都出現過，這也是為什麼很多人無法順暢表達太陽能量的原因。這些人會害怕若表達真正的自我，其他人會因此憤怒，進而在言語或情感上攻擊他們。通常會產生這種反應的人可能是當事人的父母，正因為父母沒有活出自己的太陽生命，進而變得羨慕、心理不平衡，當事人可能約莫在八歲前體驗到神話英雄遭到迫害的童年。尚未成年的英雄也許會受到凡人母親的迫害一段時間，但當事人遲早都要學習接受且應對處理羨妒繼父母或掌權者的方法。當事人必須發展出實際的方法，因為羨妒是實際發生的現象，更是人性裡永恆的議題。當事人不能每次在自己的特殊性遭到攻擊或質疑時，就哭哭啼啼跑回家。他一定要學習堅強、獨立，發展出頓悟與智慧，擁有忠實的朋友，才能作為獨立個體生存下來。不然這個人就會捻熄自己的太陽之光，爬回子宮裡。很多人都會這樣，他們會尋找替代母親的東西，好比說沒有成就感的工作或令人窒息的關係來保護自己，進而壓抑自己的潛力，逃避外面充滿競爭的世界。

在英雄的成長過程中，他會受到坎伯所謂的「冒險的呼喚」。這種呼喚可能有很多形式。神聖的父母也許會出現在夢或幻象之中，說：「兒子啊，好好努力，該長大了，要來追尋難尋的寶藏了。」換句話說，這種呼喚也許發自我們內心，是一股講究意義與命運的突如其來直覺，通常發生在重要的行運時，好比說，三十歲左右的土星回歸，或中年危機，可能是行運天王星與本命天王星對分，或是第二次的土星對分。神話裡的英雄呼喚也可能透過明顯的外在劇變及災難形式出現，好比說作物歉收、瘟疫或外族入侵，也可能是老國王命不久矣，沒有繼承人。最後這個狀況，如果看過亞瑟王傳奇的人就會知道，薩克遜人入侵，烏瑟王命在旦夕，在此背景之下，年紀輕輕的亞瑟因為拔出石中劍而揭示他是正統王位繼承人的事實。神話中的冒險呼喚因此會以生命裡的重大危機來展現，因為這些危機與日常生活中的麻煩不同，會挑戰我們跳入未知狀態，發掘自己身上未知的資源。我相信多數人都是這樣經歷太陽冒險呼喚的，同時也會受到重要行星週期的影響，通常是與太陽有關的重大行運或推運。

我們多數人不會跟掃羅去大馬色一樣遭到啟發[3]，幻象中某個神明冒出來，宣布你的宿命就是拯救世界。在一個人年輕時遇到這麼「浮誇」的事件時，通常都令人存疑，也許當事人是用救世主般的認同來補償深植心中低人一等的感覺。在相對穩固的人格中，太陽會逐漸發展成真

3 譯註：根據聖經《使徒行傳》第九章，原本迫害基督徒的掃羅在前往大馬色路上撲倒，看到天上強光，有個聲音自稱耶穌，質問掃羅為什麼要迫害他。之後掃羅失明了三天，也無法吃喝。另一位門徒受到召喚，替掃羅恢復視力，掃羅因此開始信教、傳教。掃羅亦稱保羅。「前往大馬色路上」衍生出人生重要經歷或轉變之意。

正的「成人」，普遍的救世主幻想則反映出缺乏良好發展的自我結構，這兩者完全是兩回事。太陽的獨特性與現實世界、人性並不相容，除非捲入未經療癒的童年創傷之中，不然太陽的特殊性無需低頭俯瞰不如它的世俗凡人。

神話、傳說中的英雄冒險呼喚具有奇異的「預設」性質，彷彿是一個設定好時間就會叫的鬧鐘。彷彿每日太陽升起，無可避免。哈姆雷特是這麼說的：

> 若此刻要死，死亡不會等待；若非此刻死，未來也會死；若不是現在死，有一天也終將會死，重點在於做好準備。

在故事一開始，英雄出生時，時程通常都很確定了。這點也呼應了星盤上「內建」的時間表。舉例來說，忒修斯（Theseus）在巨石下方找到國王的寶劍後，才曉得自己的生父是雅典的國王。在他十七歲生日這天，他聽從母親的指示，找到了這把劍，而母親又是依循父親的意思。這個時間點存在無可避免的宿命，這點呼應了我從很多人嘴裡表達出來的感受，也就是讓他們覺醒的危機是「天註定」，發生在「正確的時間點」。神話中的神明或尊貴的父母必須讓孩子接受考驗，通過之後，英雄才會曉得自己真正的身分，了解未來的征途。這些英雄才能展現自己適合發展出英雄的面向。

「呼喚」的時間點對占星學子來說很有意思，因為我們可以考慮跟太陽有關的行星行運或推運。人終其一生，本命與推運盤的太陽都會與沉重的行星產生多次行運上的交集，推運的行星也會與本命太陽產生角度，推運的太陽更會與本命行星產生相位。我們跟英雄不同，回應呼喚的機會不只一次，也許還真的會分好幾次來呼喚，偽裝成完全不同的生命事件，但串連起這些事件的是同一條意義深遠的主線。我們的英雄之旅不會一次就走完，似乎會分為好幾個層次的運作，在生命中不斷重複。也許在今天早上的講座裡，你會覺得英雄的冒險呼喚已經來敲門過好幾次了，只是不曉得你有沒有注意過。不過，請記得這點，這種呼喚也許會以截然不同的樣貌呈現，但之後的結果通常都很明顯。有時也許是因為遇到某個很重要的人，關係可以促進我們的覺醒，特別是這段關係的開始或結束與星盤上太陽活動有所互應的時候。另一個人進入我們的生命，無論是戀人、孩子、師長，甚至是敵人或對手，都可以轉化我們的意識，送太陽英雄展開遠征。

只要英雄得到召喚，他通常都會需要一個幫手，或從神祇、人類、動物那邊得到協助。有趣的是，英雄不用努力就能得到最原初的協助。也許是來自神聖的父母或凡人的父母，或是因為各種理由，跟英雄同一陣線的友善神祇。舉例來說，當忒修斯出發斬除半牛半人的米諾陶（Minotaur）時，愛上他的亞麗阿德妮（Ariadne）給他一團線，讓他找到路可以走出迷宮。當伊阿宋（Easun，也作傑森）帶著金羊毛逃離科爾基斯的時候，協助他的是女祭司美狄亞

（Medea），她為了使父親的追兵改變航道，將自己的弟弟分屍，將屍塊扔在海裡。柏修斯前往消滅美杜莎的路上，雅典娜女神給了他一面盾牌，可以看清女妖的倒影。這種協助有時會有道德上的爭議（好比說伊阿宋的故事），但通常都是保證任務成功的關鍵，反映出英雄天賦的神聖權利——他會得到考驗，但他也會得到各種「捷徑」，這些捷徑會協助他達到目標，而不會逃避、偷懶。

逃避、偷懶的問題，甚至是第一次出手就搞砸的問題（好比說帕西法爾的故事），也是英雄故事的一部分。我想到我曾經在電視上看到一個很有趣的段子，比爾．寇司比（Bill Cosby）飾演諾亞。上帝一直警告他大洪水就要來了，但這個諾亞不是《聖經》舊約裡那個正直謙遜的人，他一直無視這則警告，扯出各種藉口，還說出了類似「親愛的，今晚不行，我頭痛」的推託之詞。上帝最後生氣了，威脅諾亞屈服，但場面搞得很難看。諾亞的行為非常不像英雄，但忠實映照出我們遭到生命呼喚，要去尋找英雄勇氣的感受。神話故事中的英雄不會怨天尤人，但在現實生活中，面對呼喚時，我們似乎都要抱怨上兩句。這大概是月亮的聲音——因為靈魂的要求，將我們拖出舒適的環境，月亮因此感到委屈、難過。這就像古老的猶太人笑話一樣：主啊，謝謝你讓我成為天選之人，只是，你難道不能選別人換換口味嗎？

當然，要拒絕呼喚也是辦得到的，通常這種情況下，呼喚會一再以不同的方式出現，考驗會更加艱難。神聖的父母（他們的神話形象有時存在於我們內在）不會因為我們不願意就放過我們。我見過很多人在星盤太陽重要行運時逃避宿命，他們為了拒絕成為真正的自己，在不同層面上都付出了慘痛的代價。通常結果就是重度憂鬱或挫敗、空虛的感覺。說不定考驗會延續到下一代身上，當事人的孩子或孫子會接收上一代的未竟之業，而每一代的逃避只會讓考驗變得更加巨大、索求更加高昂。拒絕會引發更嚴厲的後果，也許是一連串的崩潰或嚴重的肉體疾病。也許當事人對於呼喚的拒絕太過強烈，會讓這個人徹底退縮、出現自毀傾向，逃進月亮的世界，也許會產生慢性的「精神失常」（lunacy）。世界上充滿許多拒絕太陽冒險呼喚的迷失之人，他們一次又一次逃避這種呼喚。他們許多人在集體層面看似「正常」，只不過，人在心不在，我想到T．S．艾略特的詩：

我們是空洞之人
我們是填充之人
靠在一起
頭裡塞滿稻草……
那些目光堅定之人
跨越了死亡的另一個國度
他們若記得，他們會記得我們並非迷失

並非暴力的靈魂，僅僅只是
空洞之人
塡充之人。4

現在我想回來，從占星的聊聊英雄外部資源的協助。這種協助來自我們內心，但有時會透過另一個人展現出來，這個人會提供神奇的支持或在緊要關頭成為關鍵。在神話裡，通常由凡人母親來扮演這種角色，或是赫拉、阿蒂蜜絲這種月亮女人，她們會施予恩惠，這點也許反映出了月亮的本能智慧，危機時刻可以仰賴這種智慧，因為這是我們照顧自己的智慧。有時，內在的幫助來自星盤上的和諧相位，這是在緊要關頭做出回應的內在天賦或能力。和諧相位通常可謂為幸運，因為我們與自己內心關係和諧，因此能以正確本能啟開生命。舉例來說，出生盤裡金木合相，當太陽遇到困難的行星行運或推運時，這組合相就很管用，也許能夠以內在的積極與充滿希望的展望回應這分挑戰，這分能量能夠與他人溝通，或自發的慷慨，進而讓其他人也會以大方的態度回應。水土三分也許會反映在機靈、實際上頭，當事人會對市場規則相當精明，因此不會輕易掉進陷阱之中。每個人的星盤上都有「幫手」，和諧相位的行星、位在守護或強勢星座或宮位的行星，這些都是組成英雄應援團的靈魂要件。

英雄接受呼喚後，協助通常會接踵而來。彷彿是當我們面對且接受生命裡最獨一無二的道路後，我們內在某個強大的支持力量就啟動了。同時，沒有直接與英雄有關的神祇似乎也參與了進來。這些神明有自己的理由，希望英雄成功。譬如柏修斯要去斬殺美杜莎時，一群神明就跑來湊熱鬧。柏修斯是宙斯之子，但雅典娜給了他盾牌、黑帝斯提供隱身頭盔、荷米斯則從魔術師帽子裡變出一雙長了翅膀的涼鞋。這些神明對於美杜莎之死都有所貢獻，我想就神話的語言來說，這位英雄除掉的禍害比他的個人任務還要重要。

太陽英雄對集體有所貢獻，但他相信他是為了自己而做。柏修斯神話中的美杜莎不只是個人困境的象徵。她更是集體靈魂裡的問題，源自普世人類繼承而來的仇恨與惡毒，逐漸在家族、社會階級甚至是國家裡產生令人麻痺的憂鬱不振。那些神明似乎沒有辦法妥善處理自己的議題，他們需要一位英雄替他們動手。因此，集體無意識仰賴每個人都真切實踐自己，這樣就能成就更偉大的藍圖。太陽英雄、作為神明意圖與智慧媒介的祭司、替社會傳達神諭的藝術家、透過世俗權威體現出神聖意志的王，這些角色之間的連結可見一斑。這些都是太陽深層的神話形象功能，也就是讓一個人真實展現自我的管道，結果自然而然地從個人的蛻變造就了更

4 原註：T．S．艾略特，〈空洞之人〉（The Hollow Men），出自《艾略特詩曲戲劇全集》（*The Complete Poems and Plays of T.S. Eliot*），英國版一九六九年由倫敦 Faber & Faber 出版，第八十三頁，美國版一九五二年由舊金山 HarperCollins 出版。

加浩瀚的集體精神狀態。不過，英雄必須打從內心深處想要接受這項任務。若他只是想取悅他人，無論他覺得自己的理由聽起來多麼博愛、利他，他最後都會惹上麻煩，因為他沒有忠於自我。他展開追尋的原因必須發自內心的逼迫，而不是這麼做會讓其他人愛他。不過，在成為完整個體的行為上，他對他人也有所貢獻。各位可以看到深層的太陽能量有其矛盾。成就自我能夠做出的貢獻遠超過急切想拯救世界的心情，而這種心情是為了補償空虛的內在。

必經之檻

英雄最後會抵達坎伯所謂的「跨越門檻」境界。在這個階段通常會有某個可怕的東西等著他，試圖阻止他達成這趟冒險的目標。「跨越門檻」的困境反映出我們內心生命基礎上的衝突。也許在出生盤上就能看出端倪。就連太陽所在的星座都能描繪出內心的衝突，畢竟每個星座本身都包含了其弱點與力量。太陽的困難相位也許暗示了阻止我們成長的內心障礙，我們大概會把這股能量投射出去。土星的星座、宮位、相位也能描述「門檻」的性質，畢竟土星象徵了我們的防禦機制、恐懼，以及不願意展現的那一面。我們之後會看範例的星盤，可以觀察其他行星如何串連起來，成為太陽英雄旅程中的各種角色。

神話裡「跨越門檻」的敵人有各種典型。這位敵人通常會是黑暗的手足，是英雄本人的陰影，具有毀滅性與不道德的一面。有時對手會是女性，可能是邪惡的繼母或女巫，也就是最不像母親的月亮女神。這點反映出深植在家族血脈及過往之中的本能需求與個人獨立發展之間的拉鋸與衝突。有時威脅來自巨人或怪物，這也是本能的化身，巨大、盲目、原始。最好的例子就是英雄齊格菲（Siegfried），他要剷除變成巨龍的法夫納（Fafnir），然後他才能穿過火圈，找到女武神布倫希爾德。這個巨人象徵了慣性、冷漠與倒退的保守天性，這種天性拒絕任何形式的改變或轉換，或多或少都存在於每個人內心。

可以將巨龍視為月亮的象徵，巨龍這種古老的冷血生物，以擁有翅膀的大蛇形象呈現出生生不息的原始母親樣貌。對小孩子來說，對母親的感覺也類似如此，因為母親掌控一切生殺大權。對尚未成長完成的英雄而言，月亮感覺就是「門檻」上的蛇型巨龍生物。在神話裡，月亮的形象不只是女神，也是印度宗教裡主宰宇宙的阿難陀龍王（Ananta），亦為子宮的「大圓」，自我滋養又創建天地。每個人早年對母親的印象可以擴展成光譜上的各種經驗，從好脾氣的希臘狄蜜特到巴比倫的提阿瑪特都算。

因此，太陽英雄必須直面母親巨蛇，如同埃及太陽神歐西里斯每晚必須潛入冥府一樣。孩童在七歲時，第一次體驗土土四分，十四歲青少年時則是第一次土土對分，這種時候，孩子都會感覺到巨大的衝突，一方面渴望回到安全的子宮之中，另一方面又迫不及待想成為獨立的個體。青少年時期全程反映出這種衝突，大學生遇到的崩潰與疾病通常可以歸咎於太陽與月亮需求之間的巨大碰撞。當我們想從對母親的需求中掙扎出來時，我們也許就會體驗到母親即巨龍。因此，「跨越門檻」也會反映出青少年時期典型的家族衝突。這時的我們已經發展成足夠明智的太陽個體，曉得倒退的引力是一種死亡，卻又不夠成熟，不曉得我們能夠以激烈抗爭以外的手段來面對這種倒退的需求。

艾瑞旭・諾伊曼（Erich Neumann）在一九四九年出版的《意識的起源與歷史》（*The Origins and History of Consciousness*）一書中將這個發展時期稱為「掙扎之人」（Struggler）。雖然這是年輕人會經歷的典型階段，更是太陽英雄旅程中無可避免的階段，要是太陽始終沒有好好發展，那當事人可能之後還是會被迫回到這個階段。對「掙扎之人」而言，一切都像是戰役，而當事人不會以善意看待陰性所代表的一切（無論是實際的母親，或是家族連結、情緒、女性、工作上象徵母親的對象、或當事人的肉體）。從這個角度，我們似乎可以理解某些青少年的戰場，好比說厭食症，因為強烈拒絕食物就是強烈否認母親。母親即巨龍，必須擊潰。這個時候還不會有真正的關係產生，因為當事人還處於封閉的階段。在這個太陽早期的形成階段會產生深刻的矛盾心理，許多人會卡在這個「門檻」上，一輩子都與母親巨龍交戰。我想各位都很熟悉這種感覺，卡在需要被愛與需要堅定自己的價值之間。屠龍之戰會牽扯到許多情緒的層次，只要我們一面對這種內在衝突，就會引發這些層面的感受。從太陽的觀點看來，這時的月亮會要命，必須除之後快。當然了，有時的確可以這麼想，且作出相應的「屠龍」行為，只是之後遭到征服的巨龍還是會出現，且喬裝成英雄的新娘。

最古老的屠龍神話可以追溯到巴比倫的創世神話，太陽神馬爾杜克與母親提阿瑪特之間的戰鬥。鹹水海洋提阿瑪特的形象是海怪，更是原始的創世之母。她能賦予生命，卻也是吞噬造物的死亡深淵。這則古老神話描繪出人類對於子宮以及生產分離時生死攸關的原初經驗。時間之初，宇宙尚未成形，提阿瑪特與伴侶淡水之神阿勃祖（Apsu）乘載著所有更次等的神，而這些神都是兩位水神的後代。提阿瑪特對鬧哄哄的子嗣感到厭煩、憤怒，決定將他們統統殲滅。這些孩子發現了她的計畫，最強壯英勇的太陽神馬爾杜克先是屠殺了父親阿勃祖，又對提阿瑪特展開生死搏鬥。他將燃燒的箭射向母親的喉嚨，摧毀了她，還從她的屍首中打造出天穹與下方的大地。這此，實際的世界就此產生。

這則古老的故事徹底描繪出太陽個體從黑暗的子宮及集體無意識裡誕生的過程。宛如作夢，我們讀這些神話故事時，這些角色也在我們內心滋長。提阿瑪特與馬爾杜克依舊存在於每一個面對與母親分離議題的孩童及成人心底。象徵太陽原則的馬爾杜克必須對抗自己月亮飢渴所產生的倒退引力，這種本能的需求感覺起來相當苦澀（鹹水）、可怕、危及性命。他的勝利帶來創造世界的結果，可以說是個人實相的形成。神話是情緒的畫面，更是發展的模式，各位也許認出了馬爾杜克與提阿瑪特故事中所描述的發展階段，也就是對慣性、冷漠、停滯不前、癮頭的持續戰爭，我們每天都會經歷這種小規模的對抗，好比說持續某種飲食法、持續運動的計畫，或對某種困難學科堅持不懈的學習。我們也可以在以下場景看到類似的狀況，好比說，掙扎著該不該脫離無法滿足卻帶有強迫性質的關係或婚姻，或是安全卻乏味的工作，又或是可靠但會滅頂的家庭關係。馬爾杜克代表著「我是」的聲音，雖然摧毀了海洋母親的存在，取而代之的卻是個人實相與個人價值的誕生。

在許多神話之中，「跨越門檻」不見得是與龍搏鬥，而是英雄在轉化或復活前實際死亡。在戴歐尼修斯與耶穌的故事裡都是這樣，他們遭到摧毀，但必須透過這種儀式上的肢解才能以他們實際的神聖救星身分回歸。這些故事裡的英雄必須遭受巨大的痛苦，燒毀塵世的一切。這種過程其實跟與龍搏鬥差不多，但概念來自不同且更為細膩的觀點。在馬爾杜克與提阿瑪特古老故事之中，承受痛苦與肢解的是巨龍母親，馬爾杜克只體驗到勝利。在戴歐尼修斯與耶穌的故事裡，這些神明必須自己經歷痛苦，因為巨龍母親即為他的肉體，必須從本能的束縛中轉化或解放出來。在往後的諸多神話故事裡，我們都可以觀察到此處進化的過程，也就是與龍搏鬥更深層次的意涵。

與龍搏鬥是高貴的行為，從整體宏觀角度來看更是英勇的行為。屠龍的形象深植人心，經常再現於《異形》這種影視作品之中，更別說英國漢默公司出品的恐怖史詩電視劇中，英雄要與狼人、吸血鬼、食屍鬼、黑卡蒂地下世界的妖精戰鬥。不過，內在的經歷可謂是一種肢解或釘上十字架的行為，因為我們只要分離就會痛苦。當太陽逐漸展露頭角時，寂寞、孤單、內疚、其他人的仇恨，這些受苦的問題也會浮上檯面。如果我們否定這種受苦的過程，我們勢必得去外頭尋找惡龍，因為惡龍就是我們痛苦的投射。

在土星符號上半部的物質部分正是神話中的十字架形象，這是象徵人類孤單、疏離最有力量的象徵。在這個狀態中，我們無父無母，遭到遺棄。無家可歸，沒有柔軟的胸脯接納我們，沒有一群人可以讓我們喘口氣。這恰恰正是「我是」的狀態，這點說明了為什麼太陽要一直等到中年才會出現，這時的當事人已經足夠強壯，羽翼豐滿了，才能面對挑戰。個體展現自我過後的孤寂感，這才是英雄神話中「跨越門檻」的最深層意涵。其中結合了我們對於失去與分離的巨大焦慮，因為展現自我，的確必須冒上其他人會因此不愛我們的風險。所以無論是與黑暗的雙生子戰鬥、與龍搏鬥、肢解或釘上十字架，這些其實都是一個人承擔起獨立自我的重擔形式，更是太陽旅程的首要階段。之後，英雄才準備好能夠展開他的征途，因為他已經證明他能夠忍受孤獨。

現在我們必須探究這趟征途到底是為了什麼，在英雄經歷了各種苦難之後，他會得到何種獎勵或寶藏。寶藏通常是很實際的東西，好比說金銀珠寶、生命之水、統治一個國家，或是療癒、預言的能力。目標不盡相同，但都是對英雄而言相當寶貴的東西。神話英雄即太陽化身，他們會朝著最終的獎勵前進，也就是一個人自我之中無法摧毀的結晶，能夠證明一個人確實存在。英雄與獎賞其實是一體兩面。寶藏是英雄的基本核心，也就是隱藏在肉身之下的神聖層面。這裡也許聽起來相當抽象。不過，成為真正、實際、堅不可摧的「我」是相當珍貴又充滿魔法的事情，也得來不易。生命中要求我們分離、替自己的價值與目標挺身而出的時刻，都會逐漸塑造出這個「我」，過程中，我們每次都會受苦，因為我們必須一而再、再而三對抗內心那隻喬裝成不同模樣的永恆母親惡龍。

英雄與聖婚

有時，英雄的寶藏是他的新娘，以及聖婚（hierosgamos），這是征途的終點。神聖的英雄會與他的另一半、他人性的那一面完全結合，而那個面向是以女性的形式出現。他因此創造出一個王朝，從他往後的知名國王與皇后統統都繼承了些許不朽的血脈，因為他們都出身於神聖的英雄。在基督宗教盛行之前，許多統治者聲稱自己擁有這種神聖血脈。譬如尤利烏斯．凱撒（Julius Caesar），他就自稱是女神維納斯之子艾尼亞斯的後代，而艾尼亞斯這位英雄則是建立羅馬城的人。各位如果讀過《聖血與聖杯》這本書[5]，就會知道法國有一個祕密集會相信，他們支持的法國王位繼承人是耶穌與抹大拉的馬利亞之後代。因為半神英雄的子嗣這個主題太典型了，就算到了今天，這種象徵還是很有影響力。

聖婚與王朝的建立似乎是透過往後幾個世代的連續，將神聖種子扎根進塵世生活中。隨著時間前進，後代會乘載英雄的血脈前進，意味著英雄會透過血脈永生。其中蘊含著何種心理象徵？也許反映出太陽的驅動力必須創造出比自己更長壽的東西。陽性原型會渴望生兒子來表達這種基本的生理層次驅動力。不過，內在層次也有所作用。如果我們盡可能活出太陽的能量，我們也許就能在永恆中保有一席之地，方法是藉由創造出對集體有持續價值的成果來展現。我們用自己的生命貢獻集體的生命。五宮這個孩子的宮位正由太陽守護，就是將太陽的本質貢獻給未來，進而體驗永恆的國度。月亮有養育孩子的本能需求，但反映出來的是地球萬物自然的延續。太陽對於後裔的渴望則反映在追尋不朽的征途上。

不過，對許多人來說，展現自我的太陽驅動力不見得只能透過孩子來展現。雖然下一代的確是最「自然」的呈現，但某些人選擇不要生孩子，或生不出來。替太陽的驅動力找到不同的層面來發揮，這點極其重要。星盤上的五宮象徵了藝術家打造出堅不可摧作品的渴望，也就是能夠比創作者存活得更久遠的內在或想像孩童，這是藝術家將自己的精髓與遠見投射給後世的方法。我知道有些人會以植樹來實踐這種渴望。他們很清楚等到樹木長大時，他們已經不在了。但這種行為能夠提供他們一種超越時間的感覺。太陽需要貢獻一小部分的自我精髓到未來

5 譯註：《聖血與聖杯》（*The Holy Blood and the Holy Grail*），一九八二年出版，作者為麥可・貝珍（Michael Baigent）、亨利・林肯（Henry Lincoln）與理查・李（Richard Leigh）。本書探討耶穌與抹大拉的馬利亞之間的關係，並假設兩人結婚，擁有孩子，子嗣遍佈在法國南部。丹・布朗的《達文西密碼》沿用了這個假設。值得一提的是三位作者之一的理查・李是本書作者麗茲・格林的兄長。麗茲在一九八一年出版的小說《藤蔓夢想家》（*The Dreamer of the Vine*）中就提過類似的概念。

之中，因此建立王朝的神聖婚姻才會如此重要。

救贖父親

英雄的另一個目標則是救贖父親，或該說，與父親重聚。生動描繪此一主題的莫過於帕西法爾的故事，這位神聖的傻瓜踏上尋找聖杯的旅程。尋找聖杯只是他旅程的一個面向，救贖受苦的父親聖杯之王則是另一個目的。因此帶出太陽作為從父親身上得到傳承的象徵意涵。如果我們想要徹底活出太陽的能量，用《易經》的文字來說，我們必須注入新的生命，進而「幹父之蠱」，也就是糾正父輩的過失之意。神話中患病或受傷的父親是靈性凋零或失去信仰、希望的象徵。在這個脈絡下想到榮格就很有意思了，他太陽獅子座，他以全新觀點賦予基督宗教象徵新的生命力，進而救贖牧師父親失去的信仰。榮格的《答約伯》（*Answer to Job*）甫一出版就引發大量不解，甚至是敵意，但此一著作細膩分析了救贖父親的主題，而約伯之父即為上帝。榮格的觀點簡言之就是，因為上帝天父把約伯的生活搞得一團亂，基督才必須來到人間。父神與人類的關係存在缺陷、缺少憐憫，而上帝發覺只有透過獨子耶穌的苦難，才能救贖這一切。如同月亮象徵我們在本能層面與母親共享的特質一樣，太陽反映出來的也是我們與父親共有的創造力，只能透過好幾代太陽的努力，才能達到應有的成果。

英雄的獎品有時會是仙丹妙藥，這時他必須偷竊。仙丹也許是長生不老藥、具有療癒或預言作用，也許能夠拯救王國。童話故事與神話中都有很多偷仙丹的主題，好比說巴比倫神話裡的吉爾伽美什，他就偷走了永生樹的樹枝，普羅米修斯偷走宙斯的聖火，還有伊阿宋偷走金羊毛。神奇物質通常由怪物、巨龍、巫師、女巫看守，英雄必須偷偷潛入，將寶物帶回日常生活之中。我們應該要更加關注英雄任務非法的性質，因為這種任務能夠更清楚說明表達太陽時的內在衝突與困境。

英雄的恐懼

先前提過，英雄會體驗孤單、集體的仇恨，這等同於英雄面對的情緒危機。太陽旅程另一個基本的面向便是盜取仙丹後的罪惡感（以及對於報復的恐懼）。成就自我帶有不正當的元素，因為過程中需要從集體靈魂中行竊，偷來的寶物原本是集體無意識裡的公共財。這種困境容易套上政治的外衣，但所有政治意識型態的本質都可以在闡述這種意識形態之人身上找到。我們越是疏遠，就越容易感覺到典型的罪惡感。「罪惡感」（guilt）這個詞源自於盎格魯－薩克遜的字根，意指「債務」。任何個人的創造行為都可能引發我們（對母親、對家庭、對集體）強烈的虧欠感，進而讓我們與其他人孤立開來。

我認識很多人不敢表現自己的潛能，因為他們害怕自我展現可能會引發與家族靈魂的分割。得到足夠的自由，能夠超越家族的小圈子，特別是，如果當事人的父母本身受到阻礙、壓抑或扼殺，那自由就等同於與龍搏鬥。應該這麼說，無論感覺多麼無力，當事人都知道魔法般的臍帶依舊連著。畢竟，內在的集體聲音會這麼說：你以為你是誰啊？你有什麼權利達成父母都無法完成的成就？他們都為了你犧牲這麼多了？因此，表達太陽的能量就伴隨著巨大的罪疚感，因為那就好像是偷走了公共的仙丹妙藥一樣（雖然你可能不會使用這個好東西）。群眾不會利用仙丹，只有英雄才曉得這東西好在哪裡。不過，對個體而言，擁有這項物品至少一開始感覺像是從群體間奪走了什麼。當然，英雄任務的故事結局還是要回饋給集體。不過，就算這樣也無法減輕一開始犯下的罪行。在華格納的《尼伯龍根的指環》中，巨龍守護黃金與指環，但牠不會使用這些東西。牠躺在這些寶物上呼呼大睡，大概可以睡到時間的盡頭。太陽的黃金是人類的潛能，每個人都有，但若埋葬在無意識中，那就永遠只是未開發的潛能，因此要由一個人來啟動仙丹妙藥的力量。只不過，這樣一來就必須盜竊，而英雄必須承擔後果。且英雄回歸時必須成為「文化信使」（culture bringer），這樣才能撫平他的債務。我一直覺得字源學很有意思，因為字源學能夠讓我們看到字詞背後的關鍵意涵，而我們可能都將這些文字視為理所當然。贖罪、償還（redeem）跟贖金（ransom）的字根是一樣的。英雄必須成為族人的救星（redeemer）、必須償還他偷盜仙丹時欠下的債務。他不能獨享這種寶藏。他對集體靈魂有所虧欠，因此，作為交換，他必須創造一些具有原創性的物品。利他現象的背後會有罪惡感的影子，我們總是能在贖罪的衝動旁看到罪惡感的出現，罪惡感也是助人工作者強烈的無意識動機。

我們在《聖經》亞當與夏娃的故事裡也看到同樣的主題，他們也是太陽英雄的化身。賜予善惡智慧的蘋果正是意識的果實，必然讓我們與母親、集體意識的混沌中剝離出來。亞當與夏娃偷盜的是原先專屬於上帝的物品，這種珍果好端端掛在樹上，沒人採摘、沒人偷吃，而他們也因為自己的罪行，慘遭逐出天堂。一直要到太陽英雄的救星以基督的型態替他們還清債務後，他們才得以回歸。一旦太陽開始閃耀，我們就無法重回天堂大門了，除非我們能夠在內心找到贖回債務的救世主。不幸的是我們通常會在外頭尋找救星。

因此，偷盜仙丹妙藥是一種「成年儀式」（rite of passage），一旦動手，一切就無法回到「墮落」之前了。我們只能繼續前行，且善用這種仙丹，因為仙丹其實是每個人最珍貴的獨特之處。雖然我們偶爾會倒退、退步，還會遇到海王星的行運，但我們還是無法挽回過去，因為陽光一照亮，融合的幻想就不復存在。英雄還會害怕報復，偷了寶物之後，他就只能展開逃亡生涯，因為憤怒的守衛軍團都會追捕他。擔心報復的心情不是想太多，因為集體的確會回擊，當個體從糾纏的家族中掙脫出來時，這種家族動力就會展開運作。當個別成員提出太過原創的意見，或是在創造力與財務表現上超越其他成員時，我們也會在政治、宗教、專業群體中看到這種狀況。因此，古老的神話在我們內心重新上演，直到我們了解所有的角色都存在於我們心中。

英雄終將回歸，困難度不比出發低。他必須再度通過「跨越門檻」的階段，帶著仙丹妙藥或新娘（或兩者一起），重回尋常生活。因為英雄神話不會只在我們生命中出現一次，而是一而再、再而三地以不同層次出現，每一次自我實踐的創造或凱旋都會伴隨這種艱難的過程。有時回歸會以一段時間的憂鬱來呈現，因為平庸的現實生活與先前的巨大內在任務相比，實在平凡單調。有時，在征途的最後階段，英雄的幫手必須救他一把。他也許會遇到另一條巨龍或女巫（當然不是先前對抗的那一個），擋住回程的去路。不過，英雄偶爾也會不想回家。火象氣質強的星座，特別是太陽守護的獅子座，以及牡羊座、射手座，都會發現這種回歸尋常非常困難，因為尋常生活看起來相當無趣，而這場冒險還沒結束前，英雄可能已經在規劃下一次的征途了。

我們不能看著一張星盤就說：「啊，這是忒修斯與米諾陶的故事，這就是你的英雄神話。」英雄之旅的不同階段對每個人的生命都會造成不一樣的衝擊，也許某些人的生命會較於聚焦在某些主題上。舉例來說，我發現雙子座很容易遇到某種形式的黑暗雙胞胎手足，天蠍座則喜歡與巨龍直接對峙。只是這些主題也許會透過星盤裡的其他要素表現出來，好比說，月冥合相、雙子座上升，這些配置也會與太陽的主題交織在一起。我們也要記得，其他行星的行運遲早都會與太陽形成相位，而一個人這一輩子的太陽也會推進與其他行星產生相位。我們遲早都會稍微感受到「當別人」的感覺。我前面也說過了，我們會以不同的形式展開起始多次英雄的旅程，有些旅程很短，一個禮拜，甚至一天就會結束。只要我們踏入意識及自我展開的層面，另一個冒險的呼喚就會隨之而來，我們也就啟程了。太陽的發展過程永遠沒有句點。

出生時的太陽星座理論上具備了最基本的星座要件，通常會解讀成當事人的性格。不過，太陽星座也透露了英雄之旅的主要主題。每一個星座都與特定的一組神話人物息息相關，每個星座都有守護行星、守護神，他們都有自己的故事。太陽星座的守護星可以讓我們明白，這位英雄是由哪位神祇打造出來的，因為太陽的星座守護星力量遠超上升守護星，得以描述我們內在必須努力才能發展出來的特殊潛能。命主星（上升守護）可以提供一些資訊，能夠讓我們了解生命對我們有哪些要求，加入上升點一起考量，也許就能看出英雄在旅程中會遇到何種狀況。不過，太陽星座的守護星是主宰我們的神祇，而英雄與他的獎賞到頭來其實是同一回事。

我們可以從這個角度解讀太陽星座：太陽星座就是我們受到召喚在生命中扮演的角色，這也說明了，在我們替這股原型能量尋找個人展現途徑時，我們能夠做出何種獨特的貢獻。舉例來說，如果一個人的太陽星座是處女座或雙子座，你的太陽守護星就是水星。就性格解讀層面而言，這個人會說：「我是雙子座，因此我善於溝通、聰慧多元，還很容易覺得無聊。」不過，當我們想到荷米斯的時候呢？他的專長為何？他掌管的是哪個領域的生命？

荷米斯的神話故事很多，他偷阿波羅的牛、他製作里拉琴、他扮演各種角色，靈魂嚮導（psychopomp）、魔術師、神明之間的信差。等到霍華聊水星神話的時候，各位就會聽到荷米斯的各種故事。[6]不過，簡單來說，荷米斯就是道路之神。他主管通往兩地的道路，也就是靈魂中兩個領域、層次之間的連接道路。他守護漂泊之人與商人，因為他居無定所又到處遊歷，會多種語言，又以不同貨幣交易。他是協商之神，也是信差，他沒有自己的野心，他會替其他神明的目的服務，偶爾也會一時興起就要惡作劇。他所守護的活動多少都與某種程度的交換、溝通有關。我們可以把這種形象的神視為某種「**代蒙**」，是一種宿命的呼喚，在尋常生活中需要有個人化的載具容納這股能量。

雙子座還有其他神話故事，這些故事在探討日雙子當事人的命運呼喚時也很重要。最知名的雙子座神話莫過於雙生子的故事，卡斯托和波路克斯（Castor and Pollux），其中一人是神（宙斯之子），另一位則是凡人。我們已經知道，英雄的「跨越門檻」經典主題就是面對黑暗的雙胞胎手足。這種議題經常會在日雙子當事人的童年上演，也許是與手足關係不佳，彼此競爭，也有可能是當事人的確就有雙胞胎。這樣的主題大概也會出現在特定的交友模式上。無論是實際或象徵性的手足競爭，通常都會一再出現在雙子座的生命之中。不過呢，某些雙子座也許會這麼說：「噢，我又不想競爭。問題不是我惹出來的，我什麼也沒做，都是我的兄／弟／姊／妹先開始的。」不過，與黑暗雙胞胎對抗的故事其實是要當事人直視自己的陰暗面，雙子座將這種神話形象掛在外人身上，但這些人只是乘載了當事人隱藏的那一面罷了。

太陽守護星的神話及詮釋

太陽星座與守護星的神話主題充滿底蘊，可以用來解釋一個人發展成人背後的主要原型模式。各位會怎麼解讀金星守護的兩個星座，金牛座與天秤座？可以嘗試用神話原型的角度來解釋，而不是用性格來描述嗎？

觀眾：守護金星的是阿芙蘿黛蒂，她是美的女神。

麗茲：她算是某一種愛的女神。每一位女神都跟某一種關係有關。阿芙蘿黛蒂很明確地守護某一個領域。

觀眾：美好的事物。

麗茲：這是她一部分的功能，她會守護美的創造、和諧與享樂。她的愛是情慾之愛，深植在肉慾的感官樂趣與美學之中。無關婚姻束縛或家庭羈絆。柏拉圖說過，愛是由美所激起的熱情，用這句話來形容阿芙蘿黛蒂的愛非常恰當。金星的愛無關自我犧牲，那是海王星的事；金星的愛也無關融合、同理心或安全感。金星的原則就是自我愉悅，任何層面都包括在其中。金星用天秤座對完美和諧世界的渴望來取悅心靈，又用金牛座對感官滿足

6 譯註：請參考《內行星：從水星、金星、火星看內在真實》。

及美的具體展現之盼望來取悅肉體。如果你是天秤座或金牛座，這位任性的女神就是你的守護神，她會在世界上，力求透過符合她本性的載具來展現創造力。

一般常見用來形容太陽星座人格特質的詞彙大致符合一個人的狀態，但通常沒有辦法講得很精準，不懂占星的人就會覺得占星不準。我聽過很多人說，他們的「行為」並不像平常對於太陽星座的描述。我們不能只說「哎啊，因為星盤其他因素的影響更大」。畢竟，太陽就是太陽，是整個太陽系與星盤的核心。太陽一定躲去了哪裡。不過，我們必須了解，太陽描述的是一段過程，而不是某種行為模式，也可以理解為每個星座的內在核心驅動力（即神話故事描繪的內容），我們對於無法好好展現個人特質的客戶就能更有幫助。我們的「行為」也許不會像我們的太陽星座，但，我們內心深處「就是」這些太陽星座。太陽守護星是我們的神聖父母，如果這股內在力量遇到障礙或阻力，事實上，這種狀態就等同於拒絕神話的呼喚一樣。

如果太陽守護星的能量無法表達，也沒有能力認出神聖的父母，那英雄就沒有辦法成長。他會拒絕冒險的呼喚，心理依舊是個小孩、沒有辦法發展、沒有辦法起步。也就是「家裡沒人」的意思。也許各位現在想到了土星守護的摩羯座與水瓶座。這樣的守護神會有何種風格？

觀眾：水瓶座的正牌守護星不是天王星嗎？

麗茲：土星與天王星都守護水瓶座，沒有「正牌」與否的問題。水瓶座複雜度的其中一個面向在於，這兩顆守護星在神話裡是敵對的。天王星將土星（克洛諾斯，Kronos）趕去地下世界，土星為了復仇則去勢了父親，偷走父親的寶座。其中蘊含了心理動力，思想（天王星）與現實（土星）的碰撞會一再以各種不同的形式出現在水瓶人的生命之中。不過，我們先聚焦在土星身上，這位神明是誰？他的功能是什麼？

觀眾：做事很有效率。

麗茲：這是其中一個面向。不過做事有效率只能算是人格特質，不是神明的本質。土星創造形式與結構。神話裡的土星是泰坦神，是掌管大地生產力的土地之神。他是作物生長法則的具體人物，並非象徵生生不息的肥沃土壤，而是四季嬗遞、決定幾時播種、幾時收成這種亙古不變的架構。他教導人類，為了要生存與繁榮，該如何遵循自然法則。

觀眾：那他的毀滅性呢？去勢跟吞下他孩子的主題該怎麼解釋？

麗茲：這是土星功能必定會伴隨而來的事。如果你將制式的結構加諸在沒有限制的思想（天王星）上，你其實是在摧毀這種思想對未來無窮無盡的可能性。你斬斷了其中的生育力，現在受限於你所做的決策上。也許有人夢想自家花園跟伊甸園一樣美，種滿美豔的植物，整年都開花。事實上，沒有花可以一直開下去，花園不只得跟恆定的季節、氣候法則對抗，還得面對水蛭、蚜蟲、黑斑、霉病、鄰居的貓。各位有沒有寫文章或書的經驗？你先有個想法，這個想法在你腦袋裡擴散增長。當這個想法只存在於心靈層面時，你愛怎麼加就怎麼加。你甚至可以幻想自己得到諾貝爾文學獎。不過，當你將想法寫在紙張上時，你必須在規定的頁數中書寫，你就是在閹割它。結果就是這樣。你大可寫另一篇類似主題的文章，但兩者已經是截然不同的成品了。各位可以看出事物的局限，以及閹割原創的想法、讓其成真、永遠存在這件事，這一切是很擬人化的嗎？吞下自己的孩子也是同樣的意象。神話中，土星得到警告，說他的其中一個孩子會推翻他。未知的未來總是有可能打壞人為建造的當今結構。土星吞噬這些對未來可能會造成威脅的可能性（他的孩子），是因為它們是未知的，且會威脅到土星的法則。從天王星或木星的角度看來，閹割、吞噬這種具有毀滅性色彩的意象的確相當具體。不過，土星也是統治人類黃金時代的神，依據神聖法則，土地富饒，具有生產力，每個人都能快樂生活。如果土星守護你的太陽，從土星的角度了解事物對你而言就非常重要。

觀眾：我的理解是上升點可以描述妳剛剛提到的旅程。

輔助太陽的外在面具

麗茲：我懂你的意思，但我也理解，上升點是一種發展的模式。不過，上升似乎沒有辦法跟太陽一樣，描繪出必要的核心特質。上升點比較像在生命旅程中陪伴我們的嚮導，需要我們學習某些課程或特徵，協助我們成為太陽所象徵的樣子。如果要我選一個神話人物來說，我會考慮忒修斯這種英雄，要了解他的征途（殺死米諾陶、拯救王國）正是他核心本質（太陽）的發展，但他必須在一開始的時候就發展出某些技能或能力，這樣才能實踐他的任務。如果各位讀過瑪麗・瑞瑙特那本在寫忒修斯的精采小說《國王必須死》[7]，各位就會明白英雄在達成目標之前，必須經歷某些訓練。他必須經歷遭到奴役的羞辱，進而學習控制自己的怒火；他必須學習公牛之舞，進而訓練自己的身體；他必須學習外交手段與策略，最後才能成為人民最適合的領袖。小說中將他描繪成相當牡羊座的英雄，但他的上升大概是在摩羯座。我相信上升點能夠反應出生命給我們的特定修煉。

我注意到上升點有一個特質，那就是，我們內心深處似乎曉得，我們必須發展上升點的特質，且面對上升點所帶來的原型情境。因此，我們在前半生會發展出某種上升點的新手版本，這個版本是一個外在面具，通常符合所有典型占星教科書的敘述。這些你們很熟了，什麼上升

7 譯註：《國王必須死》（*The King Must Die*），瑪麗・瑞瑙特（Mary Renault）一九五八年出版的成長與歷史小說，書中娓娓道來的是希臘神話英雄忒修斯的早年生活與冒險。本書尚有續作，一九六二年出版的《來自海中的公牛》（*The Bull from the Sea*），闡述忒修斯回到克里特島之後的故事。

雙子的人愛講話，上升處女做事俐落，上升水瓶很理智，諸如此類。不過，上升點其實端出了一個難題，因為我們很難內化上升的意涵，接受上升點的價值觀。通常過程中會有許多阻力，因為感覺很陌生，上升點的能量通常會被我們投射在周遭環境中，因此我們會在接近的人身上遇見正面或負面的上升點表現形態。不過，除非太陽遭到嚴重壓抑，不然我們不會感覺到太陽陌生，就算如此，一旦當事人在內心挖掘到了自己的太陽，通常都會感覺到鬆了口氣，還會覺得自己回到了家。

表達太陽能量時，我們會覺得自己很真實，掌握了一部分個人的權威性。我跟霍華查了一下字源學字典，發現「真實性」（authenticity）與權威（authority）這兩個詞的字根是同一個，都是希臘文裡的「自我」。以下這些字眼都來自同一個字源，汽車（automobile，或稱自動車）、自動裝置（automatic）、自體性慾的（autoerotic）、自主的（autonomous）等等。太陽讓我們感覺到自己的力量與正當性。沒有這種感覺，我們會覺得空虛、不舒服，急切地想要尋求他人的慰藉。我們每個人都會在某個階段與太陽失聯，在霧中迷惘，尋求其他人的認可，讓我們覺得自己真實。太陽會說：「無論我犯下什麼錯誤，我都是我自己，我不希望成為其他人。」不過，遇到上升點的時候，我們會說：「噢，我的出生時間一定是搞錯了。我不可能是上升雙魚吧？我應該是上升水瓶。」

觀眾：如果太陽還沒發展好，又該怎麼展現？透過太陽劣等的特質展現？

麗茲：我不太喜歡「劣等」、「高等」這種分野。這種評斷是很主觀的事情，完全仰賴你個人的參考標準。是這樣的，太陽會**無意識地**展現。有時「某些」太陽特質會被投射出去；出生盤上有什麼無意識因素時，就很容易這樣。講座開始前，有觀眾聊到事業上還是有很多文化不讓女性表達她們的太陽。那樣會發生什麼事？她們的太陽能量會投射在丈夫、父親、兒子身上，或是投射到外在世界的權威人物身上。說不定也會投射到其他女性身上，也就是可以乘載太陽特質的女性。這樣一來，權威與意義都存在於外界，這些女人少了投射的客體之後，就會覺得空虛、失去意義。

觀眾：不過，一個星座的特質沒有辦法統統投射出去。這個人一定會保留某些特質。

麗茲：我想我說的是「某些」特質會投射出去。我同意你的說法，這不是什麼非黑即白的問題。我們可以活出一些，將其他部分投射出去，但這個過程會隨著生命進程而改變。同時，投射並不意味著我們不會活出那個樣子。投射意味著我們沒有注意到自己有那樣的能量，反而認為其他人才會那樣。投射機制最特別的一點在於，其他人通常會覺得當事人就具備那種特質。投射不會阻止我們展現，卻會讓當事人盲目。也許這種特質的確是剛剛這位朋友所言的某個星座「劣等」的特質，但是也可能是某個星座「高等」的表現，因為我們也會把自己的最佳潛能投射到別人身上，覺得自己樣樣不如這個對象。

太陽星座展現的不是「好」或「壞」的面向，而是有意識與無意識的表達，無意識就牽扯到自我盲目這件事。而且，我們越是沒有留意內在的狀況，我們就越容易被強迫行為牽著鼻子走，離我們能夠做出選擇的選項越來越遠。然後我們也許會處在一個覺得一切都失控的狀態之中，我們成了被動的受害者，其實只是無意識的太陽不眠不休地在地下室總部朝他的目標邁進而已。舉例來說，某些日牡羊與太陽失聯也許來自以下狀況：童年時期的情結、環境壓力，或是出生盤中其他加劇這種狀況的配置（好比說，太陽在十二宮對分土星，還有很多土元素的行星），這些人會擁有一般牡羊座的激進、好勝心、火元素的活力，也會渴望挑戰，但也許當事人自己不會這麼想。他們也許會產生許多無意識的攻擊性，堅持自己的主張，但一切都很低調，怒火也許會以操控的方式浮現，這些人則會說自己優柔寡斷、已經妥協了，是其他人態度蠻橫。也許表面上看的確如此，但牡羊座的特質會潛伏在暗處，遲早會讓其他人注意到。無論是正面或負面的特質，總會有人成為這些特質投射的對象，也許是情人，看起來非常有力量，瀟灑又令人興奮，而父親或老闆則看起來剛愎自用、自私又麻木不仁。

這種狀況下，憤怒也許會透過其他人回到當事人身上，這些人因為當事人展現出的無意識自信與不耐搞得很煩。我聽過幾位日牡羊的女性抱怨，她們會說，不懂為什麼朋友會處處針對她們，牡羊座的競爭態度會透過無意識與閨蜜的男友閒聊展現出來，而當事人完全沒有注意到。所以，各位理解，事情並沒有扔掉太陽星座，一點太陽特質都不要這麼簡單。投射是一種迷人也相當幽微的機制。每個人都有未經展現的太陽面向，這些面向反射出的是發展的過程，而我們的發展沒有盡頭。

沒有好好發展的太陽也會有羨妒的心理。先前已經提過這個問題了。羨妒是其中一個最基本的人類情緒，如果我們足夠誠實，願意面對，羨妒可以變成非常具有創造性的養分；因為我們羨妒其他人的正是我們最重視的特質，通常就包含了投射在合適之人身上太陽未經開發的潛能。從這個角度與羨妒心態合作就變得相當寶貴，因為我們能夠好好發掘自我。金星也許會欣賞，但太陽會羨妒，我們將理想化自我投射在這些對象身上，這些人周遭就會產生無形的巨大情緒壓力。

神話裡的太陽

我現在想聊聊神話裡太陽神的功能，因為這樣可以協助我們釐清太陽在星盤裡的角色。在某些文化裡，太陽是一位女神，但這時，女神的特質會被「陽性化」，這樣才能帶出動態的力量感。一個例子就是埃及太陽女神塞赫麥特，她是太陽神拉（Ra）的女兒，也被稱為「拉之眼」。她的形象是擁有獅子的頭，還頂著一個太陽的光盤，她是戰爭與殺戮的女神。不過，拉這位最古老的太陽神代表的就是較為典型的太陽象徵，他創造了世界，分配正義與公平，還是眾神之父，其他神祇都是他的孩子。

希臘神話中的太陽神阿波羅則較晚期出現，形象也更像人。他是奧林帕斯山上的紳士，我們可以從他身上了解許多太陽深層的意涵。也許最重要的莫過於阿波羅是打破家族詛咒的人。如果你跟俄瑞斯忒斯（Orestes）一樣，身陷泥沼、繼承了逼瘋你的惡毒家族情結，那麼能夠打破陰性法則復仇者厄里倪厄斯（Erinyes，也作復仇三女神）束縛的神也只有阿波羅了。8另一則帶有類似寓意的阿波羅神話是他擊敗了培冬（Python）這條雌性巨蛇。他殺死大蛇後，將德爾菲神廟建立在大蛇先前的巢穴之上，且為了紀念（或整合）這條蛇，將他的神諭女祭司稱為皮媞亞（Pythia，也作 Pythoness）。打破詛咒這點特別有意思。各位覺得這其中具有什麼意涵？

觀眾：太陽能夠協助我們處理家族的未竟之業。

麗茲：我也是這麼想的。我們越是能夠覺得自己獨立、自主，我們就越不用在意家族靈魂中的無意識衝突與強迫行為。這不意味著活出太陽就拒絕了家族。相反的，當事人越是做自己，他就越能以真誠、心胸開闊的方式對待其他人。不過，這也是不能外揚的家醜（凝聚家人的操弄伎倆、侵蝕個人才華與潛力的幽微手段、世代累積的羨妒與憎恨），只有太陽的光芒能夠驅散這些幽影。

在希臘神話中，家族詛咒通常是因為某人冒犯了天神（因為傲慢自大），因此讓子子孫孫受到折磨。因為神明沒有得到適當的尊重，後代就必須遭到詛咒，直到詛咒終了或打破。用冒犯天神來描述冒犯某種原型原則也很適合，原型原則也就是一種基本的生命驅動力。某種能量得不到尊重與重視，就回來糾纏家族的靈魂，造成衝突與苦難，在心理上一代傳一代。這種故事在家族裡經常發生。這是社會化生活的陰暗面，總是蟄伏在溫暖家庭的愛與支持暗影之中。某些家庭可以對成員提供大量的溫暖、支持與互相尊重，而非常人性化的陰暗面則會在這種生活中，造成尋常又瑣碎的關係問題。其他家族可能會飽受折磨，這種家族乘載了大量壓抑、操縱、具有毀滅性的能量，其中每一位成員都苦不堪言。要看清這點不見得容易，畢竟這種布滿天羅地網的家庭會對外界呈現出一種團結的「親密有愛」形象，問題埋在深處，可能會責怪某個成員的不良或病態行為。有時，除了這個個體之外的人都似乎滿足於留在無意識有機體打造出來的牢籠之中。就是這個個體擁有強烈的需求，需要獨立表達自我，通常其他家庭成為會將這個人視為「有病」。

舉例來說，在家族裡也許不允許表達某種情緒。說不定家族成員從來沒有公開表達過情感，或是在家裡不能談到性的議題，也不能生氣，或是期待每個人都幸福快樂地住在同一個鄉下小

8 譯註：俄瑞斯忒斯（Orestes），希臘神話中阿伽門農之子。阿伽門農被妻子克呂泰涅斯特拉謀殺後，他為父報仇，殺死親母，因此受到復仇三女神懲罰。相傳復仇三女神只有在懲罰人間的罪孽時才會出現，尤其不會放過殺害親屬之人。

鎮。在這種家族中會有一種部落的感覺，會以各種隱晦的方式警告每一位成員不能打破沒有明說的規矩。如果有人打算挑戰這些規矩，這個人就會被視為不對、自私、不值得愛，甚至是會被貼上邪惡或有病的標籤。太陽意識，「我」的意識才有能力打破家族不言而喻的規矩魔咒。因為每個人都有海王星，童年也不盡圓滿，面對孤獨、內疚、操縱，我們都相當脆弱，更別說對全人類來說，遭到放逐是非常痛苦的事情，儘管不同個體間存在接受程度的差異。不過，只要我們相信自己走在天命的道路上，挑戰無意識的家族系統不代表我們壞或毫無價值，那麼我們就能在保持自我獨立價值、走在生命道路上的同時，還能與家族成員維持正面的關係。

心理治療事關月亮——包容、同理心、建立人與人之間的關係。同時也存在太陽的層面，也就是阿波羅打破詛咒的功能。阿波羅的分析不只在於挖出可怕的創傷，讓當事人將生命的不順統統責怪到父母身上，而是意識到家族的模式，曉得我們還是在重演這些橋段，之後我們才能驅散家族詛咒。詛咒具有強迫性，我們困在具有毀滅性與自我貶低的行為之中，卻盲目到看不清強迫行為的根源，因為我們與集體，也就是家族的靈魂還沒有間隔出足夠的距離。我們可以用不同的方式解讀希臘神話裡糾纏受害者的復仇三女神。我發覺多數人認為她們是內疚、焦慮、怨懟的化身。內疚說，我們沒資格幸福；焦慮讓我們害怕改變與未來的潛能；怨懟讓我們摧毀自己，也摧毀其他人。這些都是很典型的人類情緒，沒有辦法完全去除。不過，我們越是重視太陽打破詛咒的功能，我們就不會只想著滿足他人的期待，也不會那麼害怕席捲而來的生命，更不會怨恨自己沒有好好發展的潛質。

阿波羅也是先知。人稱「遠見阿波羅」，幾百年來，世人向他的德爾菲神廟懇求神聖的指引與預言。向神明求助，尋求正道或解答，這種觀念相當古老，占星與《易經》可以說是當代的神諭。不過，阿波羅的神諭本質並不是仰賴靈媒。靈媒是一種「神祕參與」（participation mystique），這種能力讓人失去邊界，與另一個靈魂融合。太陽的神諭是先見之明，無需迷失自我。這是直覺的展現，與靈媒無關，根據當下決策結果的感知智慧。世人也說阿波羅的神諭「言辭矛盾」，因為誰也無法確定答案的真正意義為何。一切仰賴解讀的層面。沒有辦法以字面上的意義來理解，反而是讓詢問者在有如夢境般的多層次意象中自行選擇、詮釋，甚至依照不同的解讀能夠產生不同的因應作為。

譬如伊底帕斯，他懷疑科林斯的國王與王后不是他的親生父母，便跑去德爾菲請示神諭。神諭說，他會弒父娶母。這簡直是作夢般的意象，到底是什麼意思？佛洛伊德認為每個人象徵上來說，都是殺死父母的兇手，更是父母的情人，這點對小孩子的世界來說完全沒錯，而每當我們推翻無論內在或外在的權威結構、與鍾愛的理想結合時，這種狀況就會在生命中一再上演。不過呢，伊底帕斯卻相信神諭字面上的意思，逃離了科林斯，躲避可怕的命運。不過，阿波羅巧舌如簧，言辭矛盾，因此伊底帕斯的逃避反而造就了他的宿命。伊底帕斯的個性中有巨大的缺點，那就是他無法控制自己的暴躁脾氣，當他在不知情的狀況下，於路途中巧遇生父時，他脾氣失控，殺死了父親。其他的故事各位都很清楚了。結果就是，得到神諭之人的選擇會左右神諭的結果。其中作用的模式無法改變，但端看詢問之人是否能夠明白模式的內在層面，依此行事。順帶一提，只有阿波羅成功騙過命運三女神（The Fates，也作Moirae），延緩註定的死亡。他灌醉了她們。

因此，「遠見阿波羅」反映出了太陽的某種能力，也就是能夠透過直覺，在生命中預見選擇帶來的結果。我們經常盲目決策，也許是出於情感需求、智識分析，或想要取悅別人的渴望。不過，我們也許不理解更加浩瀚的藍圖，也就是在環境下，我們到底是誰，以及我們每個人旅途的深層模式為何。當過往選擇的果實成熟時，我們還會相當詫異。神話中請示神諭其實是往內心探詢的過程，透過冥思的行為連結自己內心的先見之明。許多人透過禱告或冥想達成，這是最深層面的神聖行為，就跟古時候凡人去乞求神明指點迷津一樣。我們越是了解自己的本質，就越能夠依照自己的實相來行事，或是明白怎麼做才是對的，因此，就算結果棘手或引發痛苦，我們還是能保持自己的正直與力量。這就是為什麼阿波羅是紳士，或著，如《哈姆雷特》中波諾尼烏斯所言：

> 最重要的莫過於，忠於你的真實自我，
> 因此你就不會欺騙任何人，

有如黑夜必定伴隨白晝一樣。

我們每個人都具備阿波羅的先知能力。太陽的這個面向反映出我們的遠見與往前看的能力，以及我們對自己內在尚未成熟潛質的感知。太陽也與聖子的形象息息相關，在某些塔羅牌的太陽牌裡也看得到。聖子蘊含了我們所擁有的一切潛力，但還沒有經過時間（土星）的結晶作用。經驗，以及我們在得到經驗時所抱持的態度，都會讓這些潛力結晶成形，形塑出成人的樣貌。聖子是我們的太陽藍圖，對我們來說就是一顆種籽，但需要花上一輩子的時間發展成長。太陽賜予我們未來感、意義感，讓我們的生命依循某個有智慧的設計前行。我們因此能夠信任自己，在未知的狀態裡稍微賭一把，碰碰運氣。就算我們曉得這一賭可能會造成可怕的後果，我們卻也知道自己能夠保住小命，大不了改天再試。從這些描述中，各位可以理解，與太陽原則失聯會是何等滋味：這讓人感到一片死寂，因為無法著眼未來。只有過去的各種錯誤及錯失的機會。這就是家族的詛咒。我會將這種絕望的感覺與塔羅牌裡的惡魔牌聯想在一起，這是一種看不見的束縛，卻牢牢用鎖鏈纏住我們的喉嚨，讓我們無法走出真正的生命道路。

最後要提的是，阿波羅是音樂之神。他也是九位繆思女神之首，她們每一位都象徵不同的藝術。太陽守護的創意國度與阿芙蘿黛蒂作為美與裝飾的女神功能有所不同，阿芙蘿黛蒂是美化既存的粗鄙之物。阿波羅則是從無到有，象徵的是創造的驅動力。為什麼他是音樂之神？

觀眾：因為音樂發自內心。

麗茲：對，但其他的創意表現也發自內心。也許是因為音樂唾手可及的本質。我又想到瑪麗．瑞瑙特的小說，忒修斯提到，如果有人帶著以哀傷唱成的歌去找阿波羅，阿波羅就會將哀傷帶走。音樂能夠展現出一個人在情緒發生當下所感受到的情緒。這無關超越或轉化，而是精髓的蒸餾過程。音樂的情感傳達無需透過畫面或文字，畫面或文字需要詮釋及反思的距離。音樂是最自然的創造藝術，大概也是第一種藝術，我可以想像人類早在曉得如何於穴壁上畫出野牛前，就能用節奏律動擺動身軀、用樹枝敲擊石塊。節奏是身體的基礎，深植於心跳之中。從這個角度而言，音樂就是最原始的藝術，超越思想與感知，出現在生命的源頭之中。不需要工具就能「做音樂」，只需點點腳、開開口即可。音樂就是有魔力能夠乘載難以承受的感受，讓我們有力量承擔一切。太陽的這種功能很難說得清楚，但我希望各位能夠理解我的意思。我不是在說，大家都該成為音樂家，或都該喜愛音樂。為了要流暢表達自我，我們可以玩音樂。太陽原則的此一面向可以點燃生命與藝術。

太陽、父親與自我的出現

個體化發展過程中的父親角色

霍華．薩司波塔斯

個體化過程關乎幽微但重要的轉變，當事人必須將自己從關係中抽離出來，將自己視爲獨立且明確的個體。在「我們」之中，持續定義「我」。

——馬克．卡爾普 9

植物想生長
也想保持胚胎狀態
渴望抽高卻也想逃避
成形的宿命

——理查．威爾伯《子葉》

9 原註：〈個體化：從融合到對話〉（Individuation: From Fusion to Dialogue），收錄在一九七六年三月的《家族進程》（*Family Process*）期刊中。

我沒有辦法不強調太陽有多重要。就我看來，太陽是星盤的核心。當你想到太陽系百分之九十九點八的質量都是由太陽組成的時候，就不會覺得太意外了。太陽直接或間接提供了地球存在的能量，我們所需的食物及能源都來自太陽與植物進行的光合作用。因此，太陽在星盤中應該相當重要，這點非常合理。**10**

我確信，人要覺得完整、充實，就得好好表達太陽星座的能量，我們必須在太陽所在的宮位努力發展，尋求積極的方式具體展現，且將與太陽有相位的行星整合且運用進來。客戶來找我解盤時，我都會確保他們與太陽星座的特質保持聯絡，我會想知道他們會刻意且正面、有意識地表達太陽的能量。只要出生資料正確，相較於坐在我旁邊的當事人，我會更信任對方的星盤。我也覺得大部分的太陽星座專欄一開始的前提就不甚正確。那些作家通常會假設一個人會自然而然展現出太陽星座的模樣。因此，所有的日牡羊都是充滿活力、自以為是、衝動不已的人，而日雙子都是沉迷於打情罵俏的花蝴蝶。非也，非也。太陽星座專欄必須聚焦在太陽星座的底層前提上，且當事人必須以建設性方式打造、發展這些前提，如此一來，當事人才能成為最獨特的自我，進而對自己真誠，讓自己感覺良好，這樣的占星專欄才有存在的意義。與其說「你是牡羊座，所以你很果斷」，不如說「你的太陽位於牡羊座，這個位置顯示你生命的主要目標是以實際可行的方式，發展你的勇氣、活力，以及自我主張。」各位看得出兩者的不同。

因此讀者就有了目標或追尋，有方向可以努力。如果我們將整張星盤納入考量，我們就可以分析其他配置對於太陽星座的健康發展是助力還是阻力。

下頁的圖四列出了大致的太陽原則關鍵字。講座期間大家可以花點時間思索這些關鍵字，以及太陽的符號。一個圓，象徵無限與無邊無界，但中間卻有一點。這個符號是一個完整的圓圈圍繞著個人性的核心圓點，描繪出了榮格學派的「自我－自性軸」（ego-Self axis）。中間那一點象徵了你的個人性；你的靈魂，或該說，你的超個人自性（the transpersonal Self，有時也稱為「高我」）必須透過你這個個體或獨特的自我（想像它就像交通工具或容器），才能將你的個人性表達出來。太陽原則定義出我們區分且發展「我」或個人自我的過程，然而，說到徹底成長與進化，時機成熟時，我們就會遇到個人自我被迫認清、尊重比自己還要浩瀚的存在，了解其扮演的渠道角色，透過這種渠道，超個人與宇宙自我才得以表達。在《可能的模樣》裡，皮耶洛・費魯西是這樣形容超個人自性的：

10 原註：東妮・葛洛芙・賽維克（Toni Glover Sedgwick），〈太陽〉（The Sun），收錄在《行星》（*Planets*）雜誌中，由瓊安・麥可艾文（Joan McEvers）編纂（明尼蘇達州聖保羅的 Llewellyn Publications 於一九八九年出版），第十五頁。

超個人自性，雖然保有個人性，卻活在廣博的層次之中，在此國度裡，整體的浩瀚視野讓個人計畫與擔憂黯然失色。超個人自性的實踐是靈性完滿的里程碑。[11]

在《神話與現今意識》中，榮格分析師伊恩·貝格解釋，太陽象徵的原型可以用來解釋「自我—自性軸」：

> 我該用心理學詞彙來解釋一下太陽的原型。這些詞彙是「自我—自性軸」，以及自性與自我在個人化發展過程中的轉化關係。自性（the Self）是靈魂的整體，是最原初的、沒有意識的、全部包含的、具有遺傳上的各種可能，在童年早期過程中，主體的意識，也就是自我（ego）會逐漸浮出。自我走在成就英雄的道路上，斬殺與母親、家族羈絆的巨龍，並在充滿不同個體的世界裡，承擔起成爲獨立個體的責任，獨自打出一手好牌、離原初的家庭越來越遠，將一切都歸咎於自己的能耐與聰慧。不過，到了某個時間點，原始圓滿感覺的吸引力又會出現，就在覺醒、死亡與重生的痛苦之後，隨之而來的是新的校對與調整。相對的自我了解其他靈魂內涵的存在，逐漸理解自己是「自性」前驅物的責任、其根源與目標，以及根源與目標之間的路徑，還有想要啓程的衝動。[12]

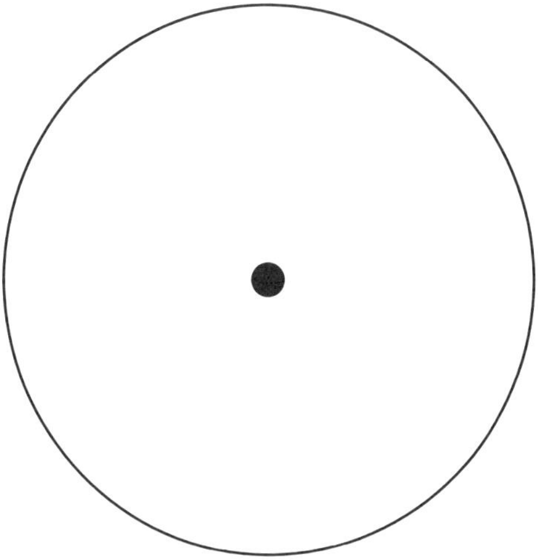

基本性格

自主的衝動

對於權力與認可的追求

意志

阿尼姆斯議題

創造力、自我展現

生命力、活力

力量

勇氣

信念與精神

領導力

分享

慷慨

圖四　太陽關鍵字

11 原註：皮耶洛・費魯西（Piero Ferrucci），《可能的模樣》（*What We May Be*）（倫敦：Turnstone Press，一九八二年出版；洛杉磯：Jeremy P. Tarcher，一九八二年出版），第四十五頁。

12 原註：伊恩・貝格（Ean Begg），《神話與現今意識》（*Myth and Today's Consciousness*），一九八四年由倫敦Coventure出版，第十六頁。

太陽象徵的是我們定義自己個體性及獨立自我的過程，同時也是那個部分的我們與參與整體生命的連結。藉由表達我們的獨特性與真實自我，我們得以參與更浩瀚的藍圖或計畫，這種藍圖會讓生命的完整性變得更加顯著。如同交響樂團裡的不同樂器，每一個人都有自己在整體生命協奏曲裡要演奏的部分。不過，我們首先得發展出強烈的「我」之意識，成就健康、誠實、功能正常的「自我」，然後才能成為「大我」的適當載具。

「天底下沒有比努力成為自己更致命的痛楚。」[13]我們先前討論過月亮與母親的關係，我們曉得新生兒陷在大母神之中，難以掙脫。現在講到太陽，我們已經準備好要脫離母親，或是在脫離母親、照顧者的狀況下，區分出我們是誰，以及我們的存在意義為何，進而自力更生，成為自己的主人。昨晚我們聊過月亮在母嬰早期關係中扮演的角色，也就是我們這輩子最重要的初戀。不過，差不多到了九個月大時，我們的戀愛對象就不僅限於母親，而是全世界了。我們開始到處爬，牙牙學語，我們發覺外頭有一整個世界可以探索、可以主宰。我將太陽視為催促我們脫離母親共生關係的驅動力，這樣才能追求成為獨立明確自我的慾望，成為私有的「我」。

太陽的象徵

現在我們會來探討太陽作為自我的象徵，以及作為父親的象徵，這個主題麗茲先前稍微提過。在深究之前，先花點時間看一下我整體出來的太陽詮釋原則（請見下頁表格二）。我很期待各位在解盤時，善用這些詮釋原則。說真的，如果你覺得解盤解到「卡住了」，彷彿這張盤看起來毫無生氣，我會建議先聚焦在太陽上，看一下太陽的星座、宮位、相位等配置，當作解盤的起點，算是一種解盤的路徑。光是分析太陽，就能知道一個人需要利用哪些資源、努力、整合，先掌握這些就能取得一定進展。之後可以進一步將星盤上其他與太陽有所互動的要素歸納出來，一起觀察。雖然我強調太陽很重要，但星盤上還有其他九顆行星，也會描繪出人類本質的其他面向。有些人也許太過認同太陽，以至於沒有好好整合月亮星座或其他星座。其他人則顯然很喜歡自己的月亮，但太陽星座依舊在背景運作，需要好好展現。不管怎麼說，如果你發現自己在解盤上遇到障礙，從太陽開始試試看。

咱們稍微聊一下這些詮釋原則，大概體驗一下該怎麼用。我曉得在座有人大概覺得這種練習很「入門」，但我相信回歸基礎相當重要。當下的心理占星研究如日中天，多數占星師對心理學知識都不陌生，甚至有深刻的研究，而且除了了解占星學之外，他們也修習諮商課程，或

13 原註：茱蒂・維斯特（Judith Viorst）在《必要的失落》（*Necessary Losses*）一書中引用葉夫根尼・維諾庫羅夫（Yevgeniy Vinokurov）的詩。

在不同的心理學思想學院受過訓練。因此（我必須坦言，我自己也是），這種占星師面對客戶時，也許會一頭就栽進對方的深層心理議題之中，也許是嬰兒時期的情結啦，或是早期生命中的重擔，而客戶始終沒有在心底放下的問題，這些東西都會反映在星盤中。只不過呢，直視太過深刻的問題就會讓心理占星師忽略或無視某些基本的要素，好比說太陽星座配置直截了當呈現出來的意義與重要性。因此，咱們用雙子座作為使用這些原則的例子。原則第一條說明，你的太陽星座就是你發展健康自我與個體需要採取的道路。如果想到雙子座，各位立刻能夠想到哪些特質與特徵？

表二　太陽詮釋原則

太陽的星座展現
(1) 太陽星座象徵了一個人培養健康自我與自性的必經之路。藉由發展太陽星座的正面、積極特質，當事人會覺得完整且充實。在生命中需要有一個場域讓我們能表達、讓太陽星座的特質發光發亮（也許是透過天職或召喚來展現）。
(2) 太陽星座象徵了必須（在意識上）努力實踐的追求，並非靠本能就能得到。 (3) 太陽星座也會影響阿尼姆斯—父親形象。

太陽的宮位展現

(1) 太陽宮位（以及獅子座起始點或包含獅子座所在的宮位）象徵了一個人需要以某種方式有所成就或與眾不同之處。這是一個人需要鶴立雞群、感覺特別的領域。透過與宮位有關的活動，可以打造出更清晰的自我意識、自我與認同（我們正是在這個生命領域與母親原型分離，進一步定義獨立自我）。

(2) 太陽的宮位也可能是生命充滿挑戰的領域。我們必須與龍戰鬥，因為這條龍會扯我們後腿或是阻礙太陽宮位相關經驗的發展。通常我們會覺得自己在該領域的表現可以更好。

(3) 阿尼姆斯或父親的議題可能會展現在太陽的宮位之中。

(4) 天生的天職或召喚，可以透過太陽的宮位觀察。

太陽的相位展現

(1) 與太陽產生相位的行星都象徵了一種能量或原型，與自性、自我、自我表達息息相關（可能是正面或負面的展現）。當事人必須找到具有建設性的方式來表達、容納這分能量（也許是透過與該行星有關的天職或召喚）。舉例來說，日海有相位的人就是要在個體化過程中沾染上海王星的色彩，也許要透過「海王星風格」的職業生涯來表達相位的能量，好比說工作與療癒、音樂或藝術有關。

(2) 太陽相位也許會透過生命裡的其他人展現出來（特別是對分相）。舉例來說，日土對分的人也許會看到其他人帶來的限制或阻礙。最終我們都得拿回且整合這些投射出去的特質。

(3) 與太陽形成相位的行星本質，對父親與阿尼姆斯的議題都會產生影響。

觀眾：溝通與資訊交換的能力。

霍華：的確，我們在乎自我表達，無論是言語的表達，或是透過其他各種媒介的表達。雙子座是風象星座，因此我們進入了思想與智識的國度，雙子座講究客觀與分析的能力，得以用不同角度觀看自身與他者，而不只是用情緒或本能來回應狀況。還有連結的需求，看看事物間如何影響、產生關聯，也要探索存在的各種面貌。在生命裡能有一塊天地讓我們發光發亮，讓我們表達太陽星座特質，這對自我成就來說必不可少。聽說某人選擇了有發揮空間、能夠讓太陽星座特質發展的工作或職業生涯時，我都會非常高興。幾年前，出版社來找我，請我根據太陽星座寫一本跟工作有關的書。這本書是想包裝成面向大眾市場的商業占星書。我一時發瘋，就拉著一位好朋友、好同事一起書寫，在英國，這本書叫做《太陽星座職業指南》。[14]這是我在太陽星座占星上做的最大嘗試，寫書我有點惶恐，有點擔心自己的名字出現在這種書上。一個人怎麼可以只用太陽星座評估自己的職業生涯？那十宮呢？六宮呢？其他對一個人專業、天職有明顯影響的要素呢？經過一番思索後，我比較沒有那麼擔憂了，因為我發覺一個人可以找到發揮太陽星座的工作也是一件好事。各位想想，實踐、活出太陽星座是自我發展不可或缺的過程，而大多數人又花很多時間在工作上。所以為什麼不試著尋找能夠讓我們發揮太陽星座特質或特長的工作呢？至少這是我找的藉口。當雙子座告訴我，他們是記者、在媒體業工作，或他們是計程車司機、列車駕駛員的時候，我都會很高興，因為這些工作能夠讓他們發揮所長。各位都明白，水星守護的雙子座很適合這些工作，符合溝通與資訊交換的需求，需要到處跑或在不同地點傳輸知識、人或貨物。能夠找到與內在原型組成相符的職業生涯是一種祝福。

咱們看看太陽星座詮釋原則的第二點：「太陽星座象徵了必須（在意識上）努力實踐的追求，並非靠本能就能得到」。要全面發展或表達太陽星座的本質，多數人都或多或少需要經過一番努力。雖然月亮的能量可能遭到壓制或否認，但月亮星座的能量對一個來說是比較本能的，全面展現太陽星座通常需要意識上的努力、決心與選擇。我覺得人的太陽議題沒有盡頭。如果你是牡羊座，你大概會一直覺得自己可以更果斷一點。如果是雙子座，你也許會覺得自己可以更聰明、溝通技巧還有更上一層樓的空間。第三點說明了太陽星座也會沾染阿姆瑪斯－父親形象的色彩。這部分我們會在晚點的講座裡細聊。

---

14 原註：羅柏・沃克（Robert Walker）、霍華・薩司波塔斯合著《太陽星座職業指南》（*The Sun Sign Career Guide*），美國版一九九一年由紐約Avon出版，英國版一九八九年由倫敦Arrow Book出版。

現在要講的是太陽的宮位。第一點說，與太陽所在宮位有關的生命層面是我們該主動參與的場域，這是我們必須以某種方式凸顯自己的地方，要鶴立雞群、覺得自己獨一無二的位置。如果太陽在五宮，你會透過創意來找到自己，這是很廣義的意思。你的自我實踐之路需要你創生某個東西出來，無論是小孩或實際地將靈感、點子幻化成實際的物體都算。投身進本命太陽宮位可以協助你找到真正的自己。我還記得替一位女性解盤的時候，她日火都在五宮的牡羊座。她找我解盤好幾年了。我們首度見面時，她文靜害羞，想到她的日火配置，我有點意外。不過呢，幾年後她生了第一個孩子，整個人變了好多。她來找我時，散發著力量與自信，她透過這個顯然跟五宮息息相關的活動，找到了她的能量與權威感。

第二點說的是，太陽宮位是生命必須努力的領域。這點跟我說發展、精進太陽星座特質類似。如果你出生時太陽在七宮，你也許會逐漸精熟、擅長關係的領域，只是，你也會覺得在這個範疇裡，你還有更多要學、要發展。如果太陽在十一宮，你可以追求在團體裡成為重要勢力，但你也會覺得，你在這個領域裡可以做得更好、達到更多成就。無論我們的成就有多了不起，太陽總會想要發出更加耀眼的光芒。第三點講到的是太陽宮位與父親、阿尼姆斯有關的議題（這部分我們之後會深度挖掘）。最後，第四點則是在說，太陽宮位可以讓我們一窺符合本質的職業或召喚。如果一個人出生時的太陽在九宮，這個人發光發熱的生命領域可能在哪裡？

觀眾：也許這個人天生是當老師的料，或是旅行社代辦員。

霍華：對，這些職業都與九宮的意義有所共鳴。每個宮位都有不同的層面與維度，就我先前提過的各種理由，找到符合這些意涵的工作非常合理。當然啦，一個人在生命的過程中，難免偶爾會想在不同層次中轉換或更動，也許是與太陽的行運或推運影響同步。如果你的太陽在十二宮，在機構裡工作可以加強你的認同與自我，好比說當護士啦，博物館策展人或是獄卒，對，就是這麼簡單。當然啦，太陽在十二宮多少可以說是有點奇怪或有衝突的位置。十二宮講究的是與比你更浩瀚的存在融合，或是，為了其他人或你所在的群體，犧牲自己的需求與慾望，只不過，太陽的領域說明了我們本該發展自身權威、特殊性、個人性之所在，是我們本該閃耀、引人注目之處。因此，某些太陽在十二宮的人需要藉由犧牲自己才能找到自我，這是非比尋常的任務。不過，必須惦記的是，你必須先建立出自我，才能放下自我。因此，你必須先鍛造出自我認同與自性，然後做好準備，在某些情況下放下自我。如果你的太陽在這個宮位，我會說，這也許就是你這輩子最主要的課程、任務或存在目的。

詮釋原則的最後是在談太陽的相位。第一點提醒我們，跟太陽產生相位的行星象徵了與個體性發展緊密連結的能量或原型。與太陽有相位的行星是你在尋找獨特自我道路上會遇到的同行旅人。看到某顆行星與太陽產生相位時，我會想像太陽在自我化、自我實踐之路上，與這顆行星攜手前行。如果你有日木相位，你的自我定義裡必須考量木星的需求。如果你有日土相位，你的自我認同構成裡就必須包括土星。如果你出生時的太陽與海王星有相位，你就得想辦法將至少一種海王星特質融入你的自我、自我表達之中，可以是音樂、藝術、療癒，甚至連航海旅行都可以整合進你的自我構成之中。

太陽相位除了能夠透露與自我有關的特質外，也能看出適合的工作或職業。日海合相的人可以透過藝術或其他與海王星有關的呼喚找到自我。日海有對話的人會受到表演工作的吸引。我當下就能想到克林·伊斯威特[15]跟洛克·哈德森[16]，他們都有日海四分，他們海王星的發展與自我實踐以電影的形式呈現出來。雖然是強硬相位，但他們還是相當成功，只不過可以觀察到洛克·哈德森的日海四分在他電影形象與私生活之間的矛盾。不管怎麼說，我都樂見每個人以具有建設性的方式，將與太陽有相位的行星能量特質整合進工作、生活或自我之中。各位也知道，日海相位中很容易出現酒精與藥物的成癮問題。顯然這不是最理想的海王星自我實踐之道，只不過，也許某些人的個體化旅程就是需要走上那條路，過程中的確會有自毀的風險。每每看到日海相位人深陷成癮泥沼，卻還能爬出重生時，我都相當佩服，經歷了成癮與康復的困難與挑戰，他們似乎得到某種力量、智慧或知識。

太陽相位也暗示了一個人自我發展的步調、節奏或性質。拿日土相位舉例好了，當事人可能許多時間都在五里霧中，不確定自己真正的自我為何。日木和諧相位會讓人對表達自我躍躍欲試，充滿熱情，但也可能會自我膨脹。日土人通常需要多花一點時間前往目的地，過程中可能也要經過一番努力。相位詮釋指南的第二點跟投射有關，一個人只要否認或否定與太陽有相位的行星，這股能量就會透過其他人回來找你。我想舉日土對分的例子，你可能會認為其他人都在限制你、阻礙你，其實擋路的是你自己靈魂的其中一個面向，你只是將這股能量投射在其他人身上而已。內心有東西在拖累你，但你否認它的存在，因此才會感覺壓力來自外界。成就完整自我的過程需要你將這種投射出去的能量拿回來。第三點則是在探討太陽相位行星與父親或阿尼姆斯形象的關係。

我曉得各位現在心底會有的疑問：如果不只一顆行星與太陽產生相位怎麼辦？在這種狀況下，相位組合也許會很有意思，好比說，日木合相，土星卻四分這組合相。因此，木星扯著太

15 譯註：克林・伊斯威特（Clint Eastwood），美國演員、導演、製片、作曲家與政治人物。六〇年代出演《鏢客三部曲》（*Dollars Trilogy*）而聲名大噪。曾兩度入圍奧斯卡最佳男主角，以導演身分獲得奧斯卡最佳導演獎，受頒法國的藝術及文學勳章、法國榮譽軍團勳章，且在二〇〇〇年榮獲義大利威尼斯影展金獅獎的終身成就獎。

16 譯註：洛克・哈德森（Rock Hudson），美國演員，曾入圍奧斯卡最佳男主角，是好萊塢黃金時代的代表人物，從影時間超過三十年，最終因愛滋相關疾病而不得不離開大眾的視野。私生活相當低調，但一直有關於他是同性戀的傳聞。

陽的一隻手臂，土星扯著另一條胳膊，木土兩顆行星朝不同方向拉扯，或以非常不同的方式影響著當事人。任務就是要將木星與土星所象徵的原則統統整合進你的自我定義之中。木星的擴張性會被土星的質疑、不安、限制反擊，其中會造成不小的心理張力，只不過還是有辦法平衡，讓它們合作，而不是互相攻擊。舉例舉得這麼概略，我在此道歉，但我的本意是要審視詮釋原則，簡單解釋該怎麼使用而已。

先前有人問到日月相位，我答應要講，所以在討論太陽與父親、自我形成之前，我們先聊聊這個。我深信表達與「活出」太陽是自我實踐裡最重要的事情，但我們也不能為此不顧月亮的星座與配置。我們必須成為太陽，卻也要認同內心的月亮。當我們從母體中脫離，開始成就自我意識，這不意味著我必須要完全拋棄月亮所象徵的一切。我們不該否定從母親或照顧者身上傳承而來之物。我們不該否定過去。我要說的是「**區分**」（differentiation）與「**解離**」（dissociation）的不同。我們必須擴展自我，卻也要包含先前存在的一切，而不是一刀兩段。從歷史與神話的角度而言，當人性從大自然、大母神的混沌狀態中形成時，人就變得更「太陽」了，也就是更加意識到自己與其他已存事物間是獨立完整的個體。這個過程允許心智、理性與智識的發展，因此造就了人類文明無與倫比的先進科技，且在很大程度上掌控了大自然。不過，我們似乎做得太過分了，我們變得過度理性、講求科技，而犧牲了心靈與本能。換句話說，我們與神話裡的大自然母親解離了，不只是與她區分開來而已。[17]「與過往解離」意味著否定其存在過，或否定它是我們的一部分。「區分」則意味著我們還是能夠認清且容納這個部分，就算我們已經跨越、放下了也一樣。同樣的原理可以應用在星盤的日月關係上。月亮展現出來的是你在任何狀況或環境下的本能行為或反應，但我說過了，很多人都與這種本能脫節。另一方面，太陽與自我的決心、意志力比較有關，也就是做出某種行為的能力，而不僅僅只是用月亮的本能行事。如果一個人的本命日月形成困難相位，各位可以想見這個人的生活會有多麼複雜。

咱們舉一個很簡單的例子，日水瓶四分月天蠍。如果是月天蠍，一般會有哪種本能反應？

觀眾：這個人對多數情況大概會有強烈的情緒反應。

霍華：沒錯，大概有情緒化的本能反應。不過，如果月天蠍四分日水瓶，當事人還有成長的功課要做。如果當事人太陽在水瓶座，各位覺得這個人要建設、發展的是什麼？

觀眾：水瓶座是風象星座，這意味著當事人必須更客觀，可以拉開距離，從更宏觀的視角觀察

---

17 原註：肯恩・威爾伯（Ken Wilber），《出伊甸園：超個人觀點看人類演化》（*Up From Eden: A Transpersonal View of Human Evolution*），英國版一九八三年由倫敦 Routledge & Kegan Paul 出版，第一百八十七頁，美國版一九八一年由波士頓Shambhala Publications出版。

事物，而不是直接用情緒回應。

霍華：的確，靈魂會經歷掙扎或內在的天人交戰。這輩子要理解且發展水瓶座的特質，這樣才能成就完整的自我，只不過內在回應卻很「天蠍座」。所以我會這樣建議當事人：「認可、接受、允許自己有這種強烈的情緒感受相當重要，不要一味否認或譴責這些情緒，但從成長與個人化的角度來說，也要從這個基礎上開始成長。日水瓶需要培養以更抽離、客觀角度看待事物的能力。」話雖如此，但我必須坦言，我遇過某些日水瓶四分月天蠍的人，面對人生的反應都非常冷靜、客觀、抽離，我的結論是他們連結了日水瓶，卻否定了月天蠍的那一面。因此我的建議也會有所不同：「我很高興看到你的日水瓶特質運作順暢，但我擔心你沒有注意到自己有多情緒化、愛記仇，有多『天蠍座』。你有沒有注意到自己天蠍座這一面的特質，還是你只是否定那一部分的自己，只成就理性、客觀、公正的那一面？」貶低自己的任何一個面向都不健康，特別是月亮，畢竟月亮與健康、關係、情緒健康息息相關。

為了討論，咱們來假設顛倒過來的狀況，這個人出生時太陽在天蠍座，月亮在水瓶座。這是截然不同的故事。月水瓶當事人會有何種心理反應？又會如何表現？

觀眾：這個人也許會用水瓶座的方式表達，比水象星座的人更客觀、更理性。

霍華：對，理性思維或智識會過濾情感，這是月水瓶很自然的反應。各位有沒有注意過，要理解月水瓶真正的情緒其實不太容易？他們會戴上一個輕鬆、冷靜的面具，有點像克林·伊斯威特在多部電影裡的形象。許多男性為了要呈現出沉著、堅定的一面，不惜做出重大犧牲。不過，要是這個人的本命太陽位在天蠍座呢？我明白意味著成長與意識的提升必然會伴隨一個人暴露且認可自己的天蠍座天性，也就是情緒更加彰顯或更情緒化，只是許多日天蠍會拼命掩飾或壓抑這種特質。我還是要補充一下，這不意味著他們就該暴走，因為日天蠍也要求當事人學習管理，或該說控制、引導強烈的情緒，而不是單純的壓抑。儘管如此，當事人的成長與自我構成需要跨越只推崇理性與客觀的境地，讓自性裡象徵水象太陽特質的情緒面向更有發揮的空間。

所以各位可以觀察到，太陽月亮之間呈現四分、對分、一百五十度、一百三十五度，甚至是三十度，當事人靈魂中的存在原型或風格都會有所抵觸。相較日月處在較為相容的星座，上述這些角度都會讓當事人呈現出較具張力與躁動的性格。可以說這是情緒或本能與意志力的衝突，與直覺的本性、反應模式相對的則是一個人必須有意識發展的特質，這些特質是為了要實踐太陽星座象徵的個體化過程。

觀眾：可以說說日牡羊與月天秤對分的狀況嗎？

霍華：可以，狀況應該顯而易見。整體來說，月天秤具有講究妥協、和諧、平衡的自然傾向，但我不會說所有的月天秤都是甜美迷人的調停人。不過，如果日牡羊對分月天秤，這種人要學的其實是就算會引發關係的斷裂或冒犯其他人，為了自己、想要的目標及信念挺身而出是沒問題的。換個組合來思考，日天秤對分月牡羊。多數月牡羊都會維護自己的需求與感受，但如果太陽位在天秤座，也許他們在追尋自己的渴望、信念、慾望時，更有能力依據身邊其他人的狀況尋求平衡與妥協。日月呈現三十度及一百五十度是格外有意思與挑戰性的相位，因為這種配置會要求當事人考量或容納天性完全不同的兩種原型風格，如果是太陽月亮這種重要行星之間產生這種角度，強調的就是兩個星座之間完全不相容的元素與性質，四分、對分上就不會有這種狀況。日牡羊的需求與月金牛截然不同，月射手的衝動可能會讓日金牛不太自在。

日月之間精確的三分相、六分相（我用「精確」一詞，強調不是分離相位）在一個人的意志與情感上來說是有益的，因為兩者具有和諧的能量，因此在本能的月亮反應及太陽自決的意識與選擇上，比較沒有嚴重的矛盾或需要調和的地方。日巨蟹、月雙魚的人，天生的內在反應模式本來就會比較符合太陽的呼喚。假設如此，那生命會稍微平順一點，因為這個人內心的衝突沒有那麼多，結果就是，當事人不會遇到那麼多外在的對抗或挑戰，因為外在世界的挑戰其實只是將一個人內心的衝突或不安反射給你罷了。這樣明白了嗎？當然啦，你大可爭論一分耕耘一分收穫，換句話說，沒有日月困難組合的壓力與張力，當事人也許不見得能夠達成內在掙扎帶來的正向轉變。

我看到有好幾個人舉手。別問了，我很清楚其中會有人問：「日月同星座又會有什麼樣的表現？」對吧，我看到有人點頭。每次都會有人問這種問題。我要把這個問題刻在我的墓碑上，順便加上「空宮的意涵」，但這其實是很荒謬的問題，因為各位都很清楚，宮位絕對不會是空的，每個宮位都會有一個星座，也要考量守護該宮位的行星。不過，這是個可以再開一次講座的主題，所以今天就別問了。任何的合相（或該說，任何相位或配置）單獨說起來都有點費解，必須考量它們與星盤中其他要件的關係。日月合相四分冥王星、對分土星，就與日月合相三分木星帶來的感受很不一樣。此刻我們可以這樣拆解。每一個星座具有不同層次或維度的表達方式，就像和弦裡的音符。一種原型好比是百貨公司的電梯（或手扶梯），這層樓是女性服飾，另一層則是男鞋，如果口袋有錢又肚子餓了，你大可前往頂樓的餐廳。

舉例來說，一個人日月都在金牛座，假設真的形成合相好了，但光是這兩顆行星處在同一個星座就有很多可以討論了。金牛座這個星座有很多不同的面向。的確，某些常見的原型引線串連起這些面向，但彼此之間的層次還是相當不同。月金牛大概意味著，這個星座的某些維度對當事人來說是很本能的，但日金牛則暗示了該星座的其他維度需藉由專注在太陽的自我建構、自我構成過程中學習。當事人天生曉得如何在生命中創造結構與安全感（月金牛），但太陽同在這個星座，意味著金星守護的金牛座講究五感、創意、美感，這些面向需要進一步的發展。或著，咱們說這個人日月都在處女座。月亮可以象徵這個人天生具有批判與分析的能力，這種特質與生俱來。不過，如果太陽也在處女座，當事人這輩子就必須聚焦在處女座的其他面向上。處女座是工匠與專家的星座，因此當事人對某件事也許需要非常努力，在所選領域中成為技巧高超的佼佼者，這樣才能打造出健康的自我、強大的「我」，或是才能感覺到個體的實踐與圓滿。好，日月相位聊得差不多了，至少我們把昨晚沒講完的一些話題解釋清楚了。

父親角色的轉變

截至目前為止的大致內容都是開場白，接下來要迎接的是深度剖析太陽作為自我構成象徵與過程中父親扮演的角色。咱們直接切入正題吧。一開始，我想引用幾句《奧德賽》第十六卷的內容：

> 我是你少時缺席的父親，你因此痛苦。我就是他。
> 因父親出現而如此驚奇，實在有違王子的表現。
> 不會有另一個奧德修斯出現，因爲我就是他。18

我覺得這段話很動人。鐵拉馬庫斯成長過程中，奧德修斯都外出冒險、接受試煉。奧德修斯回來時，鐵拉馬庫斯不認得這位失去已久的父親。這時奧德修斯就說：「我是你少時缺席的父親，你因此痛苦。我就是他。」我想說的是其實很多人都不是非常理解自己的父親，對許多兒子女兒而言，過去與現在的父親多少都帶有一種神祕、未知的氣質，大概也令人生畏。各位對令尊的了解有多深？約莫一年前，我在準備父子主題的新講座內容。我在子宮、母親議題上鑽研了很多年，覺得是時候來聊聊父子關係了，我想選擇聚焦在兒子與父親身上，過程中我也認識了父女關係。不過，請容我先從父子關係開始，之後再談父女關係。

根據不同研究指出，二十至五十五歲在北美或英國（我懷疑其他歐洲國家也是用這個統計數據）的成年男性，在成長過程中，父親的角色大概不會太明顯，也很少公開以健康、正面的方式展現堅強與果斷的一面，或情感與滋養的面向。[19]我替父子關係課程準備資料時，我與許多男性討論他們的父親，也藉機重新梳理我與家父的關係。如我先前所言，凸顯出來的卻是父親這個人物的神祕性，以及父子關係整體看似相當複雜。多數男性（許多女性也是）會用英雄、

18 原註：荷馬（Homer），《奧德賽》（*The Odyssey*），羅伯·費茲傑羅（Robert Fitzgerald）譯，一九六三年由紐約 Anchor 出版，第兩百九十五到兩百九十六頁。

19 原註：見安德魯·莫頓（Andrew Merton），〈父愛飢渴〉（Father Hunger），收錄在《新世紀》期刊（*New Age journal*），九月／十月號，一九八六年出版，第二十四頁。

聖人、罪人、惡人或其他角色來形容父親，卻沒有多少人理解父親的內心世界，也就是父親這個人到底在想什麼、有何感受。[20]對多數人來說，父親依舊成謎。

現在狀況開始變得不同。佛洛伊德與他那一派的學者有各種文獻，說明母親對孩子的發展有難以否認的重要性，但一直要到近幾年，才找得到父子關係，或父親在兒子及女兒發展、成人階段重要性的研究。我們可以說，父親是遭到遺忘的家長。只不過呢，最近（至少在英美），父親的存在感增加了，比較能夠觀察得到了。整體而言，此刻的我們正在經歷新時代男人的逐步登場，七〇年代的男人、八〇年代的男人、九〇年代的男人，這種男人不會因為其他人覺得他心思細膩、敏感纖細而不好意思，他不會害怕展現情緒，想要養育自己的孩子，扮演起更加積極、連結的角色。這種樣貌與一九五〇年代的父親／家長刻板印象大相徑庭，那時的男人只剩下養家糊口、陽剛父親的形象。他們投射出守護家庭、維持生計的形象，但他們不該公開表達情緒，不能哭，不能跟母親一樣，滋養且與孩子產生同樣的連結。

男人與父親的角色轉變背後有明確的社會學成因。說來也巧，這一切與過去幾十年間，迅速發展的女性運動有關。女性改變也成長，更能替自己挺身而出、公開發言，拒絕男人、社會幾百年來，加諸在她們身上的刻板印象與投射。男人長年將自身未竟、未好好發展的面向投射到女性身上，認為女性才是負責滋養、表達感受的人。現在，女性逐漸反抗起這些角色所帶來的標籤。女性也許能夠善於滋養與照顧，但她現在會要求更多時間與空間，這樣才能探索且實踐她本性中的其他面向。男性因此被迫往內探尋過去幾年間投射在女性身上的重擔。在任何體系之中，只要其中一個要件改變，如果這個體制想要繼續運轉下去，其他的要件也得跟著改變。雖然我住在英國，這個話題引來的風潮沒有美國運作得那麼快（但你們都聽過這句話，「美國打噴嚏，英國最終也會感冒」但我在七○年代中期、八○年代間很常跑美國。我是在美國看電視的時候首度發覺家庭裡已經開始有社會學上的轉變，舉例來說，爽身粉的廣告裡，替寶寶換尿布的人是父親。許多父親選擇見證孩子的出生，現在也會看到父親帶著孩子上街，母親完全沒有出現。

各位不用去遠方尋找男性養育孩子的新形象，也不用太糾結去找這新形象背後的占星因素。此刻，一堆行星擠在摩羯座上，這個星座傳統上與父親息息相關。海王星從一九八四年就進入摩羯，會一直待到一九九八年。各位大概可以說，海王星會消融摩羯座的稜角，軟化這個星座的僵硬與陽剛，讓摩羯座原則（也包含父親）變得更柔軟、更有同理心。天王星在一九八八年加入，一直會待到一九九六年一月中，暗示了摩羯座既存結構會遇到新形象、新想法的挑戰。到了一九八八年，土星也會加入，會一直在摩羯座待到一九九一年二月。這彷彿是

20 原註：山謬·歐夏森（Samuel Osherson），《尋找我們的父親》（*Finding Our Fathers*），一九八六年由紐約Fawcett出版。第二十頁。

土星在說，是時候具體化海王星、天王星運動鼓吹的那些新好父親形象了。

在占星上要進一步觀察父親角色的轉變可以觀察獅子座，這是另一個與英雄父親原型有關的星座。獅子座與摩羯座都象徵了男性家長，如果這兩個星座在一個人的星盤裡特別彰顯，我肯定會特別重視當事人的父親議題，就跟看到客戶巨蟹座有七顆行星，我肯定會著重思考母親議題一樣。此刻，出生時冥王星在獅子座的世代差不多都要進入中年了，是時候自我檢視、重新評價自己的生命了。光是出生盤上有冥獅子就暗示了與父親的情結。冥王星現在已經進入天蠍座，各位曉得這代表什麼意涵——冥獅子遲早都會經歷行運冥王星與本命冥王星四分。冥冥四分會將你深埋的東西挖出來、讓狀況惡化，沒有解決的情結會在此時曝光，這些情結一直在偷偷運作，影響生活中的大小決策，也讓你所吸引來的關係問題重重，我知道很多跟我同輩的人都開始發覺此刻才意識到的父親議題與對父親的感情。有很多書開始討論起身為人父這個主題，似乎也有很多父親與孩子的電影出現。我們馬上就會探究太陽作為父親的象徵，也象徵你跟父親是怎麼交流的，只不過呢，此刻我想繼續從純粹心理學或社會學的角度看待父親。

八〇年代早期，哈佛大學精神分析師詹姆斯·赫佐格（James Herzog）率先使用「**父愛飢渴**」（father hunger）來描述孩童因為分離、離婚、死亡而在心理上遭遇失去父親的狀態。[21] 較為近代的研究則重新評估且擴展這個詞的定義，加上了父親雖然還在孩子身邊，卻在心理上疏遠或匱乏的狀況。我會說父愛飢渴是一種潛意識的渴望，渴望得到失落的理想父親，渴望這位得不到的父親，渴望這位孩子迫切需要，卻又不存在的父親。赫佐格發現孩子（兒子特別容易受到影響，但也可能發生在女兒身上）之後會在生活的四個基本領域有所障礙。首先是在照顧的層面上，因為孩子沒有得到良好的照顧，因此也不會照顧其他人。如果經歷過缺乏父親的狀態，當事人有一天要成人家長時，就會發現自己很難扮演好父親或家長的角色。赫佐格察覺缺乏父愛會帶來的第二個問題在於，當事人成年後，無論男女，都會有無法親近或與他人發展親密關係的問題。父親是陽性原則的第一個模範，也就是男人該有的模樣。若他疏離又遙遠，兒子會假設男人就該如此，女兒大概會認為男人就是這模樣。背負這麼多形象影響了我們這輩子遇到的人事物，更別說我們該如何回應、解讀其他人的行為。我相信人本心理學家珍・休士頓（Jean Houston）說過，生命有辦法迎合我們的期待。

第三，赫佐格指出，缺少恰當的父愛會引發暴力與表態的問題。有趣的是，監獄囚犯的生活早期通常都是父親缺席，或是受到父親傷害的。如果你是一個愛惹事或帶有敵意的孩子，父親會教育你限度為何，這點對你是有幫助的。母親也能達成同樣效果，但三角關係可以啟動關於邊界與表態的重要問題（好比說伊底帕斯情結），況且，透過面對這些衝突，我們才有機會

21　原註：見莫頓〈父愛飢渴〉，第二十四頁。

學習寶貴的教訓。如果你不夠堅定，稱職的父親會示範更加直率與勇敢的榜樣。赫佐格的第四點回到我先前討論的內容——少了父親的孩子通常在成就、對世界的掌控上會有困難。順帶一提，也許孩子身邊會有並非生父的人，但這個人在先前提到的議題上代替起父親的角色。

我覺得很棒的是，現在有越來越多男性主動承擔起父親的角色。不過，如果先前所言，要給出你不曾擁有過的東西相當困難。如果在一個人記憶裡沒有對於父親的正面形象，那這個人想要成為適任的父親就會有點挑戰。不僅如此，當一位父親試圖滋養、照顧自己無助的新生兒時，他自己孩提時代的痛苦感受會重新甦醒，到此刻之前，這些感受是深埋的痛楚、憤怒與挫折感。這種復發的情緒很容易影響一位父親成為稱職家長的慾望。因此，為了讓這位「新好男人」實踐他參與滋養過程的渴望，他也許必須先進行一些心裡大掃除，特別是要對他與自己父親之間的未竟之業做做功課。母子的基本原理也是這樣，當然，還有母女關係。

一個人與父親的互動及自我構成之間存在確切的關聯。這種關係可以簡單歸納成一張圖表（請見圖五），這是我昨晚談母親那張圖表的的延伸。一開始，你的自我與母親融合，也就是圓A的部分，這時你的初期的自我或該說「我」還在她其中。差不多六個月大時的發展任務是從圓A裡解放自我（也稱為一個人成為獨立自我的感覺），這樣你才能從媽媽之中區別出來。理所當然，過程中充滿矛盾與分離焦慮，因為一部分的你更喜歡待在那種沒有開始也沒有結束的一體狀態裡，與她融為一體。然而，想要成就獨立個體的衝動巨大也自然，我想強調的重點

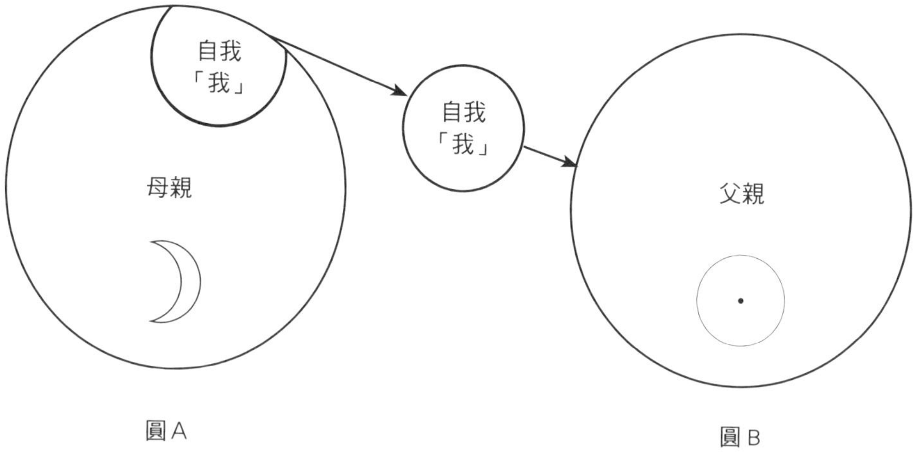

圖五　父親作為有吸引力的外人，在脫離母親的過程中，
我們可以朝著他的方向移動。

是，若有父親朝著你可以移動的方向前進（圓B），其實可以促進個體化的過程，也就是有另一個家長可以互動。我們大可說，父親的基本角色是一個有吸引力的外人，可以協助孩子打破與母親之間的邊界融合或共生關係。[22]父親的重要在於「他者性」。至少傳統上是這麼看的。顯然每個家庭狀況多少都有所差異，連約定俗成的核心家族組成也會有各種變體。話雖如此，我們現在講的是很概括的東西。好，如果母親代表的是親密感、融合與安全感（也就是已知的狀況），那父親象徵的就是母親之外的東西，他能協助我們發展出自我的感覺，這種自我並不是牢牢與母親綁在一起，從這個角度來說，父親象徵的是靈魂、自我意識、冒險與成長。再次重申，父親在協助一個人與母親分離、成為獨立客體時，扮演重要的角色。無論對兒子、女兒都一樣。

基本的占星學概念相當明確，圓A象徵月亮與母親，圓B則是太陽，象徵父親，但也是定義自我的過程。當我們準備好要打破與母親的一體連結時，我們就會受到父親吸引，這也是我們首度從她身上，建立出「我」的時刻。因此，在我們朝父親移動時所遇到的一切，都會大大影響我們的自我認同。所以，完全可以理解占星傳統上將太陽與父親以及一個人追求獨立的過程連結在一起。我想藉由一個小小的練習讓各位體驗一下。

放鬆，深呼吸幾回，清理思緒。

現在花幾分鐘反思或想像，你朝著父親移動的感覺怎麼樣。

想像一下。

父親在那一端嗎？

他的魅力足以吸引你、鼓勵你與母親分離嗎？

他比母親好，還是比母親糟？

想像與他互動、與他親近的時候，你想到什麼？有什麼感覺？

太陽相位的表現

本命太陽的相位象徵了一個人透過父親會碰到的一切，而因為父親與自我構成有所連結，太陽的本命相位因此也與跟母親脫離的「我」息息相關。我們可以舉幾個簡單的例子來說明這種概念。如果一個人出生時的太陽與木星形成三分相會有什麼表現？當然啦，這個人的太陽可能還有其他相位，但我只是想先聊聊基本又直接的設定。想像你處在嬰孩階段，你的發展任務

22 原註：亞瑟·柯爾曼（Arthur Colman）、莉比·柯爾曼（Libby Colman），《父親：神話與角色轉變》（*The Father: Mythology and Changing Roles*），一九八八年由伊利諾州 Wilmette 出版，第七十八頁。

是要將自我從母親身上脫離出來。也就是說，你是要離開月亮，朝太陽前進。因此，如果你日木三分，朝父親前進的感覺會是怎樣？

觀眾：應該感覺很豁達。

霍華：的確，你會感覺受到歡迎，因為木星相位替太陽帶來了正面的形象，你會覺得：「天啊，脫離母親感覺沒那麼糟嘛。這裡挺有意思的。父親很好玩，跟他在一起可以探索、可以感受。」因此，當你在自我開始塑形時，透過父親，邂逅了木星，你的自我就會沾染上冒險、活潑、豁達的色彩。這種經驗會持續作用在表達自我的強烈慾望上，對生命充滿喜悅、熱情，有滋有味。的確，當狀況惡化時，你大概會趕緊跑回母親身邊，或是經常回頭看看她是否還在。不過，骰子已經擲出，你已經體驗過在母親膝下以外的世界有多好玩，這樣你就回不去了。好，為了討論，假設一個人出生時日土四分。想像你脫離母親，朝父親的方向前進，你會遇到土星的四分相。這樣對你而言，冒險離開母親、朝世界前進會帶來何種感受？

觀眾：會遇到困難與障礙。

霍華：沒錯，可能會有點像撞牆的感覺。你正在獨立自我形成的道路上，結果你透過父親遇見了土星，這位父親也許疏遠、冷漠、帶有距離感，也許因為工作，長時間不在身邊，或是出現時總是嚴格、很有威嚴、會品頭論足、想要控制一切，還會處罰孩子。所以你會這麼想：「這樣不好玩，這裡不歡迎我，無法帶來慰藉，我最好還是回頭找媽媽。」結果就是，自我的發展變得遲緩，你不確定該怎麼自立，你的自我從一開始就有了缺陷，在你往後試圖形成自我、表達個體性時，這種早年的不安全感及實際的自我懷疑（對成就自我這件事有所懷疑）就會苦苦糾纏、提出挑戰。土星只能讓當事人期待自己最後撐得下去，但需要時間及努力，因為相較於日木相位，日土相位感覺不安，也不愉快。

觀眾：如果一個人出生時，月亮都是強硬相位，太陽都是較為柔和的相位呢？

霍華：好問題。也許從一開始，當事人就覺得母親不夠安全，不是穩定的容器，沒有辦法提供所需。結果就是，孩子從一開始就比較喜歡父親，父親會吸引孩子靠近，接近父親、接受父親的擁抱感覺會比親近母親還要好。因此，在這種狀況下，父親成了母親。我不確定這樣對分離與個體化會造成何種影響，我只能說，就心理健康與完整的角度而言，當事人遲早必須處理與母親失敗連結所帶來的傷害。不過，另一種孩子讓我更為難過，那就是無法在父親或母親身上得到任何安全感或滋養的孩子，也許星盤的日月都會有強硬相位，或是太陽、月亮與火星、土星、凱龍或其他外行星產生緊密的T形三角（這樣的組合也暗示了父母關係之間的嚴重問題）。想像一下，從「壞」母親身邊離開，朝著父親邁進，結果卻在他身上也經歷到傷痛與拒絕。這種父母關係無法對孩子往後人生的連結能力造就良好的影響，顯然沒有辦法讓孩子形塑出健全自尊的「我」。一個人必須對自性下過心理上、療癒上、靈性上的修行，才能達到肉體與自身存在皆自得的狀態。我遇過不少成功也相當快樂的成年人，他們的太陽、月亮就有這些相位，但他們還是想辦法接受，且從這些早期的傷痛中學習，我知道有些人還沒踏上這段旅程（可能是關在某種機構之中，或該關進去，其他人則在人世間遊蕩，過得並不順遂）。我同情他們每一個人，也許除了拿著刀子、跑來我家，因為他父母在他小時候做過什麼事情的那種人以外。就算如此，如果我在攻擊事件中僥倖保住小命，還能打開這個人的星盤，我大概也會理解他為什麼要攻擊我。占星能夠教我們接納與忍耐。你怎麼能批判一個出生時就帶有如此強硬相位的人？相信輪迴的人會認為這種狀況可以追溯到業力或過去世，更有人相信是深層的高我選擇了這種星盤，因為你這次需要為了這些功課，得到某些成長。咱們從太陽作為父親與自我構成層面，來聊其他的出生盤相位。如果一個人日火有相位，代表什麼？

觀眾：父親顯然孔武有力、自信武斷，或能鼓舞人心，而這些特質在孩子成為獨立個體時，會形塑你的自我意識。

霍華：說得很好，也就是說，當這個人在建立自我認同的時候，在父親身上認識到了正面的火星形象，這種形象可以協助你具備力量與動能。不過，如果是日火四分呢？特別是處在開創或固定星座的時候？

觀眾：孩子也許會覺得父親太粗暴、太暴力，或是很容易遇到意志上的衝突。

霍華：沒有錯，父親也許看起來冷淡、憤怒、暴力、讓人不安，也許某種程度上，在性事方面不太檢點。這樣對兒子會產生何種影響？

觀眾：他長大後也會有暴力相關的問題。

霍華：對，咱們來深究一下。還記得吧？父親很可能是孩子第一個陽性的榜樣。男孩持續經歷父親暴力與攻擊行為，就很容易認為這些特質就是成為男人的條件。遇到這種父親的女兒大概會認為男人就是惡霸，各位可以想像這樣會帶來怎麼樣的後續人生。有意思的是，我見過日火產生相位的當事人，無論男女，都相當膽怯、溫和、容易擺佈，也許嘗試強壓下憤怒，展現出來的樣子一點也不咄咄逼人。彷彿是他們體驗過施虐的暴君父親，決定：「我這輩子絕對不能變成那樣。」問題在於，當一個人因為只有見識過負面的火星表達方式，進而強力束縛住火星時，當事人其實也喪失了火星能夠提供的正面能量，好比說，透過確立自己的意志來穩固自我的力量，以及在世界上追求心之所向的能力。這就好像不分青紅皂白，優點缺點都屏棄一樣。

父親是阿尼姆斯的榜樣，我們可以擁抱這種榜樣，或拒絕他們。我們可以將他視為英雄或反派。無論如何，每個人都會看到父親的能量，因為無論你是否喜歡，父親都具體化展演出了你的內在。我相信個人星盤上的星座、宮位、相位配置能夠展現出當事人天生的原型傾向，以及當事人出生時（無論因為何種原因）帶來的形象與期待，這些與日月水金火有關的存在面向因素影響了你所經歷的一切。所以如果你帶有日火四分這種象徵負面形象的阿尼姆斯，無論父親是否真的符合這種形象，你都會將內心的某些特質投射在他身上。實際的父親也許不見得那麼陽剛，但你會傾向注意或觀察到他陽剛的行為，或是你們之間的行為或化學變化容易啟動他負面的火星能量。話又說回來，他也許真的是那樣，符合你內在的形象。各位可以在我的《占星十二宮位研究》[23]及《人格的發展歷程》[24]的「孩童階段」章節讀到其他關於這些基本前提的心理占星內容。

我們繼續聊聊其他太陽相位。日冥強硬相位在父親對一個人的自我構成上會有何種影響？

觀眾：他可能會感到危險及威脅？

霍華：的確很可能以這種方式呈現。日冥困難相位可能會引發與父親之間一連串棘手的議題。首先，冥王星是地府之神，各位都知道，就心理學研究而言，冥府也與潛意識息息相關。因此你不能只看父親的表面，無論他對外說了什麼、做了什麼，外表看起來是什麼模樣，你都會敏感地察覺他有所隱瞞。往後的發展仰賴父親潛意識中持續發酵的感受或驅動力。也許他外表看來幸福滿足，但私底下卻很憂鬱。孩子察覺得到這種憂鬱，不是只看表面的狀況。如果他對孩子展現出慈愛的一面，私底下卻對某些問題或婚姻狀況感到不滿或暴躁呢？孩子會察覺到他具有毀滅性或威脅性的感覺，不見得一定是在意識層面或心理層面的表現，而是一種攻擊孩子的暗流，或是孩子接近時，內在會感受到的不安。就跟某些動物一樣，孩子具備敏銳的嗅覺，可以捕捉到看不見或不明顯的「氣味」。父女之間很容易蕩漾出性的暗示，雙方都會感到內疚、陰暗或過意不去。各位開始理解了嗎？請記住，這一切的感受可能於一個人開始定義自我的時候發生，因此，當事人若在過程中遇到冥王星，就會得出這個結論——成就獨立自我必須時時保持警戒，這種心態也會讓生命變得複雜。帶有冥王星色彩的父親會看起來令人畏懼，無所不能。如果想過得安全、不留遺憾，當事人就得仔細觀察、小心翼翼、經常試探，還要注意自己透露了什麼，或允許讓狀況走到哪一步。當事人會想要盡可能掌控自我與環境，這樣

23 原註：霍華・薩司波塔斯（Howard Sasportas），《占星十二宮位研究》（*The Twelve Houses: An Introduction to the Houses in Astrological interpretation*），英國版一九八五年由 Aquarian Press 出版。繁體中文版於二〇一〇年由積木文化出版。

24 原註：麗茲・格林、霍華・薩司波塔斯，《人格的發展歷程：心理占星講座卷一》（*The Development of the Personality, Volume 1 in Seminars in Psychological Astrology*），一九八二年由 Samuel Weiser 出版，第三到八十二頁。

才能保證事情按照自己的意願執行，不然就太危險了。必須確保權力議題，其中會蘊含許許多多幽微的心理角力，諸如此類的。我在日冥三分或六分的人身上看過這種模式，只是他們似乎天生就比合相、對分、四分、一百五十度的當事人，更能適應、解決，或該說從事件中學習到寶貴的經驗。

日冥有相位的人也暗示了，對於父親在轉變、轉化的過程，或是面對內心的困擾議題時，孩子（當事人）會特別敏感。話又說回來，這一切都會影響到孩子在危機、自我檢視、自我認識階段的自己，同時也需要週期性地蛻變，也就是相較於其他太陽相位的人，需要打造出更多在心理上的死亡與重生機會。更直接一點來說，冥王星是冥府之神，某些天生具備日冥相位的人會年紀輕輕就經歷父親亡故或消失。無論當事人如何善於掩飾，但早年的生命事件肯定會留下印記。

觀眾：我遇過很多日金合相的人恨死自己的父親了。我實在無法理解。

霍華：我也注意到了這點，但我想背後的原理應該更為複雜。父親的形象與象徵愛、美好的行星產生連結，意味著孩子一定在某個階段相當仰慕、理想化父親。結果，不知為了何種原因，父親讓你失望，或是在你們之間建立起更加厚實的界線，也許是因為他感覺你們之間「打得太火熱」，或是母親吃醋，引發了漣漪。日金相位同時也暗示了，孩子出生時對父親的原型擁有高度的期待，他該是一切美好迷人事物的化身，能夠提供孩子無瑕的愛與情感。實際的父親卻總是「出包」，無法滿足這些不切實際的期待，孩子最後會憤怒不已，對他失望。我在日海相位的當事人身上見過類似的動力關係。就自我構成而言，良好運作的日金相位意味著，孩子可以透過父親認識愛與欣賞，能夠增進孩子的自我價值與自尊。不過，到頭來，我相信每個人都得學習如何愛自己、重視最真實的自我，自我價值不該仰賴他人的認可。

咱們來聊聊日天相位。現在孩子脫離母體，朝著父親與更浩瀚的自我定義前進，但你有日天合相、對分、四分或一百五十度這種困難相位。

觀眾：也許父親不在身邊。

霍華：天王星是很複雜的行星，會以相當矛盾的方式展現自身的能量。不過，的確，天王星的相位通常會以斷裂、分離、非約定俗成的方式呈現，因此，這個家庭也許不是傳統意義上的家庭，或者家中會經歷巨變；當你覺得生活安定下來時，卻發生家庭分崩離析、變得脆弱不堪的狀況。如果你的家庭與常態的家庭不一樣，你的自我就會沾染上你與其他家族孩子不同的色彩，也許你家庭破碎，也許父母沒有合法結婚。父親也許會用以下方式展演出天王星的能量：躁動不安、離家又回來，直到改變的驅動力又抓著他不放，或者，他需要去遠方工作，只有週末才能回家。他對你來說捉摸不定，他是一股未知的變量，一再改變，毫無規則。兒子的自我以及他對男人的定義會受到他眼裡的父親影響，兒子之後也許會走上類似的生命道路。具有日天相位的女性也許會強烈認同父親，在成長過程中更偏好反映出這種特質的父親，而不是母親；女兒也許會假設男人都不可靠，但男人在身邊時都更好玩、更刺激。

在希臘神話中，烏拉諾斯是天空之神，我們可以將心智、智識、信念、理論、哲學、體系，這些抽象的概念比喻為浩瀚的星空。因此，天王星特質強的人（還須參考星盤其他要素）有時會跟肉體、情感層面脫節或解離。通常，他們會覺得自己「應該」要能感受，因此盡量表現出感同身受的樣子，而不是允許情緒自由主導一切，或自然地表達。跟他們聊天很精采，他們有原則、強烈的政治或社會信仰，你們可以互相點燃內心的理想，但如果你要的是安慰、保證、擁抱，或問他們是不是真的愛你，他們也許會這樣回答：「愛究竟為何物？」之後就是一連串相關的抽象長篇大論。當你需要的是實際的肉體或情感上的溫暖、碰觸時，他們實在無法及時提供慰藉。如果你是日天有相位的小孩，而你的星盤上火元素與風元素行星特別多，那天王星的父親就很適合你。若你本來就認可你與父親的天性，且假設父親不是剛愎自用的天王星父親，覺得自己的真實就是每個人的真實，那你就可以發展出享受空間、自由、能夠流動的自我。如果孩子擁有日天相位，但星盤上主要由水元素與土元素組成，天王星父親也就沒有辦法滿足你肉體或情緒上的需求。與母親分離的過程中，你朝父親移動，你也許會覺得他充滿刺激、令人期待，甚至會喜歡他的難以捉摸、幽默感，但當你需要我們剛剛提到的親密感與溫暖時，你大概會覺得他有點疏遠、冷漠、沒反應、不可靠。他可以對你好，在許多方面展現出他慷慨的一面，但你會覺得，他對鄰居小孩也是這樣。他很公平，對每個人都一樣。這樣很好，但你要的其實是在父親心底特殊的一席之地。如果母親能夠提供你所需要的情感親密度與慰藉，你大概會跑回去找她。一陣子之後，已知的狀態讓你覺得無聊，你會覺得母親讓你窒息、受限，所以你又會回到父親身邊，想吸一口新鮮的空氣，尋求不一樣的刺激。各位看得出其中來來回回的模式。之後在生命裡，你展開一項計畫、工作或關係，期待過程中能夠得到滿足，甚至是持久的充實感，但你發覺一切似乎沒有辦法符合你的理想或期待，不然就是你會因為熟悉之後，開始覺得無趣，因此跑去嘗試新事物。

父子關係星盤範例

我會用「保羅」的星盤與各位討論日海相位（見下頁星盤二），事實上，我們會深入鑽研一段個案歷史，因為我不只有保羅的星盤，我也有他的父親比爾及他兒子麥斯的星盤。我們此刻聚焦在保羅的星盤上，之後，我跟麗茲會探討保羅與其父、其子在星盤上的關係。研究這樣家族的直屬關係星盤是觀察父子關係議題的好方法。我跟各位講他們的故事時，各位就能明白，過往的早期情結與未竟之業是如何一代傳一代，以及這三張星盤是如何精確反映出這些能量。占星學是偵測、拆解複雜家族動力的絕佳利器。

要觀察星盤裡的父親，我會從太陽的星座、宮位及相位開始。精確來說，我會先聚焦在太陽的緊密相位上，無論是主要相位或次要相位。各位曉得，當我們說某個相位很緊密，就是在說相位的度數很接近，幾乎沒有任何容許度。緊密的「次要相位」，好比說四十五度或一百三十五度能夠在一個人的靈魂或生命中產生的影響力道，通常都相當驚人。所以千萬不要忽視度數接近或緊密的次要相位。同時，各位也要觀察與父親有關的本命宮位。我跟麗茲一樣，且因為此刻我不想細說、我認為各位都清楚的原因，認為四宮可以作為與父親有關的宮位，但在場各位會喜歡把十宮交給他。我之後會再聊聊這種困境。不過，此刻，我想從保羅星盤上的太陽配置開始。各位看到太陽位在八宮的巨蟹座零度。請問太陽與哪顆行星的相位最為緊密？

觀眾：太陽跟海王星有一個很緊密的四分相。

霍華：沒錯，太陽在巨蟹座零度二十二分，海王星在處女座二十九度十八分。雖然是分離相位，但只差一度，是很緊密的四分關係。別忘了次要相位，保羅的星盤上有一個非常緊密的日金四十五度，我們先前聊過，我們渴望從父親身上得到愛，對父親的期待很高。此刻我想聚焦在日海四分的定義上。在我透露保羅的故事前，各位從自我認同構成、與

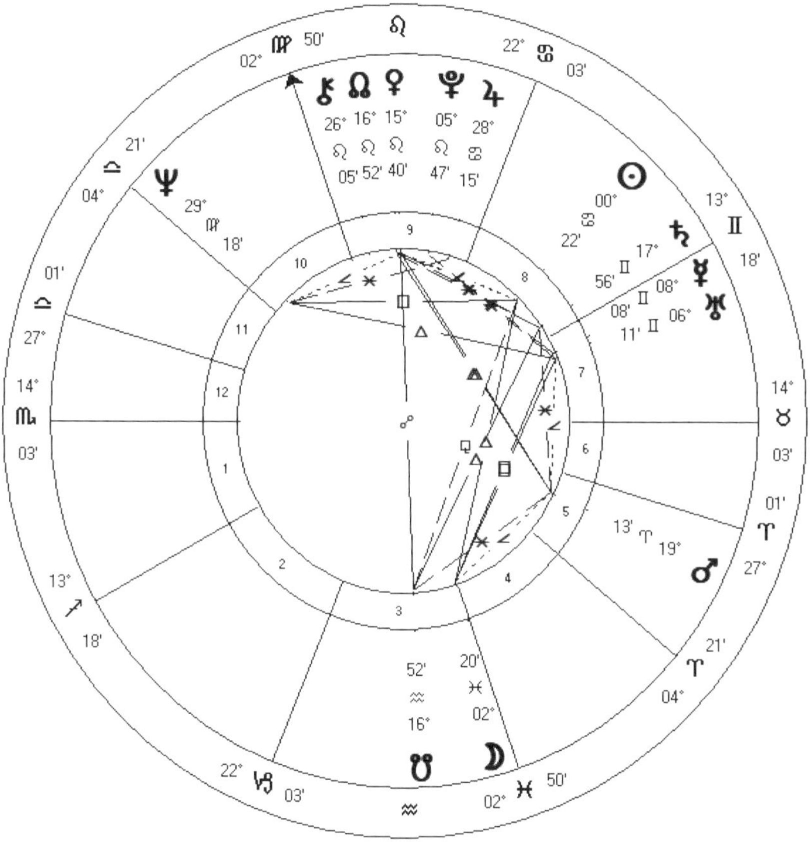
♌
02° ♍ 50'
22° ♋ 03'
⚷ 26° ♌ 05'
☊ 16° ♌ 52'
♀ 15° ♌ 40'
♇ 05° ♌ 47'
♃ 28° ♋ 15'
♆ 29° ♍ 18'
04° ♎ 21'
27° ♎ 01'
14° ♏ 03'
13° ♐ 18'
22° ♑ 03'
♒
02° ♓ 50'
☋ 16° ♒ 52'
☽ 02° ♓ 20'
04° ♈ 21'
27° ♈ 01'
♂ 19° ♈ 13'
14° ♉ 03'
13° ♊ 18'
☉ 00° ♋ 22'
♄ 17° ♊ 56'
☿ 08° ♊ 08'
♅ 06° ♊ 11'
1
2
3
4
5
6
7
8
9
10
11
12

星盤二　保羅的出生盤

父親互動之間的角度來想想日海相位的影響。

觀眾：海王星很朦朧，也許父親不在身邊。

霍華：沒錯，保羅就是這樣。在保羅自然而然想要脫離母親、建立自我的發展階段時期，父親沒有在身邊協助或制止，也就是說，保羅在認識太陽的道路上，碰見了海王星，而海王星捉模不定，也許無法觸及。大體而言，日海的困難相位也許會有幾種不同的呈現方式。

海王星與犧牲有關，當海王星與太陽產生相位時，父親的原型就與犧牲脫不了關係。也許是很直接的意涵，父親不在、死亡，或是因為各種原因，我們必須放棄或放他走，擁有好父親這種與身俱來的基本權利成了未竟的渴望。就算他人在身邊，他也許體弱多病，也許有酒癮這種癮頭問題，與其待在家裡，待在酒吧的時間更多，經常喝得醉醺醺的，回家就惹麻煩。說不定他是海軍或商船的一分子，長時間出海，或在蘇格蘭外海的某個石油鑽台工作，大海跟石油都與海王星息息相關。我忽然想到兩個案例，能夠描繪出海王星的具體能量。這兩張盤都有緊密的日海四分。第一位日海四分的案主是女性，她的父親是享譽全球的歌劇家，她在成長時，父親因為必須到處表演，所以缺席。第二個案例是牧師的兒子，父親忙著照顧教徒，沒有時間留意自己的骨肉。各位可以看到在這兩個案例中，父親都有所犧牲，他屬於世人，並非孩子專屬。當然啦，日海相位也可以有正面的展現方式。父親是藝術家或療癒師，非常具有想像力，充滿詩意、啟發，生性敏感，在他身邊就會感覺療癒、得到慰藉。不過，就我多年來的觀察，就算日海之間存在六分相或三分相，只要是緊密相位，面對父親時，還是需要不斷調整。我先前提到，日海相位的當事人也許會一開始理想化父親，長大之後，懂事之後，才會用更加實際的眼光看待父親，這時就會覺得失望。有點像是父親因為某些原因讓你失望、辜負了你，美妙的泡泡因此破裂。

咱們說回保羅的星盤。保羅在一九四三年六月出生，大概可以說，他是在九個月前受孕，差不多是一九四二年九月底，可能是處女座快過去或天秤座開始的日子（各位有沒有聽過美國占星師麥克．魯汀講的笑話？他說，如果你在日處女的時段裡做愛，你的下場就是九個月後，生下日雙子的小孩！）。保羅剛好出生在巨蟹座剛開始的日子。我們可以假設媽媽剛受孕時，父親還在，但保羅還在媽媽肚子裡時，老爸就加入了英國皇家空軍，前往加拿大，一直要到四年之後才回英國。保羅四歲前都過著沒爸的生活，這點符合他的日海四分。保羅的日巨蟹三分月雙魚，在日月有相位的案例中，母親（月亮）有時必須扮演起父親（太陽）的角色。不過，這不是不變的真理。除此之外，保羅的太陽位在八宮，這是天蠍座天生守護的宮位，這是另一個線索，也許保羅與父親之間存在複雜的議題、負面的暗流或某些黑暗又不為人知的能量。

佛洛伊德與榮格都認為父親要在孩子至少三、四歲之後，才變得重要。只不過，近期的研究卻指出，相對於父親在孩子四歲後缺席，四歲前失去父親的孩子在發展上會有嚴重的影響。我讀過一篇研究，比較在三、四歲時，父親離家參戰或從軍的大學生，以及父親始終沒有缺席的孩子。[25]父親終於回來後，年幼的孩子還是無法適應父親的回歸。某些孩子完全無法與父親產生情感上的連結，某些孩子會將父親視為侵入者、闖入者，是破壞母子生活的陌生人。這項研究符合保羅的經驗。這不是我亂編的。

我在一九八九年六月訪問保羅，我特別詢問他與父親的關係，觀察這樣的關係如何影響成為人父的他。三張星盤攤在我面前，我聽取他的故事，提出各種問題。他率先提的一段話是這樣的：「我一直到四歲才見到我的父親，我到六、七歲前，對他幾乎沒有什麼印象。」我覺得這番話很妙。比爾（保羅的父親）在保羅四歲時出現，結果記憶卻有兩、三年的斷層。我不想顯得太嚴厲，但這番話讓我高度質疑，我不會只聽表面的意思。感覺保羅很難接受剛回家的父親存在，其中浮現某種痛苦、不安的成分，讓他選擇忘記比爾剛回家的那幾年。所以，當有人說：「我對我的早期童年沒有什麼印象」的時候，你大概能夠猜出，那時當事人並不好過，掩埋了很多情緒，尚需「出土」。當然，你要做好心理準備，尊重當事人對過往的感受，不要粗暴直接使用星盤透露出來的資訊……但也不要被表象欺騙。

我稍微鼓勵保羅。他說的是「幾乎沒有什麼印象」，所以，我請他盡量回想當時的狀況。

他是這麼說的：「我記得我的感覺，想著，這人是誰？他來幹嘛？看到母親讓他進來，我也許也感覺到有點背叛。我現在不太與人交往。」話匣子打開了，保羅立刻將父親回歸造成的混亂與他「長大」之後的自我聯想在一起。他繼續說：「你知道，情感上我是一匹孤狼。我沒有親密的男性友人。我不喜歡任何人與我太過親近。也許就是因為這個時期的感受。我覺得我能夠信任的人，也就是我的母親，居然跟這個忽然間冒出來的另一個傢伙在一起。直到父親臨終前，我跟他都沒有很親，他嚥氣前，我跟他還是保持距離。」保羅的故事證明了我先前跟各位分享的父子關係研究，經過四年的缺席，他已經無法接受自己的父親。同時，加上赫佐格在「父愛飢渴」的研究，保羅坦言，他與他人之間存在親密感的問題。當我們要繼續討論他與兒子麥斯的關係時，他說了我深受感動的話：「有時，我會看著麥斯睡覺，我會感覺到深深的父愛，你知道，我真的很愛他，我想給他很多很多愛。不過，當麥斯醒來後，我們實際產生交集時，我們都沒有辦法好好連結。我有時會對他大發雷霆，我自己都會嚇到。」我今天有提過，父親也許真的很想提供兒子他自己從來沒有體驗過的父愛，但如果他沒有從父親身上體驗過，他心裡就不會有那種父愛該有的樣子或形象，他也就沒有辦法自然地展現出來。就保羅的案例

25 原註：安東尼・史蒂文斯（Anthony Stevens），《原型》（*Archetypes*），一九八三年由紐約 Quill 出版，第一〇五頁。

而言，他的父親在他四歲前缺席，但當比爾回來後，他成了入侵者，成了敵人。保羅與父親之間的氣氛烏煙瘴氣、愛不夠，只有搶媽媽的競爭心態。如今，雖然保羅很在乎麥斯（他的長子，他的獨子），他還是覺得成為人父困難重重。

我們昨天談到，可以透過月亮早年的行運與二推來觀察母子之間的關係。同理也能運用在太陽上。觀察一下保羅太陽與土星的關係，太陽位在巨蟹座零度，土星在雙子座十七度。對多數占星師而言，這樣的度數稱不上合相。不過，土星稍早於太陽，在保羅寶貴的個性形成時期，土星行運會對他的太陽產生何種影響？

觀眾：行運土星會在他很小的時候行經他的太陽。

霍華：對，對保羅來說，土星差不多一年就會移動到太陽的位置。各位也記得，從六個月開始，就會有一種內在的發展驅動力，讓孩子想要發展自我，跟母親分離，這個過程通常需要三年才能結束，需要父親從中協助。就在保羅需要父親這個「他者」在個體化道路上推他一把的時候，他的土星過來輾壓他的太陽，就占星學而言，展現出的正是他在這方面的匱乏與剝奪。某種程度而言，保羅的太陽遭到壓抑到差不多一歲的時候，他失去了早期對於自我塑造的機會。這並不是宣判他這輩子都令人捉摸不定或拐彎抹角，而是他在往後的生命中，必須更加努力才能成就自我。這不見得是壞事，因為（通常這就是土星給我們的教誨）你越是努力成就什麼，你越是下苦功、流下越多汗水、苦幹實幹、耐心等待，到頭來，你就越會珍視這一切。至少在多數案例裡是這樣沒錯。保羅的太陽能量與生命力也許在發展過程中遭到打壓或擾亂，但他不是永遠得不到這種能量。

保羅人格形成階段中還有另一個重要的行運值得提起。保羅在一九四三年出生，父親在他四歲時回家，也就是一九四七年。訪談過程中，我好奇起來，想知道在保羅父親回家這年，他星盤上有哪些行運。在座有一九四七年出生的人嗎？我猜你們曉得我要提什麼。在這一年之前，土星進入獅子座（也就是與父親的英雄原則有關的星座）。如果查閱星曆表，各位可以看到行運的土星在一九四七年六月合相保羅本命冥王星，兩個月後，也就是八月時，合相他的金星。同一時間，行運土星持續在獅子座移動，速度緩慢，但勢不可擋地朝他的本命金星前進，在一九四七年，容許度來到不到一度的位置，一九四八年首度直擊，但持續騷擾愛之女神直到一九五〇年六月。土星與冥王星都往他的金星移動，難怪保羅一開始會說，他對父親回家的頭兩年沒有什麼印象。那段期間對他來說一定相當痛苦，他的愛情生活徹底瓦解。請記住，行運跟推運展現出來的是行星移動到那個位置時，事件所帶來的內在意義。當土星、冥王星壓在他的金星上時，他面臨的是雙重挑戰，一，他必須接受家裡這個頤指氣使的男人碰巧是他爸，二，他必須處理他與母親這遭到撼動的關係，如今出現了強勁的競爭者。在場有人夠「幸運」，已經體驗過行運冥王星與本命金星的對話了嗎？想想這種行運出現的感覺。整體而言，流冥與本金的行運，其中包括三分及六分，都預告了當事人會受到一段時間的試煉、挑戰、解構，以及在必須面對的關係領域中，（且在努力與運氣的眷顧下）得到重塑或轉化。就跟所有冥王星的主要行運一樣，都會帶來毀滅性的感受，至少直到行運整個過去，而當事人能夠看清冥王星在自我發展、心領成長領域，進一步帶來改變的斷裂代表什麼意義。

伊底帕斯情結

就佛洛伊德學派而言，我們要開門見山地聊聊保羅的伊底帕斯情結。某些心理學家質疑伊底帕斯理論的真實性，但我覺得佛洛伊德還是有點料的。希臘神話中，伊底帕斯弒父娶母，在真實人生裡，多數孩童會經歷過這種階段，想要獨占爸爸或媽媽，將另一位家長視為競爭對手。佛洛伊德的中心理論是兒子可望獨占母親，因此想除掉父親，女兒愛上父親，因此想抹除母親。這種渴望會讓孩子心中背負相當程度的罪咎感。要是敵對的家長發現了孩子在想什麼呢？從無意識的角度，這種「禁忌」之慾肯定會帶來某種徵罰。況且，你在生活裡也需要對手的愛，因此，如果你剷除了這個對手，你實際上是剷除了你需要也敬愛的對象。真是一團亂啊。

我們用兒子來舉例，進一步說明伊底帕斯困境通常的型態：這個孩子想要獨占母親，將父親視為對手。這個男孩會（無意識地）對自己的禁忌渴望感到內疚，還會害怕父親的報復。儘管如此，孩子還是會與父親競爭，這樣才能向母親證明，父子之間，他比較優秀。兒子會想要博取母親／愛人的好感，展現出自己更能滿足她的需求，也許比父親還好。只不過，事實上，兒子根本無法達標。畢竟，他只是一個三、四歲的小男生。父親較為高大強壯，父親可以自立自強走去外頭的世界，無需他人照顧，他能賺錢買食物、提供住所，簡言之，父親在各種方面更具備「留住」且滿足母親的優勢。通常，孩子會藉由放棄競爭來解決這種困境，只是我懷疑我們到底能不能徹底放下，也就是說，我們還是會渴望證明自己、贏過競爭者，這些都伴隨著隱藏的恐懼、揮之不去的質疑，就算我們成功了，我們還是會懲罰自己，覺得自己不夠好，這種念頭會糾纏我們一輩子。當小男孩放棄獨占母親、從競爭中棄權後，他就會（佛洛伊德稱這種狀態為成功地解決了伊底帕斯困境）得出這樣的結論，父親可以成為他的榜樣，因為這個人似乎具備一個人在生命裡想要有所成就所需的特質。因此，父親不再是對手，而是盟友，他能教會你一些事情。顯然，如果父親是 schlep，那一切都無法順利進行，schlep 是意第緒語，意為一團糟、失敗者、軟腳蝦或一灘爛泥。不過，那是另一個故事了，現在沒時間討論（各位可以參考我在《人格的發展歷程》的「孩童階段」章節）。女兒的狀態則是相反過來，但模式類似：她想嫁給爹地，除掉老媽，她擔心母親知道後會處罰她，與母親比較過後，只能放棄鬥爭，以母親作為榜樣，當然啦，前提是母親不能是 schlep。真不曉得如果爸爸媽媽都是 schlep 會怎麼樣？我真的很喜歡 schlep 這個字。

佛洛伊德對於伊底帕斯情節的主要觀點在於，伊底帕斯殺害了自己的父親萊瑤斯，之後又與母親柔卡絲塔結婚。伊底帕斯似乎是有罪的一方。亞瑟與莉比．柯爾曼在《父親》一書中，以不同的觀點解讀這則神話。[26]我想要花點時間檢視他們的解讀，因為這種觀點啟發了人父必須向內看的議題，同時也直接點出了我這個家族個案中的議題。伊底帕斯的神話並不是從伊底帕斯弒父作為起點，整個故事一開始其實是萊瑤斯想要遠離伊底帕斯。神諭警告萊瑤斯，說他會死在親生兒子手裡，這是一個詛咒，因為他過往犯下了過錯。萊瑤斯的妻子柔卡絲塔懷孕時，萊瑤斯（因為害怕預言）決定殺死新生兒，於是將其遺棄在山裡。小動作沒有奏效，牧羊人救了伊底帕斯，孩子活了下來，長大成人。有一天，伊底帕斯出門，來到一處十字路口，馬車上的「蠻橫」老人擋住了去路，還氣得用趕牲口的尖棒打伊底帕斯的頭。這突如其來的攻擊讓伊底帕斯怒火中燒，為了自衛，他用手杖還擊，卻不小心打死了老人。他繼續他的旅程，完全不曉得剛剛殺害的是自己的親生父親，不曉得自己親手弒父，他覺得他只是在報復某個擋路的壞脾氣老頭而已。

各位看得出來我的重點為何，一開始是萊瑤斯將伊底帕斯丟在冰冷的山裡等死。他的理由是，神諭警告他，他會死在親生骨肉手中。兩位作者提出有趣的觀點，對古希臘人而言「神諭是先知的外部聲音，雖然現代人比較能夠理解神諭是我們內心的聲音，替存在於我們潛意識裡的希望與恐懼發聲。」[27]換句話說，父親也許在無意識裡，恐懼兒子有一天會殺害他。伊底帕斯情結聚焦在兒子弒父娶母，但從稍微不同的角度觀察這則神話，我們可以看到「萊瑤斯情結」，也就是父親（無意識）害怕兒子有一天會驅逐或摧毀他，因此想要殺害自己的骨肉，或至少阻礙他的進程或發展（就跟萊瑤斯在十字路口擋了伊底帕斯的路一樣）。各位也許會覺得這點很難消化，我相信不是多少父親願意坦言自己有過這種難以下嚥的衝動與感受。不過，要理解這種恐懼為什麼會深植於父親的靈魂之中也不難，畢竟，在多數案例裡，兒子羽翼豐滿、力量與能力發展到最大值的時刻，差不多就是父親因為老化而開始走下坡的時候。

父子相爭不只是兒子嫉妒父親擁有母親，同時關乎父親感到威脅，因為有一天，他的兒子會青出於藍，勝於藍，追趕上他，篡奪他的地位與權力。各位可以看到父子關係也可以很複雜：父親認為兒子是讓他成就不朽的人，因為兒子會背負他的姓氏與血脈，但是，兒子的存在又讓父親注意到自己的老化與有限的生命。將子嗣視為敵人，這種狀況也許在妻子懷孕時就開始了，特別

26 原註：亞瑟・柯爾曼、莉比・柯爾曼，《父親：神話與角色轉變》，第九十六頁。
27 原註：亞瑟・柯爾曼、莉比・柯爾曼，《父親：神話與角色轉變》，第九十六頁。

是，如果兒子是第一個孩子的話。試想一下，孕婦的焦點會放在體內孕育的新生命上，伴侶或丈夫不在是她首要關心的對象。多數新生兒會成為關注的焦點，人妻這時除了是配偶之外，更是孩子的母親。連乳房都必須分享。就跟父親擔心的一樣，寶寶的確已經取代了他。

某些父子會互看不順眼、互相發脾氣，而不是關係緊密，充滿愛意，這樣也難怪了。我先前說過，我現在再次重申，父親也許真的很想用最好的方式滋養、關懷自己的孩子，但在這之前，他必須先接受無意識的敵意與競爭意識暗流的確存在。我們之後會看保羅與父親比爾的星盤比對（synastry），各位可以看到在兩張盤的相位中，冥王星扮演重要角色，強調了父子關係中，各種能夠出現的潛意識敵對形式。比爾跟保羅是我講座內容的絕佳案例。等到我們解讀保羅兒子麥斯的星盤時，各位也會看到類似的模式或動力存在，但程度沒有那麼大。

我們先前談的都是太陽作為父親的象徵，但我們也該從這個角度來解析一下四宮與十宮。眼前的問題是，父親該隸屬於四宮還是十宮。對許多占星師而言，這個問題有待商榷，的確，其中沒有簡單的正確答案，但我們可以稍微探討一下。在先前的講座裡，我們曉得父親原則的角色是作為一個有吸引力的外來者，負責從母嬰之間的緊密連結或說共生關係中，吸引孩子的注意力。傳統上來說，父親對孩子的成長與發展也有幫助，他可以扮演通往外在世界的橋樑。傳統的家庭組成是這樣的（我們必須記得，一定有很多例外，每個家庭也有所不同），母親在家照顧嬰孩，父親外出工作，這是典型的天父地母組合。當然啦，現今有許多雙薪家庭，還有逐漸增加的單親家庭，某些家庭（通常是因為經濟不景氣、裁員與高失業率）的父親也許沒有工作，留在家裡帶小孩，而母親負責維持生計，她才是前往外面世界的人。不過，咱們暫且先假設是傳統配置好了。

因為父親要外出工作，整天都沒有與你（嬰孩）相處，他每晚回家時，都會帶著外頭的「氣息」回巢。他也許會跟你分享今天的生活，告訴你，家以外的世界是什麼模樣。你整天跟著媽媽，你很清楚她都在忙什麼。然而，父親的一天感覺起來充滿神祕感，也許你會好奇。一般而言，父親就是這樣成為家庭生活與社會之間橋樑的，他讓小小孩看到在家庭之外，還有其他的生活。從這個基礎開始，父親示範起該怎麼立足在世界上，該怎麼面對世界丟出來的問題，他也許會立下行動規範，解釋該怎麼跟核心家庭以外領域的人相處。就此觀點，他也許會與木星有關（可以拓展你的視野），他也會很像土星（負責制定法律，建立規矩，教你如何融入社會）。如果父親是因為這種狀況與土星連結，那十宮的確是他的範疇（因為土星本來就守護十宮）。

不過，我就問，真實人生是這樣嗎？就算是傳統組合的家庭？如果我們大部分時間都待在母親身邊，按照道理來說，她才是主要教導我們該怎麼表現的人，她才是立規矩的人。因此，母親披上了土星的外衣，這樣一來，也許十宮才是母親的宮位。各位認識羅伯特・布萊嗎？他在美國很有名，是詩人，也是新世紀的哲學家。我對他的一個觀點印象深刻：他相信工業革命傷害最深的親密關係單位是父子關係。[28]至少就理論上而言，在工業革命造成的巨大改變之前，兒子通常會繼承父親的衣缽，意即，兒子是父親的學徒。到了二十世紀，這種安排已經很罕見了。也許是因為上個世紀時，父親的工作地點離家不會太遠，母親可以帶著孩子去看父親，小孩子這時就有機會一窺工作時的父親。若父親是鄰近工坊裡的木匠，當兒子去看他時，他肯定會在做木工。不過，若父親是遠處城裡高樓大廈裡的職員，他的工作與工作內容對孩子來說就很模糊抽象。如果父親的工作是整天坐在電腦前面或文書作業，那他的確很難跟兒子解釋自己都幹了些什麼。父親對兒子往後在世上行為的影響力就會比母親還低。

哪位家長形塑我們最多、對我們影響最深，我就會用十宮來象徵這位家長。用四宮來象徵孩子比較不了解、比較神祕的家長。諮商的時候，我通常會與客戶聊他們對爸媽的看法，這樣可以協助我推敲父母隸屬於哪一個宮位。而我必須坦言，有時我認為這兩個宮位能夠同時代表爸爸或媽媽。我知道我的星盤是這樣，各位也可以用這個方法檢視自己的星盤，如果我將母親視為十宮，我可以從中看到母親與我的有趣資訊。如果我將四宮當作父親的宮位，我可以連結且學習我對父親的感覺，也可以從四宮的配置看到我跟他之間的問題。不過，要是興致來了，我有時會交換他們的宮位，用十宮來看父親，用四宮當成母親，我也會得到額外的洞見，我也覺得很合理。我這樣不表態是不是太沒有擔當了？我覺得這是保留彈性。四宮十宮可以互換背後有心理學上的原因：宮位本身具有對角關係，這宮本來就可以轉換成對宮，反之亦然。父母的確是相對的兩極。也許父母雙方一開始會受到對方吸引，是因為一方能夠活出另一個人潛在或否認的特質，兩人在一起才圓滿。伴侶間這種情緒分工是很常見的狀況。其中一方隱藏或沒有顯現出來的特質會在另一個人身上展演出來，但實際上，兩人都具備這種特質。從這個角度來說，他們是可以替換的，也許會輪流扮演不同的角色，因此父母的宮位是可以互換的。這些各位都可以自己思考一下。各位看得出來，對於哪位家長隸屬於哪個宮位，我其實沒有確切的答案。也許某些人會因此困擾，沒有定論對我來說不成問題。

保羅的星盤就是很好的例子，很難看出四宮、十宮分別代表父親還是母親。我暫且將父親歸納在八宮，解盤過程中我會解釋我的理由。不過，各位是否能夠看出，為什麼他的星盤四宮十宮一開始就有點難解？

觀眾：因為四宮守護（海王星）位在十宮。

霍華：沒錯，正是如此。看到其中一個父母宮位的守護落在另一個象徵父母的宮位時，也許暗

28　原註：羅伯特・布萊（Robert Bly）、基斯・湯普森（Keith Thompson），〈男人到底要什麼〉（What Men Really Want），收錄在《心的挑戰》（*Challenge of the Heart*），由約翰・威爾伍德（John Welwood）編輯，一九八五年由波士頓 Shambhala Publications 出版。第一百至一百一十六頁。

示了有位家長必須身兼雙親的責任。對保羅來說的確是這樣，從他四歲到往後的人生皆是如此。我認為保羅的母親屬於十宮的另一個原因，因為相較於保羅的父親，母親顯然參與了他早期的童年。母親形塑了他，立下他該如何在世界上立足的規矩。她真的在家教育了兒子一陣子，她也影響了保羅就業的選擇。請容我來詳細說明一下。

我們都知道，比爾在保羅四歲時回家，但保羅一直沒有真正接納他。他一直將母親視為在世界上存在、行動的榜樣，花更多時間跟母親相處。我因此更傾向於將十宮用來象徵母親。這樣四宮作為父親的象徵，月雙魚就在宮頭上。月亮守護保羅星盤九宮頭的巨蟹座，這點符合父親在海外多年，同時也符合父親本就是一個想像中的人物。保羅曉得父親存在於某個地方，但看不見他，並不具體。我曉得如果各位想將十宮作為父親的象徵，那十宮裡的海王星也具備類似的意涵。不過，其他線索還是讓我覺得十宮象徵母親。十宮守護星是水星，保羅的本命水星與天王星合相，因此十宮也沾染上了天王星的色彩。他的母親本身是日水瓶（天王星是共同守護），月亮是水星守護的雙子座，因此，她的太陽與月亮守護星都跟保羅的十宮息息相關。況且，如果十宮象徵母親，我們可以在十宮裡看到海王星，代表了保羅與她融合在一起，當然啦，如果各位認為四宮象徵母親，那天底的月雙魚也可以用來解釋這點。我會說明讓我釐清父母宮位的真正關鍵。我請保羅描述他的父親，他是這樣說的：

我的父親是家中排行最小的孩子，上頭還有七個兄姊，他總是他們家裡的小寶貝（月亮在天底）。大家都會照顧他，大家都會幫他把事情做得妥妥當當。他一輩子都等著別人伺候他。我們很少一起從事什麼活動，但我們偶爾會兩人一起去釣魚（四宮頭雙魚座）。不過，就算我們去釣魚，我也要替他纏魚鉤。他連這個都沒辦法自己搞定（tackle up）！

保羅的月亮位在四宮頭上，我從這點推測他的父親是長不大的寶寶。而他們會一起從事的行為只有釣魚，這點讓我大喜過望，這樣很雙魚座。這個「搞定」是釣魚的時候會用到的詞彙，意思是指將魚鉤、魚餌固定在魚桿上。各位還記得，典型的父親應該要教會孩子如何面對世界丟出來的問題（tackle the world），結果這位兒子卻要替父親「搞定」！我不確定保羅有沒有注意到，但他跟我描述這段過程時，他的語氣高高在上。如果我們沒辦法從父親那裡滿足所需，我們也許會很氣他（就跟保羅一樣）。想想你所得到的父愛，你會覺得生氣（或悲傷或受傷）嗎？各位可以思考一下。

我們要在這裡暫告一段落。下一次講座，我跟麗茲會繼續比爾、麥斯的星盤討論。我相信麗茲會提出很中肯的見解。

第三部

合體

占星中的太陽與月亮

案例討論

麗茲．格林、霍華．薩司波塔斯

霍華：我們今晚會繼續聊案例保羅的故事，同時看他父親比爾（星盤三）與兒子麥斯的星盤（星盤五）。我們也會花點時間談談還沒有討論到的月亮相位。

我對父子相爭這個議題還有一些補充。我們已經從兩個角度分析這種衝突：一是處在伊底帕斯階段的兒子，想要除掉老爸，二是父親感到威脅，擔心兒子有一天會在力量、權威、地位、技藝等方面贏過他，因此，父親會與兒子切割，與兒子競爭，或是擋路不讓兒子好好成長與發展。雖然父子之間存在這種負面的暗流是相當自然也人性的事情，但我還是不免感覺有點悲傷。每一位兒子都渴望父親的愛與欣賞，但這麼多因素阻礙了這種愛的流動。兒子需要父親的祝福，但兒子能夠頻繁得到嗎？我又想起希臘神話。早期的希臘神話大多與家庭有關，許多父子之間的故事都令人毛骨悚然。想想烏拉諾斯，他將新生兒塞回妻子的子宮裡，不希望這些孩子存在。他的其中一個兒子克洛諾斯（土星）接著與母親密謀閹割了父親。我是說，這些都是八卦小報的勁爆故事。只不過呢，克洛諾斯也沒比老爸好到哪裡去。他擔心後代會顛覆他的權位，所以將孩子活生生吞下肚。他希望他們不見天日，不允許他們存在、成長（這點也許象徵了某些父親不希望兒女與他分離，無法放開孩子，無法接受他們有獨立的思想，當孩子來到青春期時，這個問題會變得更加嚴重）。宙斯在身為人父這點上，比前兩代有所改善，他討厭幾個孩子，但他卻培養、鼓勵了自己的其他子嗣。戴歐尼修斯就屬於後者。塞墨勒（Semele）懷著戴歐尼修斯時，因為赫拉的復仇詭計，而慘遭殺害。宙斯從死去母親的子宮裡將胎盤取出，縫在自己的大腿上，後來自行生出了戴歐尼修斯。因此，我們看到了希臘神話也有所進步，相較於烏拉諾斯、克洛諾斯，宙斯對某些孩子至少公平一點。珍・篠田・波倫在《男人內在的神》一書中提到，宙斯主動參與戴歐尼修斯的出生，預告了現代父親想要在場參與孩子的誕生過程，且在照顧、養育孩子上，扮演更加積極的角色。[1]

1 原註：珍・篠田・波倫（Jean Shinoda Bolen），《男人內在的神》（*Gods in Everyman*），一九八九年由舊金山 HarperCollins 出版，第兩百九十五頁。

萊瑤斯情結

咱們繼續保羅的故事。在他的父親從加拿大返家前，保羅與母親一起住在英國北邊一處鎮外的溫暖小平房裡。母親為了貼補父親英國皇家空軍的薪餉，不得不經營小小的農場，種植蔬菜，然後拿去附近的商店售賣。保羅喜歡跟母親一起住在鄉下；少了丈夫，她也怡然自得，令人意外。隨後，當行運土星行經保羅的金星時，父親返家，兒子的生活有了天翻地覆的改變。保羅懷疑父親比爾（對了，他是驕傲的日獅子）到家時，心有不滿，不喜歡太太在沒有他的日子裡，居然自給自足，持家有方。無論動機為何，比爾決定賣掉平房與小農場，搬去鄰近小鎮，開雜貨鋪。各位可以想像，保羅對這個決定感到多高興。他不再與母親相依為命，搬離了鄉下，他們三人住進工業鎮中心的二樓公寓，一樓就是他們家店面。結果，維持雜貨店運轉的還是母親，雖然父親回來了，母親卻還是保羅面對世界的榜樣。他是這麼說的：

> 母親非常努力，爸就是晚上出門喝酒。在我童年晚期印象最深刻的莫過於：每晚跟母親一起看電視。他會去酒吧，跟朋友一起喝酒。他從來不在家（保羅的太陽四分海王星，四宮頭雙魚）。

如果我們沒辦法在父親那裡滿足所需，我們就會找父親的替代品來滿足這個空洞。保羅找到了一位鄰居，這位鄰居先是教他釣魚，後來又讓他認識了一輩子的摯愛——音樂。保羅星盤裡的海王星及雙魚座能量無疑非常強勢。事實上，差不多在保羅成長到青春期時，他已經展露出絕佳的繪畫天分了，老師鼓勵他將這項天賦運用在實際層面，接受訓練，成為建築師。他的藝術天分可以從星盤上看出端倪，五宮火牡羊三分獅子座的金星與北交點。時值一九五〇年代，在英國該地區，男人就該有「男人」的樣子，保羅走上美術一途，似乎讓他沒那麼男人，但享譽國際的畫家大衛·霍克尼（David Hockney）就是出生自該地，對抗這種限制。而且，原來保羅母親的初戀男友（她在認識比爾前的對象）已成為蒸蒸日上的富有建築師，保羅猜測，母親對前男友應該還有愛。說不定選擇這項專業算是某種程度對父親的報復（畢竟，保羅上升天蠍，這個星座通常都曉得刺哪裡最痛）。

保羅十六、七歲時離開了正統學校教育，前往建築師事務所擔任學徒。母親繼續自行家教，這樣他才能取得必備的資格。保羅白天需要工作，通常要到晚上才有時間在房裡讀書、畫畫。聽聽保羅是怎麼描述父親對他走上建築師這條路的反應：

> 我在家讀書時，我的臥房就是我的辦公室。特別是在冬天，我會做畫到深夜，父親不喜歡這樣，他會說我用了太多電。我們家唯一的電源插座在屋外。父親從酒吧跌跌撞撞進家門前，會先拔掉插頭，這樣我就沒有暖氣跟燈光了。之後我們會大吵一架。這種狀況經常發生，他覺得當建築師不夠男人。後來我進了建築師的專業學校，他有次大發雷霆，厲聲地說：「我會把

你從那個娘娘腔的藝術學校弄出來，找分眞正的工作！」

這是哪門子的父親祝福兒子。這大概可以說是最實際的案例，父親真的想要侵蝕兒子的力量。保羅的伊底帕斯情結的確依舊存在，但我們也聽到他的父親阻礙他的進步、阻擋他的個體化之路，我可以得出這個結論，比爾也飽受嚴重的「萊瑤斯情結」之苦。

該來看看比爾的星盤了（請見星盤三）。外圈是一九四三年八月一號的二推行星，也就是保羅剛出生後的狀況。各位請記住，比爾兒子出生時的行運就是保羅的出生盤（見星盤二）。一開始，我很訝異看到比爾盤上的推運與行運跟保羅的星盤有這麼多呼應之處。仔細看，各位就會明白我的意思。二推有處女座星群，二推太陽在處女座十二度，二推水星在處女座十一度，二推金星則在處女座九度。這是在比爾的幾宮？

觀眾：差不多是在五宮頭的位置。

霍華：沒錯，正是子嗣的宮位。請聚焦在五宮頭的二推金星。這顆金星有沒有跟比爾本命星盤裡的行星產生任何相位？

觀眾：二推金星與比爾八宮的天王星緊密三分。

霍華：各位會怎麼解讀這個二推的三分相？

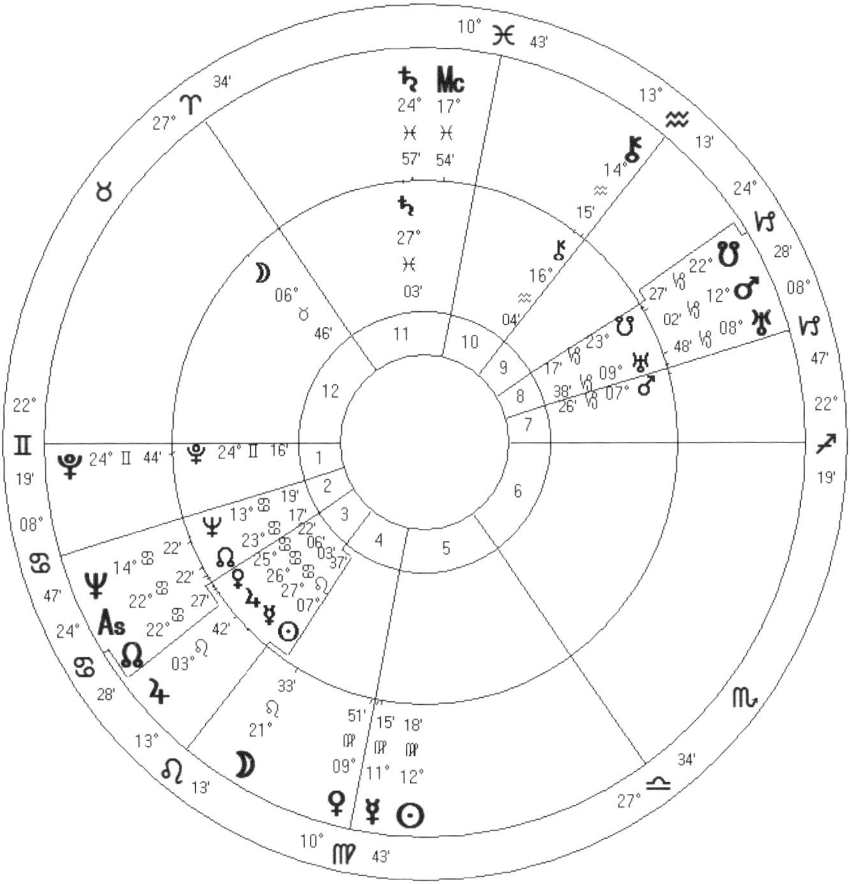

星盤三

內圈為保羅父親比爾的出生盤，
外圈為一九四三年八月一日之二推盤。

觀眾：比爾的生命裡發生了新的事件，帶來刺激與正面的感受。因為二推金星進入五宮這個孩子的宮位，與本命天王星三分，暗示了比爾其實很期待或很高興保羅的誕生。

霍華：我同意，但也許是打得火熱的新戀情。誰曉得比爾在加拿大忙什麼？說不定他邂逅了某個抗拒不了皇家空軍制服的對象。不過，這不是我想強調的重點。二推展現出來的是當事人對某個事件的內在意義，在長子出生的時候能有這樣的組合是很好的事情，稱得上是喜獲麟兒。比爾的二推太陽在象徵孩子的五宮，即將與二宮的海王星產生六分相，我猜，比爾覺得生了兒子之後，自己更有價值了。再來觀察比爾二推的上升點，也就是巨蟹座二十二度，跟他的北交合相，連度數都一樣。北交點所在的星座展現出我們該為了成長與進化而努力的特質。二推的上升點啟動了位在巨蟹座的北交點。我會這樣解讀，這是比爾發展自己照顧、養育能力的機會。我不會說這個組合「不好」，因為這的確是比爾打開心胸、拓展情感的機會。之後，曉得比爾跟保羅之間的不合，我很意外看到保羅出生時，比爾的星盤上居然有這麼「好」的二推運勢。

請各位聚焦在保羅出生時比爾星盤的行運上，這樣可以看出他們之間的星盤比對。我認為其中好幾組相位都是正面的。保羅的木星在巨蟹座二十八度，很接近比爾的本命金、木、水，也與父親的土星形成三分相，且就行星行運的走勢而言，只需六週就會合相到父親的太陽。所以保羅是在比爾木星回歸到巨蟹座時出生。行運與星盤之間的相位讓我覺得比爾的靈魂深處對於成為人父帶有喜悅與擴張的感覺，這些配置也暗示了父子之間關係良好的可能。我跟保羅提這點時候，他向我詳細解釋起來。原來他的父母花了十五年才懷上他這個孩子。加上，我前面說過，比爾是八個孩子中排行最小的（手足宮三宮擠滿星），但他的兄姊都還沒生小孩。比爾在三十六歲時成了手足間第一個有了孩子的人。他的七個兄姊還沒成為父母這點的確很妙，我在想是否是原生家庭造成的影響。不管怎麼說，想想日獅子的比爾，居然打敗了哥哥姊姊，成了第一個替老爸老媽生孫子的人。保羅後來告訴我一件很有意思的事情。比爾過世後，保羅找到自己出生時，父親當時的日記。日記裡有比爾的畫作，保羅稱為「令人微笑的深情圖畫」，畫面上是父親與強褓中的兒子。我一頭霧水。如果兒子的出生對比爾來說這麼重要，那他為什麼在外頭耗了四年才回英國？他肯定可以請皇家空軍做些轉調單位的安排。還有最值錢的問題：他回家之後，為什麼沒辦法展現出兒子出生時的那種正向、慈愛態度？

保羅出生時，比爾的其他行運也提供了這些問題的答案。請看看保羅的土星，位於雙子座十七度，有沒有靠近比爾星盤的什麼位置？

觀眾：上升點。

霍華：對，保羅的土星跟比爾的上升點只差四度，跟比爾的冥王星差七度，這個度數我還是會考慮進去。行運土星行經的宮位是我們要「做功課」的宮位，通常能讓我們注意到自己的脆弱、弱點，以及採取必要手段，才能在該領域深耕、得到力量。行運土星行經比爾的十二宮，暗示了保羅的出生擾動了比爾過往沒有處理的無意識情緒，其中帶有一些雙子座的特徵。同理可證，行運土星（保羅的本命土星）正朝著比爾的冥王星前進，顯示出比爾靈魂中隱藏或黑暗的東西正在尋求關注。我決定來扮演占星偵探。我的主要線索是雙子座，因為這一切都在雙子座這個星座為背景下發生，我想到的是手足關係。不曉得比爾與哥哥姊姊之間的未竟之業是否與保羅的降臨有什麼關聯。保羅說過，比爾很高興，他是手足間第一個當爸的。我問保羅，他是否清楚比爾與其他手足之間的關係，他繪聲繪影描述起比爾與某位哥哥的緊張競爭關係。這兩兄弟互相吃醋又愛比較，他們甚至連打板球都要分在較勁的隊伍之中（請看看比爾三宮的日獅子與火魔羯呈現一百五十度，又是觀察手足相爭的另一個線索）。各位已經知道了，比爾開了一間小小的雜貨鋪，但這位哥哥則管理一間成功的大規模連鎖雜貨超市。因為保羅與比爾星盤中的雙子座接觸，我懷疑保羅會刺激比爾的手足議題；保羅的出生意味著家裡又有另一個男丁，可能會因此重新點燃比爾與哥哥之間的競爭心態。

各位也許會覺得將手足相爭的心態轉移到兒子身上很誇張，但我相信這種事情的確會發生。就算覺得這不足以作為比爾與保羅之間問題的根源，各位只要觀察一下保羅的本命冥王星，也就是兒子出生時，比爾星盤的行運冥王星。看得出來嗎？

觀眾：的確，保羅的冥王星在獅子座五度，很接近比爾獅子座七度的太陽，這意味著保羅出生時，行運冥王星接近了比爾的太陽。

霍華：對，很好的觀察。一個男人的第一個孩子出生時，這個男人作為人子的身分就會死去，以人父的身分重生，我們可以用這個角度解讀比爾太陽在冥王星行運下的狀態。不過，太陽的冥王星行運也激發了當事人對自己父親的感觸與議題，想想比爾這時才剛當爸，也就不足為奇了。保羅對比爾與爺爺的關係並不清楚，但我可以猜測一下。比爾家裡有八個孩子，大概意味著每個孩子都得競爭父親的關注。比爾也許有「父愛飢渴」的症狀，以及所有相關的痛苦與憤怒。既然保羅的冥王星合相比爾的太陽（太陽象徵父親），保羅很可能重新喚醒了比爾對爺爺的負面感受。雖然比爾日記裡畫著父子之間「令人微笑的深情」圖畫、雖然他的確希望與這個期待已久的新生兒子產生良好的連結，但上述種種的負面心情很可能阻礙了比爾與保羅之間的感情。

比爾的冥王星在雙子座二十四度，保羅的太陽在巨蟹座零度。雖然是分離相位，但我還是會看這組合相。因此，不只是保羅的冥王星靠近比爾的太陽，比爾的冥王星也接近保羅的太陽。這對父子的關係肯定離不開冥王星。我們先前在個體化歷程時聊過太陽，以及發展一個人的自我、力量與權威的驅動力，某種程度就是發光發亮的方式。如果保羅的太陽啟動了比爾的冥王星，那保羅的個體化嘗試與成長都會觸發比爾內心的情結，也就是手足相爭或父愛飢渴的心態。因此保羅在實踐太陽潛力時所做的一切，都會讓比爾感覺不適，比爾會將兒子視為競爭對手或威脅，更別提保羅會讓比爾想起父親帶來的傷痛與痛苦。

麗茲：這兩張盤實在是很有意思，我想從太陽與月亮關係的角度來提幾個重點。霍華說的比爾、保羅父子關係一直讓我想到神話裡的太陽英雄，類似的故事一再上演，羨妒的父親（沒有活出來的日獅子）想阻擾兒子的潛力，因為父親自己沒有辦法實踐自己的潛力。這兩張星盤之間還有一些尚未討論的相位，我覺得很重要。比爾的土星與保羅的太陽形成一個分離相位的四分相。我一直在想保羅的日巨蟹，以及他是個怎麼樣的人；月亮守護他，而他顯然具備豐富的創造力、想像力，同時也相當敏感、情感細膩。這似乎是比爾羨妒保羅的焦點。我發現，父母的土星與孩子的太陽產生合相或強硬相位時，幾乎都暗示了父母對孩子的羨妒，因為土星就是有辦法堵塞住所在位置星座的生命力。具有毀滅性質的羨妒心態通常來自我們無法好好活出的領域。比爾的土雙魚暗示了，他難以向其他人表達自己的依賴性，而兒子巨蟹座本質裡的情感與依賴讓他覺得不堪、尷尬、充滿怨懟。而且，比爾也不夠重視自己內在的幻想世界，也許會擔心保羅看到他筆下那些「令人微笑的深情圖畫」。土雙魚相當深情，但寧可旁人不要知曉這點，甚至連自己也不清楚。保羅打算走上需要想像力的工作道路肯定傷害了比爾，藉此讓他回想起自己的不足。這樣說來，那些「深情」的圖畫就讓人覺得悲傷了，因為比爾顯然有點藝術天分。他是真正的海王星人。

霍華：這點以酗酒的方式呈現。

麗茲：如果沒有其他方式抒發海王星的幻想世界能量，那當事人通常都會有酗酒的問題。因為保羅開誠布公地展現出自己對藝術方面的天分，父親比爾受挫的想像生命對此的反應徒留痛苦，儘管是無意識的反應。從某個觀點而言，比爾是整齣戲裡的「反派」。不過，只要換個視角，事情又沒那麼簡單。父母的土星儘管會阻擾、批評，但土星對孩子的太陽也有無比積極的作用，只是手段讓人很不好過。別人告誡我們不該成為的模樣，恰恰就是在強烈提醒，我們就是這樣。我會猜測，比爾從中作梗很可能與兒子想要發展的決心有關，儘管保羅必須為此付出慘痛的代價。因為家裡的風波讓保羅曉得自己珍視什麼、真正想要成為怎麼樣的人。神話又來了，太陽英雄之所以是太陽英雄，正是因為他受到阻攔，不是因為得到寵溺或縱容。太陽需要對抗外部的父親權威力量，才能磨練自己，進而成長。如果有人一直告訴我們，哪些事不該做，也許我們才會明白，這就是值得執行的事業。想想亞當與夏娃，要不是一直聽說要遠離那棵樹，他們也不會去碰樹上的果子。

這兩張星盤之間還有其他讓我覺得有意思的相位，也支持保羅出生時，比爾行運上的正面意義。我覺得，雖然是在無意識層面，但比爾與保羅之間存在非常深刻的愛。實在很悲哀，他們其實深刻又強烈地在乎彼此，同時也對彼此有相當理想的期待，但他們表現出來的卻是羨妒與怨懟。保羅的金星合相比爾的太陽與天底，我們還沒有討論到，這樣的組合暗示了深層的認可與情感。無論保羅嘴上怎麼說，他內心都很欣賞父親這個人；無論老爸的行為令人多不悅，兒子也暗自仰慕、看重這驕傲的太陽本質。只不過，兩張盤之間的日土相位、日冥合相都讓這種愛的羈絆難以表達。

組合中盤點：關係核心

我也想看比爾與保羅的組合中點盤（請見星盤四）。組合中點盤裡的日月，以及組合中點盤與比爾、保羅的日月配置都很有意思。組合中點盤裡日冥合相。如同霍華先前所言，這對父子就是逃不出冥王星的手掌心。這組合相暗示了可怕的情感濃烈程度與熱情，以及可能存在的角力爭鬥，雙方都試圖改變或殲滅另一個人。他們彼此耽溺。我們可以用解析出生盤太陽的方

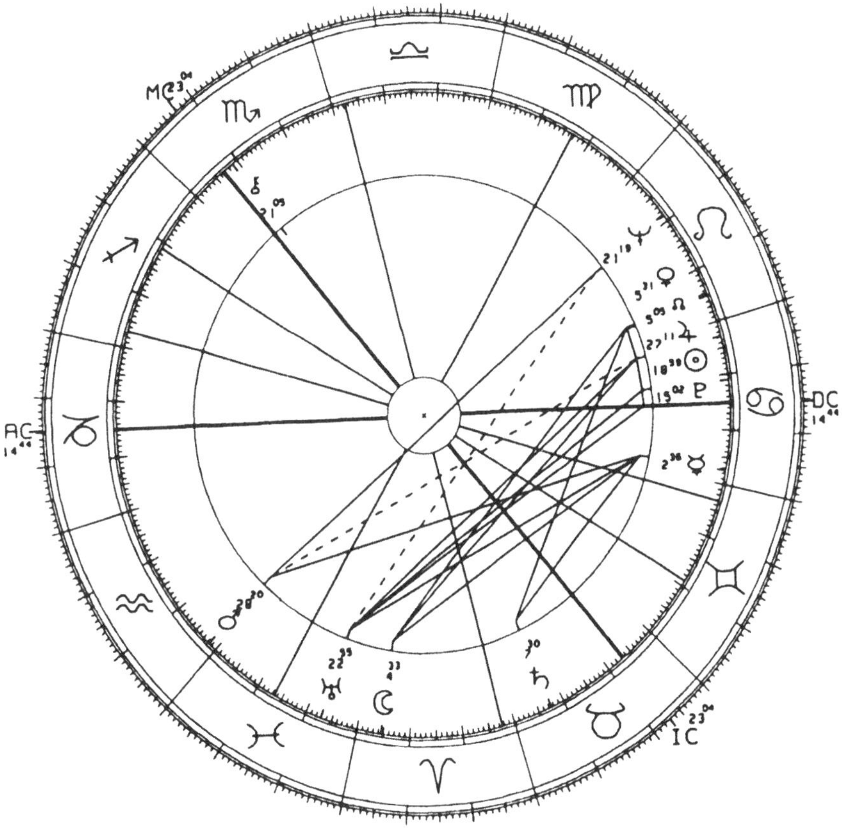

星盤四　父親比爾與兒子保羅的組合中點盤*

星盤由 Astrodienst 網站繪製，使用普拉西度宮位制。

*　編註：此為原書之星盤。

式解釋組合中點盤裡的太陽，將其視為這段關係裡最核心的本質。我們可以套用神話英雄的故事，進而理解組合中點盤的太陽是一段永遠沒有句點的過程。從最基礎的層面而言，中點盤日巨蟹所描述出來的關係深植於深層的情感需求及雙方皆具的創意天賦上。

組合中點盤上的金星與北交點合相，度數僅僅只差四分，這兩顆行星還與月牡羊三分。我再次感受到了深埋在層層疊疊羨妒與怨懟下的炙熱之愛與欣賞。

霍華：愛的潛力基礎存在。妳覺得是什麼原因阻擋了這種愛？

麗茲：羨妒，及其背後錯綜複雜的根源。還有害怕愛最終會帶來的脆弱感與依賴感。只不過，我覺得這分愛不只是潛力基礎，而是既定的事實。當人持續抱怨自己的父母有多討厭時，其實可以確定底層存在受傷的愛。不然根本就沒必要把父母講得那麼不堪。只有在我們在乎的前提下，他人才能傷害我們，而組合中點盤裡的金星與北交三分月亮，還有保羅金星與比爾太陽之間的跨星盤相位，統統反應出了這分愛。

也很有意思的是保羅出生時，合相比爾太陽的冥王星行運（也就是保羅的本命冥王星）同時也緊密合相了組合中點盤裡的金星、北交合相，與組合中點盤裡的月亮形成三分。組合中點盤的行運都會帶來啟發，因為這種行運反映出關係裡啟動的某一種特質。保羅出生時，兩人之間深刻的愛也就此誕生。組合中點盤裡的這組行運，我只能愣看著，咕噥說：「噢，你瞧瞧，組合中點盤真的很準。」

組合中點盤的土星位在金牛座七度。組合中點盤裡的土星顯示出這段關係裡令人不舒服、痛苦、受到限制的領域，恰好是象徵溝通的三宮。因此，這對父子要對彼此敞開心扉、表達真實感受是相當困難的。他們之間並不誠懇，源自於土星的驕傲、恐懼與防備。他們寧願選擇「傷敵一千，自損七百」的策略，也不願意坦承自己的脆弱或需要對方。這的確也是他們之間的問題。如果比爾能說：「我真的很欣賞你的才華。我一直希望自己能走藝術這條路，但生命讓我失望，而我很嫉妒你……」或是，保羅說：「我很需要你的賞識與愛，你一直批評讓我很難過……」只不過，組合中點盤三宮裡的土星讓這種對話不可能出現。土星也四分中點盤裡的金星，因此存在強烈的排斥感，雙方築起了高牆，阻擋愛與需求，這是父子相互的心態。

組合中點盤位於金牛座七度的土星非常靠近比爾的本命月亮。現在我們進入了月亮的國度。各位可以思考一下，比爾月金牛十二宮可能反映出了什麼？他最不可或缺的情感需求是什麼？

觀眾：安全感。

麗茲：對，他需要安全感與物質帶來的保障。無論他有沒有注意到，他其實也很需要肢體上的親密接觸。月金牛喜歡親親抱抱碰觸等肌膚之親。從這個角度來說，身為八個孩子的老么，這個需求可能比較難滿足，因為他必須「排隊」。而月亮迷失在十二宮，暗示了在家庭背景下，肢體上的親密接觸的確是個問題。十二宮裡的行星通常象徵著沒有辦法透過家族靈魂表達出來的需求，會深植於個人外表之下，造就深層的無意識飢渴，總是威脅要爆發或侵擾外在生命。我感覺得出來這是一個沒有人互相碰觸或擁抱的家庭，也沒有人願意坦言自己需要肢體上的接觸。

霍華：麗茲，我可以在這裡打斷一下嗎？請觀察麥斯的盤（星盤五），外圈顯示的是保羅的出生盤配置。聽到麗茲說比爾與保羅之間的愛讓我很動容，雖然他們沒有辦法對彼此表達這種感受。保羅說，麥斯出生後，他的情緒波動變得比較大。星盤上的其中一個因素是麥斯的天王星合相保羅天蠍座的上升點，換句話說，孕育麥斯、麥斯出生的這段時間，行運天王星正在喚醒保羅的水象上升點。還記得保羅是怎麼說麥斯的嗎？我先前提了，但我這次完整唸給各位聽：

> 麥斯出生後，一切都變得更鮮明了，更加恐怖，但也更寶貴。我擔心自己不是個好父親。我想要盡可能給麥斯最好的照顧，但這種感受對我來說很陌生，我內在沒有這種機制。有時，我會看著麥斯睡覺，我會感覺衝動，你知道，那種深深的父愛，但他醒著的日常生活裡，我沒辦法好好向他表達這分愛。我有時會對他大發雷霆，我自己都會嚇到。

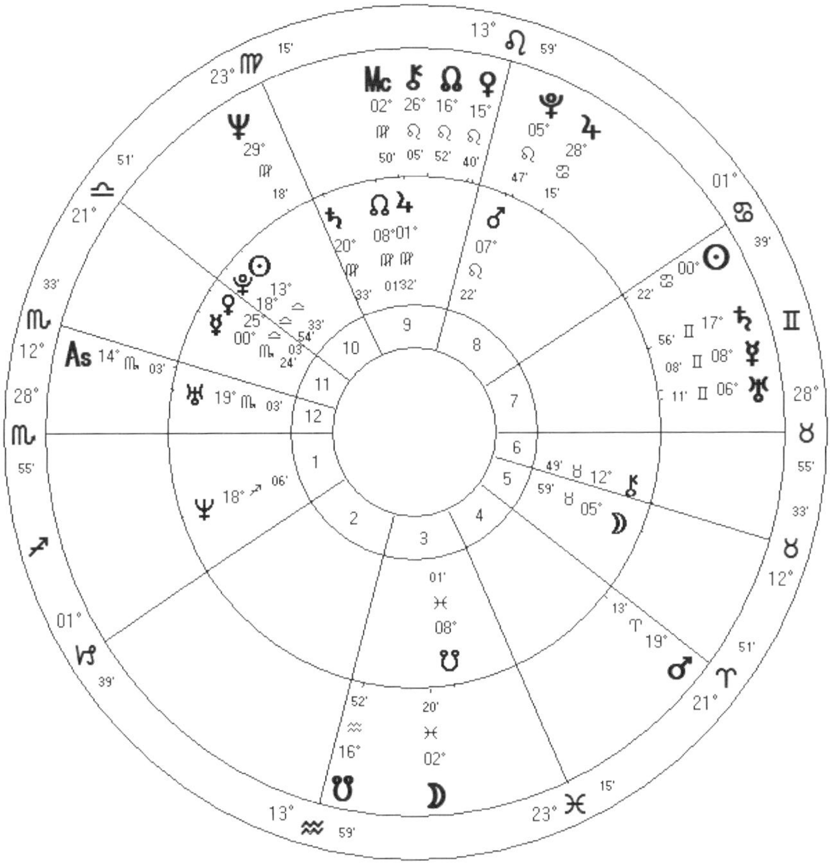

星盤五

內圈為保羅之子麥斯的出生盤，
外圈為保羅的星盤。

我可以想像比爾對保羅也有類似的心情。這個絕佳案例說明了模式會複製在下一代身上，或是一直傳承下去。

比爾在三十五歲又十一個月時生下了保羅。麥斯出生時，保羅三十六歲。也許只是巧合，但比爾跟保羅在差不多的時間生第一個孩子這點有點妙。好，真正有意思的來了。麥斯出生時，保羅的二推太陽在獅子座五度，這意味著當時，他的二推太陽在他本命獅子座冥王星的位置。我稍早說過，獅子座的冥王星暗示了父親的議題，因為冥王星與深度、黑暗、複雜性有關，而獅子座是跟太陽有關的星座。推運的太陽行經獅子座的冥王星肯定象徵了麥斯出生時，保羅的父親議題「捲土重來」。比爾的太陽在獅子座七度，因此，在保羅成為麥斯老爸的頭兩年，他的二推太陽來到比爾本命太陽的同一個位置。對於父親及成為人父這件事，他們之間一定有共同點。而且，麥斯的本命火星在獅子座七度，跟爺爺的太陽緊密合相，而麥斯發展階段早期，與父親保羅的冥王星只差兩度，保羅的二推太陽也在這裡。糟的還沒完呢，上述相位就發生在比爾、保羅組合中點盤的金星、北交點合相附近，也就是獅子座五度前後。我這才想到，其實這點很明顯，但我之前完全沒考慮到。比爾在一九四七年回到英國，他的出現打亂了保羅與他媽安逸的兩人世界。同理，麥斯是保羅的第一個孩子，雖然受到歡迎，但兒子依舊打擾了保羅與妻子一起建立的寧靜生活步調。現在保羅得跟麥斯一起分享他的妻子，就跟他先前要跟比爾一起分享母親一樣。

我還有一點要補充。我在一九八九年六月二十三日訪問保羅，前一天剛好是他的四十六歲生日。保羅到了之後，他說這天跟我見面、與我討論他的父親與兒子真的很妙，因為他昨晚才對麥斯大發雷霆。我細細聆聽他的故事，也想到某些治療師在與新客戶首度見面時，會問對方昨晚夢見了什麼。你知道自己要去找占星師或進行某種諮商後，重要的議題通常會在當週或是會面前冒出來。總之呢，保羅告訴我，麥斯想自己去商店，老爸拒絕了，因為那時天已經黑了，他們住的地方又不是非常安全。麥斯因為無法稱心如意而鬧脾氣，對著老爸怒吼：「你這個該死的王八蛋！」保羅的反應也很火大，說：「誰也不准在我生日這天說我是該死的王八蛋」，這天晚上的慶生活動也就毀了。我查了星曆表，發現他們吵架時，火星差不多來到獅子座四度的位置。火星很接近保羅的冥王星，也與麥斯的本命火星、比爾鬼魅般的太陽很靠近。當然啦，這絕對不只是巧合。我只能讚嘆且敬佩將不同配置安排給每個人的力量，居然能夠造就這種組合。深度研究過占星的人肯定都會看到背後運作的高深智慧。

麗茲：你知道還有哪裡更有智慧嗎？猜猜保羅與麥斯組合中點盤上的土星在哪裡，就在獅子座四度，吵架當晚，行運火星就準準走到這裡。還可能在哪裡？（請見星盤六）

霍華：雖然不是每個案子在星盤上都這麼明確，但我必須說，我也是看過很多這種案例。比爾、保羅、麥斯祖孫三人之間驚人的共通點是顯著的冥王星與天蠍座能量。比爾的冥王星在上升點，保羅的上升點在天蠍座，冥王星合相父親的太陽、合相麥斯的火星。麥斯日冥合相，天蠍座上升。比爾與保羅的組合中點盤日冥合相在巨蟹座，保羅與麥斯的組合中點盤上升點又在天蠍座。冥王星與天蠍座在這樣的男性血脈裡肆虐，我們聊的是嚴重的情緒暗流、無意識的競爭心態、憤怒，及難以表達的深刻之愛，其實也不足為奇。保羅的星盤故事強調了這些議題，但我相信不同程度的類似困難與挫敗感，在許多父子關係中都不曾缺席。

麗茲：困難本來就是原型背景中的一部分，我同意這種困難在父子關係中很常見。在這個案例的經歷中，神話主題似乎環繞著冥王星的地下世界象徵。同時獅子座的戲分也很重，因此個人創意展現、在地下世界與惡魔英勇搏鬥的議題就會在男性家族神話中變得顯著。比爾的星盤中，太陽位在天底的獅子座。雖然理論上來說，太陽是在三宮裡面，但已經合相四宮宮頭，只有與月亮四分，以及幾組一百五十度的次要相位。太陽位在天底，象徵了與父親及父親血脈的關係，讓我想到帕西法爾的故事，他是最「獅子座」的神話英雄人物。

在這個故事裡，我們看到救贖父親傷痛的主題，以及對於失敗生命力的轉化。帕西法爾不

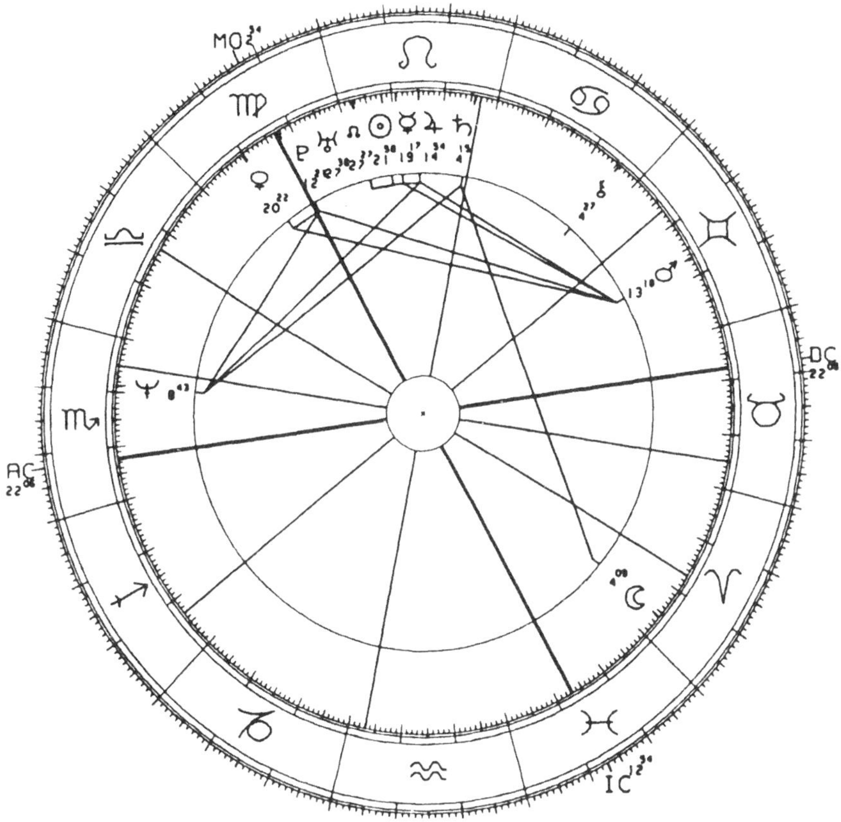

星盤六　保羅與兒子麥斯的組合中點盤*

星盤由 Astrodienst 網站繪製，使用普拉西度宮位制。

---

*　編註：此為原書之星盤。

是一般人想像中的英雄，因為他不是鬥士。他是碰巧遇上一個謎團——聖杯之王拖著病體垂垂老矣，身上還有一處治不好的傷，整個王國成了荒原。這樣的形象正是沒有好好活出來的生命力，信念、希望、成長全都消失。帕西法爾是一個神聖的愚者。他不曉得自己撞上了什麼，更沒有問出正確的問題——何謂聖杯？聖杯為誰服務？到頭來，是因為他同情受傷的聖杯之王、受傷的父親形象，才讓他能夠救贖自己、國王及王國。一直要到他足夠認同他的父親，他才找到了正確的問題，而這分認同來自認清自己也受過同樣的傷。

就我看來，這個主題在比爾的星盤裡強調了兩次，首先是他的日獅子，再來就是太陽合相天底，暗示了這樣的困境是承襲而來。

霍華：這裡我好想插嘴。

麗茲：好啦，我先講完帕西法爾的故事。你該不會碰巧有比爾他爸的星盤吧？

霍華：抱歉，沒有。根據我們從比爾、保羅與麥斯祖孫三代的故事上頭，我們大概也能夠猜到大致的輪廓。

麗茲：我想的確如此。獅子座五度的位置大概很忙。

霍華：但妳結束後，我這邊還有厲害的。

麗茲：好啦。救贖失落或受傷父親的主題貫穿整個家族三代。雖然保羅不是日獅子，但他有金、冥、北交、凱龍所形成的獅子座星群。比爾跟保羅的組合中點盤中，金星與北交點都在獅子座。加上麥斯，保羅與麥斯的組合中點盤太陽理所當然就在獅子座。線索不僅如此。這些可憐的男人皆是神聖的愚者，跌跌撞撞想要尋找聖杯，殊不知只有在同理父親的傷痛後，才能認出聖杯。交給你了。

霍華：我想補充我剛發現的一件事。麗茲提到比爾的月亮在金牛座六度，而他的金牛座需要肢體碰觸與親密感，這樣才能感覺到安全與保障，這點大概因為家中成員太多而無法滿足。各位有沒有注意到麥斯星盤裡，靠近金牛座六度的位置上有什麼行星？沒錯，他的月亮就在金牛座五度五十九分，非常接近比爾月亮的位置。同樣的需求存在於比爾與麥斯的星盤裡，而保羅是中間人。如果保羅能在這個方面上滿足麥斯的月金牛，那他也是在彌補父親未竟的渴望。有趣的是麥斯的月亮與凱龍還在合相的容許度中，而凱龍是一個展現出傷痛的行星。我們先前談過的獅子座配置（比爾的太陽、保羅的冥王星、麥斯的火星）全都四分金牛座裡的行星，因此創造出更多的張力，連帶將問題牽扯到自尊、特殊性及與自我有關的需求及問題上頭。麗茲先前也提到在比爾與保羅的組合中點盤上，土星位在金牛座七度。

麗茲：我覺得這點很重要，因為保羅、比爾組合中點盤的土星與比爾的月亮合相。組合中點盤中的行星與一個人出生盤的行星產生緊密相位時，顯示出這段關係作為一個實體，在特定領域中，會對當事人產生深遠影響。這段關係裡的關係障礙限制了比爾，讓他無法自在注意到那些沒有得到滿足的金牛座需求，他一直很會掩飾這些需求。也許一直到兒子出生後，啟動了這種需求，他才曉得他有多需要肢體接觸與情感交流。而這一切受到阻礙的肢體碰觸，某種程度也會影響到麥斯。

霍華：沒錯，麥斯展現出比爾與保羅之間的未竟之業。

麗茲：我們可以暫停講座，等到麥斯的兒子出生嗎？

霍華：可以啊，十五年後見。

麗茲：這個家族透過下一代一再展現出來的未解議題實在太古怪了，你確定這些盤不是你捏造的？

霍華：真的不是，但有時在我深入研究後，我會懷疑這些盤是我編造出來的。如果有時間，能盡量蒐集到家族成員的星盤，把這些盤統統一字排開，就算只是太陽盤2，你都會很有收穫。我們甚至還沒看保羅母親、保羅太太、麥斯妹妹的盤。保羅太太的星盤非常有意思（請見星盤七），因為她的火星在金牛座五度，合相金牛座十一度的金星，還四分獅子座八度的冥王星。

2　譯註：意即將太陽設定在一宮宮頭的位置上。通常是因為沒有確切的出生時間。

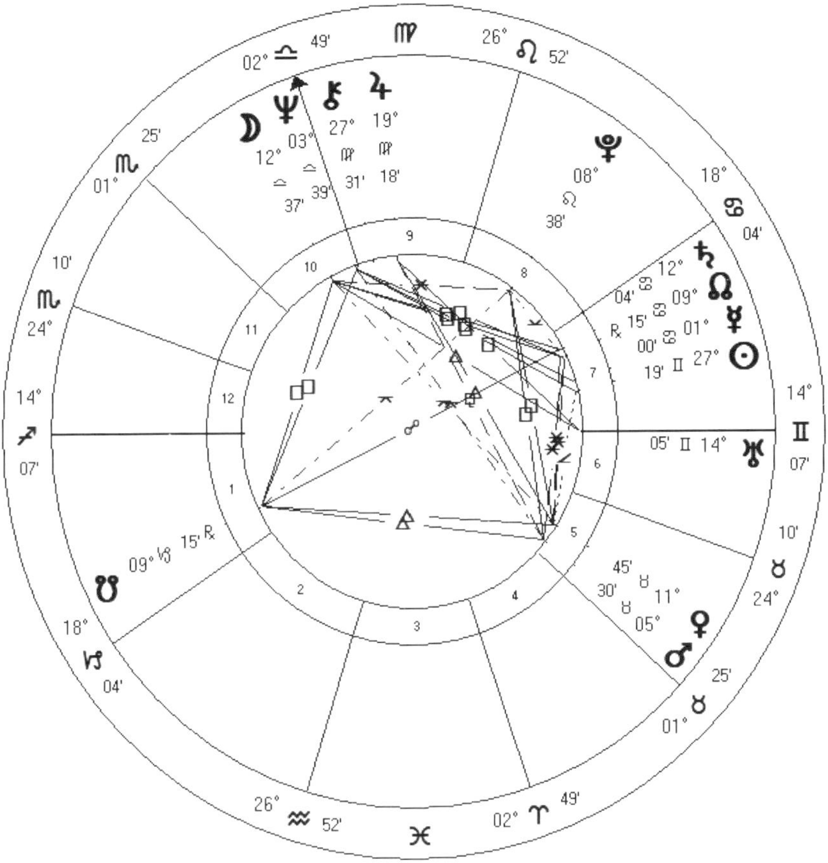

星盤七　保羅妻子的出生盤

麗茲：當然如此。保羅在哪找到她的？郵購目錄上？我們可以看到這個家族裡非常明顯的重要神話主題。強調獅子座暗示了救贖父親受傷靈魂的主題。強調冥王星則暗示了需要走一趟冥府，直視人性最幽暗的層次。金牛座與天蠍座都傾向於無法寬恕，其中蘊含著因為受傷的尊嚴，而積壓已久的怨恨與壓抑的情感。同時還有比爾與保羅之間強調的巨蟹座能量，似乎是在闡述，接生內在世界的意象，並以某種創意形式錨定下來。

霍華：還有一件事。

麗茲：是什麼？

霍華：保羅跟麥斯的天底是同一個星座。保羅的父親形象沾染上雙魚座的色彩，如果把四宮當成父親的話，那保羅對父親的意象也是很雙魚座的。

麗茲：一再出現的家族主題也許會透過缺乏的元素展現出來。就眼前的案例而言，關鍵在於特定的星座、行星，甚至是某個度數會一再出現。不過，有時傳承的家族神話會以其他方式展現。

霍華：因為比爾跟麥斯的月亮位置一樣，在比爾與保羅的組合中點盤以及麥斯與保羅的組合中點盤上，月亮也都在牡羊座四度。我跟保羅去年開始安排見面探索這一切時，行運天王星回歸到摩羯座四度，四分組合中點盤上的月亮。天王星這顆行星通常會與占星有關，大家都知道天王星的行運會喚醒當事人，也預告了接下來的突破。行運天王星四分牡羊座四度的時間點對保羅來說剛剛好，透過占星象徵系統帶來的洞見與自我理解，他與源自父親之間沒有處理好的情感與情結全面覺醒，且能夠將這一切與他和自己兒子關係中遇到的困難串連在一起。

結論

我想花幾分鐘為父子關係做個總結，然後我們就可以換個話題。面對且處理你與父親之間存在或存在過的外部問題固然重要，更要緊的是對存在於你心中的內在父親形象做功課。換句話說，這點對男性或女性都一樣，我們必須與內在那位「受傷的父親」和解，且療癒他。[3]過程中的一個步驟是探索過往，開始清理，但我覺得這樣不是終點。我們也要打造出全新的正面父親形象，一個完整的形象，這個男人能夠滋養、照顧他者。我稍早從這個角度提過天王星與海王星在摩羯座的行運，也就是新時代父親出現的時刻。我想用我想像中的正面父親形象作為結論，這個形象一直存在於我的腦海之中。威廉·史隆·科芬（諷刺的是，他曾擔任父權主義堡壘耶魯大學的駐校牧師）曾說：「最需要得到解放的女人是每個男人心裡的女人。」[4]我算

3　原註：山謬·歐夏森，《尋找我們的父親》，一九八六年由紐約 Fawcett 出版。第七章。

4　原註：出自威廉·史隆·科芬（William Sloan Coffin）所言，波倫在《男人內在的神》中引述，第一五九頁。

是同意他的說法，但我大概會換個講法，改為：每個男人需要整合或與自己的阿尼瑪建立關係，或是，男人要成長，就得透過榮耀且接受自己本性裡的情感層面，而不是一昧地認同理性或智識層面。我想像中的人父可以自在接受自己的情緒，不會害怕自己的阿尼瑪。如果男人不能接受自己的「陰性層面」，他就會貶低這個層面，也就是典型一九五〇年代男人表現出來的樣子。在場大概許多人的父親都符合這種描述。我來假設一個場景，比較同樣狀況下，五〇年代父親與「新好男人」不同的處理方式。想像開學第一天，小男孩不敢去上學，他哭哭啼啼，鬧起脾氣。五〇年代風格的父親大概會罵他，叫他「不要跟個奶娃一樣，不要這麼娘娘腔。男人不會哭哭啼啼鬧脾氣。你的行為讓我覺得很難堪。成熟點，跟男人一樣好好面對問題。」在男孩因為冒險進入新場合與未知領域時，他這麼做就是在貶低男孩的本能反應，並將恐懼合理化。好，咱們假設小男孩有個九〇年代的父親，這個男人更能接受感性層面；這個男人願意面對情緒，而不是立刻否認或轉頭逃避。男孩不敢上學，又哭又鬧。這個新時代老爸會安慰他，說：「對，我理解，我也會怕。有這麼多感受沒有錯。不會因為你有這些情緒就代表你有問題。」因為父親本身就熟悉自己本質上的情緒，他不會貶低或奚落兒子的情緒反應。這種父親也會說：「我明白，前往外在世界，面對未知的狀況的確很嚇人，但『老虎該打還是得打』，為了成長與發展，挑戰還是該面對、克服。」這位父親是在教育兒子，有這些恐懼沒關係，但不需要讓恐懼完全控制或主宰自己。他這是讓孩子懂得自己是有選擇的，還有別的選項，他可以在不丟臉的狀況下坦承自己害怕，且還是選擇走出去，直接面對他所害怕的狀況。各位跟上了嗎？

「新父親」學習了如何接受且與情緒共存，但他也沒有無視太陽的價值或陽性原則，也就是英雄或戰士形象中的阿尼姆斯。他讓兒子了解，就算有恐懼或疑慮，還是可以英勇地去外頭，用具備尊嚴的態度承擔風險。過程中，這個孩子不會遭到貶低，他所處的環境與典型五〇年代父親的場景截然不同。男孩之後會啟程，在「陽性」與「陰性」層面上，達到更平衡的狀態（女性也該努力在阿尼瑪和內在男性之間達到更平衡的狀態。如果一位女性只認同她的阿尼姆斯，而犧牲了情感的本質，就會危害她作為個體的完整性）。所以我心中正面的人父形象如下：能夠滋養、照顧孩子，卻不會貶低他們。這種父親不會因為同情孩子，就讓他待在家裡，不去上學，這位父親會提醒孩子，還有老虎要修理。或是跟山謬．歐夏森在《尋找我們的父親》裡寫得一樣，他可以抵禦風雨，可以指引孩子，而不是讓他們一直當「爸寶」，且傳達「堅定也穩定的知識，那就是男性和女性一樣，都是地球上賦予生命的力量」。5

如果要開始處理父親議題，最好的辦法大概是打開父親的星盤，就算沒有正確出生時間也

5　原註：山謬．歐夏森，《尋找我們的父親》，第兩百二十九頁。

沒關係，只是太陽盤也無所謂。研究父親的出生盤，你就會多少明白他內在是個什麼樣的人；他作為一個人，經歷過什麼。這樣可以協助你更加接受且理解父親。

麗茲：母親的星盤也別放過。霍華，你在講的其實是煉金術中的太陽、月亮結合。我想接續你的主題，用煉金術的意象再闡述一下。我想提煉金術的原因是因為其中的核心意象正是太陽與月亮的**合體聖婚**，也稱作 hierosgamos，我想這個話題很適合作為太陽月亮內容的總結。

太陽月亮的最佳平衡點肯定因人而異。陽性陰性的平衡沒有所謂正常或最佳的位置，而且當事人可能也會因為走到生命的關鍵時刻，而在內心做出調整。恰當的平衡點大概是與出生盤上太陽月亮星座產生某種連結，加上整體圖形，且考量盤中不同的配置。無論我們的煉金巨作為何，其他人都無權置喙。煉金術煉的黃金是下功夫的目標，煉金術士總說那不是「一般的黃金」，而是太陽與月亮結合的意象，象徵著完人。在了解占星學中太陽與月亮的象徵之後，疑問肯定會冒上來：「行行行，但我們該怎麼把這兩個放在一起討論？從哪裡開始？」

我們已經了解，若一個人想感覺腳踏實地、心滿意足，太陽跟月亮就必須在意識層面得到認可與表達。不過，要是兩者不合呢？如果太陽月亮呈現四分相或對分相？要是各自所在的星座無法好好融合呢？這兩顆行星就算是三分相，到了某個時間點也肯定會產生衝突，因為每個人內在的英雄遲早會想從安全的童年與過往世界中掙脫出來，我們內心的孩子卻想留在安全的已知世界中。也許會透過二推月亮四分或對分本命太陽，或相反的狀況，也就是推運太陽與本命月亮形成四分或對分相，來呈現這種掙扎。有時為了持續重視太陽與月亮的價值，我們的確需要優先考慮其中一方。這點也許會透過行運或二推的相位反映出來，舉例來說，如果你的二推太陽與火星合相，而行運的天王星又對分這兩者，你就得優先考慮太陽，因為現在就是屬於太陽的時間。

我覺得煉金術裡的**蒸餾器**（alembic）或燒瓶的形象有助理解，因為它描繪出一個容器，蘊含了太陽與月亮結合的過程。煉金術的文獻將這個過程描繪得充滿了危機與衝突，我想，在過去兩天的講座中，各位已經觀察到，危機與衝突在人生過程中俯首皆是。煉金術與英雄之旅其實是同一段過程的一體兩面，會隨著不同階段推進，有時需要行動與運作，有時需要醞釀與靜候。不過，這些階段，也就是在這些生命的重要踏階上，我們通常會更加留意自己的靈魂、肉體、心靈與內心，這個時刻，我們會精確意識到讓這些層面一起交流有多困難，但這一切都是在蒸餾器這個安全的框架中發生。所以這個過程在我們內在會如何運作？在星盤上又如何呈現？

某種意義上來說，蒸餾器就是「自我」，這個「我」是個人價值的總和，能夠提供一致性與連續性、能夠包容我們的衝突。換句話說，蒸餾器具有一體的意義，也是亞麗阿德妮的線，能夠串連起人生的不同篇章，也許是一再重複的生命主題，雖然以不同面貌呈現，卻總能啟動我們最深層的資源。蒸餾器的層次會讓我聯想到出生盤裡的上升點。上升點以充滿深遠意義的方式將太陽與月亮的範疇結合在一起。上升星座似乎能夠展現出一再出現挑戰我們的價值觀或生命經驗，因此我們必須以月亮的本能智慧及太陽的意識目標來回應。生命會一直用上升的議題來攻擊我們的要害，因此我們必須透過內在及行為一起發展上升星座的價值，才能逐漸增強太陽與月亮的力量，進而理解，日、月、上升其實是串連在一起的。

如果觀察保羅的星盤，我們也許會認為他的天蠍座上升點可以作為結合日巨蟹與月雙魚的指標。保羅星盤上的太陽與月亮是三分相的關係。不過，這不意味著兩者在煉金術的深層結合中能夠一起運作。這兩顆發光體都在水象星座，因此，他的本能反應基礎及意識目標都深植在情緒與想像的國度之中。不過，這組日月三分無法直接說明保羅的本能需求與意識目標可以和諧運作，也不意味著他能以完整個體的方式表現出來。我們已經觀察到他沒有辦法好好表達自己的感受與想像力，他必須面對原生家庭背景及與兒子關係所帶來的巨大挑戰。

霍華：是這樣的，我已經研究且在占星領域執業了二十年，我還是會想，我是否真的明白上升點的重要性。不過，我同意麗茲的看法，上升|下降軸線的確透露了當事人前往煉金術中太陽與月亮的必經之路。不過，我也相信，過程中水星也不容小覷，榮格將這顆行星

與超越功能（transcendent function）聯想在一起。

無相位行星的解讀與可能性

觀眾：那無相位的太陽怎麼解釋？

麗茲：我就說說我最常用來解釋無相位行星的比喻。這麼說好了，有一間大房子，裡頭住滿形形色色的人。房客之間相互認識，也知道彼此的房間在哪，他們也都會聚在客廳裡交換八卦或是爭執之類的。不過，有人住在地下室裡，而其他人都不曉得他存在。這個傢伙就是無相位行星。這位身分不明的人也是屋子裡的房客，但他的動作、行為、動機、需求都與其他人沒有交流。其他人不會費心探索屋子，查看家裡是否有隱藏的空間，落單的地下室房客持續獨處，深陷在自己的幻想世界之中。

各位有看過韋納・荷索的《賈斯伯荷西之謎》（*The Enigma of Kaspar Hauser*）嗎？這部電影主要是在說一個年輕人從嬰兒時期就遭到獨立囚禁，完全沒有與人接觸。當他終於出現，回到文明世界時，他的行為與外表對每個人來說都很驚嚇，其他人對他來說也很震撼。沒有相位的行星就是徹底獨居、沒有經歷過與其他相位互動帶來的好處、沒有調整且整合過這顆行星的習性。如果某些能量處在無意識狀態，很容易保持古老、原始的本性。靈魂之中的驅動力要與意識及外界接觸，才有可能變得「文明」，將佛洛伊德所謂的「本我」（id）變得人性化。無相位行星的本質是原始且原型的，還沒有經過人性化的過程。哪天重要的行星行運或二推相位出現，或是哪個人的本命行星剛好與這顆無相位行星產生相位，地下室這位陌生的房客會忽然從地板下扔出手榴彈，闖到樓上來。這時，大家才會驚呼：「老天，那是打哪兒來的？」伴隨而來的是一段混亂的時期，之後，當事人才會接受這部分新的重要自我。

如果太陽無相位，我們就得思考一下太陽英雄的神話故事，稍微理解這股能量處在原始狀態的樣貌。最具創造力的層次是原始、強大的創意，可以灌鑄出無比的豐饒與力量。最黑暗的層次則是以救世主自居的特別與膨脹，因為原型能量的英雄還沒有經歷人性化的過程，還沒有變成凡人。同時牽涉進來的還有其他層面。與父親的早年關係可能不太好，通常是處在無意識狀態下。也許當事人會與父親完全失聯，結果就是喪失了健全的內在父親形象，沒有辦法調節太陽神明般的能量。這樣很可能會導致許多權威、成為人父及整體感受陽性能量的問題。太陽也象徵了一個人對現實的感覺，這種感覺也可能是無意識的。結果就是必須要有別人在身邊鏡映（mirroring）出當事人的行為，這個人才會覺得自己真實存在。無相位的太陽很難表達自我產出的能量，所以當事人會四處奔走，到處問：「告訴我，我是誰。」

觀眾：有可能改善嗎？

麗茲：當然可能。每個月，行運的月亮都會合相無相位的本命太陽。世代行星、外行星遲早也會跟太陽形成強硬相位。土星差不多每七年就會跟太陽形成強硬相位。機會多的是。

霍華：或是，如同麗茲所言，你會遇到一個人，這個人的配置可以啟動你的太陽。我看過很多太陽無相位的盤，當事人大多對父親一無所知，要麼父親在他們很小的時候過世，要麼不知為何，父親在他們兒時就失蹤。我也觀察到一個現象，如果太陽與海王星合相或產生強硬相位時，太陽的原型能量也是沒有經過調節的。保羅的太陽跟海王星四分，真希望各位能夠看看他的照片，他簡直是海神波賽冬（Poseidon）的活體雕像，完全是那種男性原型的實體化身。

麗茲：他披著海草嗎？

霍華：麗茲，拜託。

觀眾：如果太陽與月亮讓當事人陷入進退兩難的困境呢？父親有父親的訊息，母親的訊息又不一樣，當事人會在原地打轉，因為他進退失據，不曉得該怎麼辦。

麗茲：太陽與月亮的確會造成進退兩難的困境，每個人內心都會這樣。追求意識、個體化的刺激在某種程度上來說，一定會與追求保障、歸屬感的吸引力造成碰撞。不過，有時這種碰撞會顯得相當尖銳。比爾其實就有這種問題，從他的日月四分就略見一斑。這兩顆行星的強硬相位，就算是合相，都暗示了對此人而言，自我與本能之間的基本人性衝突都很銳利。這種銳利的衝突通常反映出的是父母的婚姻狀況。

霍華：日月形成強硬相位，父母之間也可能會有相處上的問題，孩子會被雙方流彈擊中。我因此想到我原先想提的一件事。這點也許可以在日月強硬相位中觀察到，或是以其他方式呈現出來，那就是母親不希望兒子與父親產生連結，彷彿是她要爭取獨立擁有兒子的權利一樣。一切的根源也許來自母親需要被愛、需要覺得自己很特別。因此母親也許會破壞父子拉近關係的機會。她也許會一再對兒子數落父親的不是，企圖離間兒子與父親的關係。每次父子想要更加親近的時候，母親都會闖入，一屁股卡在父親與兒子之間。三角關係裡，這種問題很常見。

麗茲：我想各位除了查看父親、母親的星盤之外，該做的另一項功課是觀察父母的組合中點盤（就算只是太陽星盤也沒關係，只是要觀察行星跟相位就好，不用參考組合中點盤的上升與宮位）。看看這張盤與你出生盤之間的互動，你就會知道你會受到父母關係的何種影響。同時，你可以探索你與父親之間的組合中點盤，看看這張盤對母親的星盤有何影響，之後，再打出你與母親的組合中點盤，看看與父親的星盤有何互動。這種調查可以看出家庭間的動力關係。

霍華：然後整晚都不用睡了。

麗茲：應該是好幾個禮拜都不用睡了。

霍華：我昨天還沒講完日海跟日冥相位。麗茲要現在講完嗎？

麗茲：我？是因為我剛剛說了什麼嗎？

霍華：好啦，我們一起講，但妳開頭吧？我們當時說的是用早期與母親的愛戀關係來看月亮相位。

月海相位的邊界議題

麗茲：好，那我們從月海開始。月亮可以用來形容你與母親共享的東西，母親似乎擁有這種特質，對你的孩提時代也造成深遠影響，而這個相位會讓母親帶有強烈的海王星色彩。某種程度來說，這點暗示了她缺乏邊界感。她的自我似乎沒有得到足夠發展，她在情緒上也許需要與身邊的人融合在一起。這種「滲透」最具創造力的面向是自然而然的同理心與想像力。月海相位的困難之處在於母親也許無法忍受孤獨或分離，她會因為自己不敢成為獨立個體的恐懼，進而允許自己成為受害者。所有犧牲、苦難、無能為力的原型主題都會瀰漫在母親的形象之中，因為海王星正是我們內心不斷在生命中徘徊、尋找救贖的面向。這是我們對於回歸伊甸園的渴望，希望洗滌掉獨立存在這種罪過的心情。因此，海王星特質強的母親會從孩子身上尋找救贖，將孩子投射為救贖者的角色，而母親則是鬧情緒的孩子。母親與孩子之間有時存在著非常深刻的無意識融合狀態，受害者與救贖者的形象包裹著這種狀態。而且，母親對於情感上的合一渴望事實上會吸乾孩子的精力，也會無意識地透過罪惡感，削弱孩子在自我表達上甫剛萌芽的努力。我在這種相位組合中經常看到霍華先前描述的狀況，母親將孩子占為己有，將父親排除在外，彷彿這孩子是聖子，受孕過程無染原罪，唯一的存在目的就是為了救贖母親。之後與父親（太陽）建立關係意味著放棄原型救贖者的身分，對凡人而言，這是很難實踐的行為。月海相位的初戀體驗因此成為母子之間的天堂合一狀態，深具成癮性，同時也令人窒息。

霍華：我看過很多具有月海相位的孩子，他們會因為想與母親脫離而感到內疚。我先前提過孩子差不多在九個月大時會來到練習階段，這個時期的他們的戀愛對象不僅限於母親，還會拓展到世界上。月海相位的孩子也許會想探索環境、也許會想在某種程度離開母親，出去冒險，但只要離開她身邊，孩子就會感覺到不自主的內疚感或過意不去。彷彿是母親為了自己，需要孩子犧牲自我、犧牲孩子的需求一樣。也有可能是這樣的狀況，脫離母親而成長的自然動力或與母親分離的自我定義程度不及想要與她合一的衝動。模式已經建立起來，之後在生命之中，孩子也許還是想找到某種神聖合一的親密對象，或是會扭曲自己，進而成為你以為對方想要的模樣，贏得他人的愛。過程中，你肯定會喪失自我，到了某個程度，你就會怨懟、氣那個人。

麗茲：月海相位整體來說就是有邊界問題。與其改變相位的本質（不過也是不可能的），更有幫助的是認清這組相位積極的面向，也就是同理心及「進入」另一個人情緒狀態的能力，並想辦法在日常生活的小地方裡建立出更健全的界線。不然，這組相位最糟糕的特質就是喜歡情緒勒索。「我替你犧牲了這麼多，放棄了獨立生活的多少機會。現在你連靈魂都是我的。」有時母親會散發出這種沒有說出口的無意識訊息，孩子長大之後就會重複這種模式。海王星先天就厭惡六宮處女座範疇的日常事物界線。某些簡單的話語，諸如：「不，我不想去那場派對，但我也很高興你自己去。」這種話對海王星人而言就是很難說出口。對他們來說，「我」不存在，只有「我們」。不過，為了融合而抹除自我，這種行為會讓當事人相當不滿，因為就算一個人月海緊密合相，星盤裡還是有八顆行星加上凱龍不喜歡你儂我儂。特別是太陽與火星，它們會開始發出硫磺味，通常是無意識的行為，但肯定會出現，同行間都說這叫「氛圍」。所以能夠建立出一些邊界是必要的，也不用把自己搞得像斤斤計較的三重處女座（這是指太陽、月亮、上升點都在處女座）。學習偶爾說「不」幫助很大，況且，拒絕之後又不會死。

霍華：或該說，對方被你拒絕也不會死，或是因此恨死你。

麗茲：的確。他們也不會因為這樣就懲罰你，將你永遠逐出伊甸園。也許暫時出去吧。話又說回來，如果我們不能接受暫時待在柵門外，那我們根本沒有辦法應對生命。我們對關係能夠同時包容邊界和合一的能力越有信心，就越能療癒母親帶來的海王星傷痛，其中包含了內疚和怨懟。

月冥相位的暗流湧動

霍華：說說月冥相位，透過母親遇到了冥王星，具體場景可能有很多。孩子內在本能就是會捕捉到母親黑暗或隱藏的情緒，也許是她放在心底的挫折感、破壞性或憤怒。孩子因此覺得受到母親威脅，彷彿是所愛之人也能隻手摧毀孩子一樣，哪天一轉頭就取你性命或將你一腳踢開。之後在生命中，孩子會無意識吸引或建立出重複這種模式的關係，因為這就是你對母親的經歷，畢竟她是你對愛情與親密關係的第一個榜樣。你吸引到的對象也許會帶有令人痛苦的特質或強烈的毀滅衝動，你會不小心誘發這股衝動，不然就是將愛與麻煩劃上等號。你（有意或無意）相信愛情會讓你崩壞。如果期待伴侶有一天會露出醜惡的面容、拋棄你或背叛你，那你在關係之中就不可能放鬆。你也許會變得極度惡毒、控制欲超強或精於算計，這樣才能避免最害怕的場景發生。

有時，相反的狀況也會發生，你擔心你會摧毀所愛。嬰兒時期，當母親讓我們以某種程度受挫時，我們都會想殺了她。這自然不是什麼舒服的感受，因為如果你依照這股衝動行事，你就會摧毀所愛之人，更是消滅了能夠讓你存活下去的對象。月冥有相位的人必須接受這種先天矛盾心態帶來的張力。我相信在親密關係中，愛與恨會同時存在，許多理由可以解釋這種狀況。也許你心裡一方面覺得關係讓你窒息，因此怨懟另一半否定你要完全成就自我的空間與自由。同時，越是愛一個人，你的幸福感與滿足感就越容易跟隨對方起伏。因此，只要對方讓你失望，你就會變得非常憤怒，或是怨懟對方居然如此掌握你。能夠包容你時不時對伴侶產生的負面情緒，同時也能乘載正面、關愛、甜言蜜語的關係才是健全的關係。月冥有相位的人通常都很緊繃，無論他們嘴上怎麼否認，但他們似乎都是靠關係裡的深刻程度、戲劇性、複雜性茁壯成長。在無意識狀況下，他們會認為親密關係、親密感等於轉化，好似關係註定是一種催化劑，透過關係，一個人可以砍掉重練。

麗茲：緊繃的情緒或是強迫性的情緒，的確都有轉化的效果，因為這種情緒的衝擊會將兩個人立下的意識規矩與盟約燃燒殆盡，伴隨而來的理所當然是痛苦。冥王星最常讓我想到的字眼是熱情（passion），可以是充滿熱情的愛恨情慾，但冥王星的關鍵字永遠會是熱情。這個字的拉丁文字根意思是「受苦」，因此耶穌受難稱為 the Passion of Christ。月冥相位聲明了母親的熱情。我聽過很多具有月冥相位的人說：「家母冷漠壓抑，從來不會表現任何情感。」我看著出生盤上的月冥相位，心想：「的確，我相信這是她為了保護自己，進而學會的行為模式，就跟每一位優秀的冥王星人處理他們暴虐的路西法傲骨一樣，但其中一定存在某座持續增壓的活火山。」母親內在一再悶燒的情緒可以釀成憤怒、醋意，甚至滋生出無意識的渴望，想要謀殺親生骨肉，因為這個孩子存在的責任似乎就是要承擔母親生命夢想受到的挫折。或是，如果實際的對象（丈夫）離開或無法接觸，母親就會將這種情緒轉變成對孩子性議題的無意識強迫關注。

霍華：孩子與母親的戀情會成為孩子往後對於親密關係的期待標準，也就是當孩子想要滿足基本情感需求時，期待會遇到的內在形象。因此，孩子之後會遇到那些複雜、深層、熱情的人，與他們在一起，只會發展出三言兩語說不盡的緊繃關係。你根本看不上無法滿足這種條件的對象。倘若你與某個太安全、太隨和、太簡單的對象結婚，這段婚姻也走不了多遠，不然就是你會有婚外情，而這段外遇充滿了複雜性與刺激感，這樣才能滿足你對於親密關係裡的冥王星形象。

生命的節奏

月相週期之討論

麗茲．格林

我想以所謂的月相週期作為系統性講座的結尾，這樣應該是很恰當的安排。月相週期是觀察太陽與月亮之間的互動，而沒有參考本命星座、宮位配置及相位，從中可以得出幾個不同的見解。其中一個觀點，丹恩．魯伊爾在他的《月亮週期》中解釋得相當清楚，主要是在闡述一個人出生時的月相，以及該月相所代表的心理特徵。[6]我不想解釋太多，因為魯伊爾已經寫得很詳盡，我沒有什麼要補充的。各位讀他的書就好。不過呢，還是有其他的方式可以觀察太陽與月亮的互動，也能提供額外的觀點。

其中一個重要的方法是看個人星盤裡的二推月亮週期。各位大概對二推月亮的運行模式不是很熟悉，二推月亮在星盤運行一圈差不多要二十八年，簡單的類比就是將月亮行進的一天當作人生的一年。月亮在黃道星座上差不多一天可以走十三度，也就是象徵了一年十三度，二推

6 原註：丹恩．魯伊爾（Dane Rudhyar），《月相週期：理解性格的關鍵》（*The Lunation Cycle: A Key to the Understanding of Personality*），一九八六年由新墨西哥州聖塔菲 Aurora 出版。

月亮行經黃道三百六十度，約莫就是二十八年（必須依照個人星盤來計算月亮前進的速度，因為月亮每天行進的速度也不一樣）。二推月亮在星盤上運行，會在一個星座的三十度間移動大概需要兩年半的時間，過程中會與本命太陽、二推太陽形成相位，二推太陽差不多一天走一度，一度也就象徵一年。二推月亮與本命、二推太陽會產生週期性的相位，也就是說，它們會形成規律的相位，最重要的莫過於二推的新月與滿月，這時二推月亮會先與本命太陽形成合相或對分，然後與二推太陽產生相位。追蹤二推的月亮週期很有意思，我們晚點再來細究。二推月相發生的年分相當重要，特別是二推月亮與二推太陽合相或對分時，同時也與出生盤行星產生強硬相位的時刻。

我們也可以在平常的行運週期中觀察月相週期，因為每個月的月亮都會回到出生盤上原本的位置。月亮回歸盤就是以此為依據，許多占星師會參考月亮回歸盤，作為下個月的趨勢。至於月亮在黃道帶上的行運，過程中會與行運的太陽產生一連串的合相與對分，就天文學上來說，即新月與滿月，而如果這種月相落在出生盤的行星或某個角度上，就可以啟動移動速度比較慢的行運或推運相位。不過，就算行運上的新月或滿月沒有直接與出生盤上的行星形成相位，光是觀察座落的宮位都很有意思。一年之中，月相發生的宮位是會連續的，舉例來說，新月發生在四宮，接下來的滿月就會橫跨四宮—十宮軸線，下一次新月也許在五宮，滿月就會發生在五宮—十一宮軸線上，諸如此類，太陽三百六十五天繞行黃道時就會經過不同的宮位。因此，在每年的週期裡，新月與滿月會輪流啟動出生盤上的配置。許多在報紙上寫專欄的占星師會以這種月相作為運勢基礎，端看新月滿月發生在太陽盤的幾宮，以及與其他行運的行星產生何種相位。

在一年當中，能量最強的月相是日月蝕，可以參考星曆表上月相與南交或北交合相的時間。這意味著，行運的太陽與月亮不只黃經同度，連黃緯都同度。對於日月蝕的意涵、作用力維持多久還有許多討論，但日月蝕無疑是誘發本命配置與速度緩慢行運、推運相位的強大動力；這些相位存在容許度裡的時間可能很長，但只要日月蝕進來作用，通常都會看到「成熟」的結果。通常一年會有兩組日月蝕，兩次日蝕（新月）及兩次月蝕（滿月），差不多會間隔半年。這是該年週期中能量最強的時間點，中間穿插著比較微弱的月相，形成低調的週期節律，而在古老的占星學中，早在解讀個人星盤之前，日月蝕是用來解讀世界大事的預測利器。[7,8]

7 原註：其中一個絕佳實例是一九九一年的波斯灣戰爭。戰爭的舞台搭建在薩達姆．海珊進軍科威特時，此時一九九〇年七月底的日蝕剛過，這次日蝕發生在巨蟹座二十九度，與伊拉克國家盤的上升點在四度的容許度內。盟軍的最後通牒是要求伊軍在一九九一年一月十五日前撤離科威特，這一天恰好是下一次日蝕發生在摩羯座二十五度的日子，這個度數零度合相伊拉克的下降點。任何一位稱職的巴比倫占星師都會警告海珊不要在這種預兆下侵略另一個國家，這也讓人不禁懷疑，他是否在一月得到了占星上的建議，因為他嘗試要改動最後的期限，卻沒有成功，隨後導致了災難的後果。

8 譯註：根據 astro.com 整理出來的資訊，伊拉克共和國的上升點應為獅子座十四度，感興趣的讀者請自行參考 https://www.astro.com/astro-databank/Nation:_Republic_of_Iraq

最後，另一個觀察月相、觀察太陽與月亮移動關係的方式就是月亮的交點。南北交週期一圈約莫十八年，它是月亮軌道（白道）與太陽軌道（黃道）的交會點。南北交以逆著十二星座的方向移動，各位大多很清楚，南北交的威力在行運及推運時都很強烈。解讀南北交的方式很多，從印度的宿命論（北交為羅睺，南交為計都，據說是會帶來災難的邪魔能量），到「過去世」（上輩子在哪裡一敗塗地，這輩子就要在該領域重整旗鼓）。此刻我想從心理學的角度來思考南北交作為太陽與月亮之間的關係。

為了要在不同的月相週期中站穩腳跟，我認為，對於太陽與月亮的基本定義必須更加清楚才行。我跟霍華都提到月亮與改變、物質生活、身體週期、本能天性有關。月亮是具象肉身的載具，也是感知的器具，更是我們與塵世的連結。我們透過月亮、透過軀體來回應生命，以及回應感受與本能；而最重要的莫過於，我們透過月亮串連上了所處浩瀚物質世界瞬息萬變的節奏。

月亮反映出來的是我們內在的改變原則，太陽雖然會進化，卻是一個常數。太陽象徵的是核心的自我，希望在有生之年間隨著意識一起成長（如同神話中的英雄一樣），但保留的本質之「我」是不會改變的，還會提供連續且永久的自我認同。我們一方面透過月亮，體驗自己受制於時間與變化的命運，另一方面又透過太陽，體驗自己作為強大創造者的存在。因為太陽的穩定性，太陽也能提供我們一種永恆的感覺，也就是覺得作為神聖孩子的「我」堅不可摧，也是靈魂的火花幻化在月亮形體中的模樣。透過月亮，我們經驗到的自己「僅是」血肉，因此免不了會受到世俗生命的波動起伏。透過太陽，我們感受到的自我本質浩瀚得多，或具備超越的能力，能夠突破塔羅牌中「命運之輪」所描繪的永無止盡月亮週期循環。

因此，月亮是我們用來探索生命持續轉換戲碼的觸角，它會伸向外界，吸取少許的經驗品嚐，然後回來將這次體驗交給太陽來處理。於是月亮再次外出冒險，又吸收一點點生命經驗，帶回家來。月亮與生命互動，如同月亮在十二個星座前進一樣，最終會建立出一座充滿生命經歷的寶庫，太陽會逐一將這些經驗轉化成「我」對生命的遠見、「我的」世界觀及「我的」身分認同。變幻、接受的原則與持續、輻射出去的原則之間，一直在互動。太陽的內在自我仰賴月亮的經驗、對於情緒需求的沉澱，沒有月亮，就不會有與生命或與其他人之間的互動。事實上，那樣就不會有關係與成長了，因為太陽本身並不是能夠產生連結的原則。

月亮去外頭的生命冒險，帶著滿滿的情緒反應經驗回來，太陽就透過這些經驗發展。結果月亮也要仰仗太陽，因為要是沒有太陽，月亮就只能靠軀體跟本能行事，受到盲目本能驅動，對生命完全沒有意義，更感受不到作為一個人的價值與力量。如果我們想要理解月相週期的不同層面，這個太陽、月亮關係的基本詮釋定義，我覺得就非常重要。舉例來說，當我們細看每一次二推月亮的週期，就能用相當聚焦的視角，從星座、宮位、與其他本命及二推行星之間的相位，觀察月亮向生命的探索。當月亮推進到某個特定宮位時，它就會捕捉該領域生命的經驗。接觸到其他行星時，月亮就會遇上這些行星所象徵的人事物。當二推月亮回到與二推太陽合相的位置時（差不多需要三十年），月亮帶著得之不易的戰利品回家，新的一輪經驗週期又將展開。

就宏觀層面而言，月亮的周期性旅程反映在行運的新月和滿月上，能量會在日月蝕時期達到巔峰。因此，我們所處的集體世界也跟每個人的生命一樣，經歷著同樣的節奏。在一個月的時間裡，「外頭」會有各種事件發生，也就是新聞播報的事件，只要留心，就會發現這些事件是一大批、一大批地發生。舉例來說，日蝕合相土星，或是新月四分行運的火星、天王星，結果就是火車事故，然後是亞美尼亞發生地震，接著是某個殺人魔在巴黎進行大規模攻擊，死了好幾個人。

我認為這就是太陽與月亮關係的本質：變化、生死，以及月亮週期中的誕生、成熟和衰落。這個過程始終從某個持續且永恆的存在中汲取意義，且尋找存在的目的。太陽透過月亮具體化，這也許就是為什麼，在傳統的象徵符號系統裡，太陽與月亮代表的是男人與女人；陽性需要透過陰性賦予生命，而陰性又要透過陽性得到意義。當然我指的不是真正的男人與女人，而是存在於每個人內在的成對原則。從鍊金術的角度而言，陽性原則仰賴陰性，這樣才能實際棲居在天地間，且產生連結。我想到瑪麗・瑞瑙特在小說《來自海中的公牛》9裡的一段話，忒修斯的母親是一位女神的女祭司，她告訴兒子，向阿波羅祈求智慧的確恰當，但太陽神最終理解的其實是她（女神）的本質。因此，太陽的意識並非建立在抽象的生命概念上，而是建立於生命本身之上，以及仰賴月亮本能、情緒連結所產生的生命經驗之上。意義的探尋來自太陽，但意義只能在月亮沉浸人性中的真實性間存在。

魯伊爾的月相週期

觀眾：可以簡單說明魯伊爾的月相週期定義嗎？

麗茲：好，我就簡短說明。你明白我所謂出生時的月相是什麼意思嗎？

觀眾：不太清楚。

麗茲：我覺得占星師也該具備一點基礎的天文學知識。我不是非常精通天文學，但就算是對不善具體思維的人而言，參觀幾次天文館就能看到三維的太陽系。我擔心的是身在占星圈的我們太習慣看平面的星盤了。

咱們舉個簡單的例子，假設太陽位在牡羊座零度。如果你的本命月亮碰巧在牡羊座零度與

9　原註：瑪麗·瑞瑙特，《來自海中的公牛》（*The Bull From the Sea*），一九七五年由紐約蘭登書屋出版。

十度之間，你就是在新月出生的，因為日月在你出生時合相。過了幾天，天空上的月亮會形成新月，因為月亮離開了太陽，開始反射出太陽的光。接著月亮會來到距離太陽九十度的位置，形成直角，也就是上弦月的時刻。太陽在牡羊座零度，如果月亮在巨蟹座零度到十度之間的位置上，那就代表這個人是在上弦月的時候出生。如果你的本命太陽位在金牛座十五度，而月亮在金牛座零到十度之間，那你就是在新月期出生，若月亮是在獅子座零度到十度之間，就是在上弦月期間出生。至今還可以嗎？

月亮的光芒會逐漸增強，直到它來到與太陽對分的位置，也就是滿月的時刻。若你的太陽在牡羊座零度，如果月亮是在天秤座零度到十度之間，那你就是在滿月期出生。換句話說，日月對分的人都是在滿月出生的。月亮逐漸虧缺，亮度降低，緩緩朝太陽賦歸，這時就來到了第二個四分相，也就是與太陽形成九十度的角度，只是，這次是朝著合相前進。還記得朝著對分前進的上弦月嗎？這兩個日月四分相的本質很不一樣。想像月亮是智慧原則，可以把它當成一個人物。它離開與太陽合相的安全感，外出探尋生命，在滿月來到力量與張力最大的時刻，接著打包行囊，飯店退房，朝著下一次新月返程回家。上弦月的四分相帶有一種興奮與天真的熱情，下弦月的四分則具備反思與哲思的特質，因為它要回家了。

當月亮從第二次四分回到與太陽的合相時，在天上看起來都會比較疲憊。魯伊爾稱這個階段的月亮為「殘月」（balsamic Moon，亦有「香脂月」一說）。回想一下，你旅行或度假結束的情景：行李箱塞滿待洗衣物、額外現金已經花光、有點膩了一直吃異國食物，然後開始想著：旅行很不錯，但能夠回家看到熟悉的臉孔、說自己的語言也很棒。殘月開始卸下經驗的行囊，這是一個帶有一點憂愁、犧牲色彩，甚至是疲憊的月相。

各位可以從上述簡短的內容中理解，月相的力量能夠超越原本太陽與月亮所在的星座。舉例來說，雙魚座新月具備絕佳的活力與創意，有時會比下弦月的月牡羊更具備月牡羊的特質，因為太陽驅動力的明光掩蓋住了月亮的感知與接收能力。在滿月時期出生的人，無論星座為何，都會對他人高度敏感，彷彿是這個人的月亮在天秤座一樣，因為在這種月相之下，月亮的關係原則會發展到極致。同時帶有冒險與羞澀氣質的上弦月，行為類似月巨蟹，因為月亮是在探索全新領域，渴望新鮮刺激，卻又會擔心這個主意到底好不好。下弦月帶有摩羯座的姿態，厭世、經驗老道、反思，甚至有點憤世嫉俗，因為月亮已經過了最豐盈的時刻，正在消化剛剛的經驗，讓這些經驗變成具體的東西。

傳統的月相週期說得差不多了，各位可以自己去找魯伊爾的書來看。內容很有用，但我會說，月相不是我看星盤時的首要考量。我更感興趣的是二推月亮的移動軌跡，因為這點可以忠實反映出生命中的潮起潮落。二推月亮提供我們體驗每個宮位與星座的機會，因為二十八年就會繞星盤一圈。同時，我們也會感受到每一顆行星在過程中的反應，因為月亮只需三十個月，就會與其他所有行星產生相位，我們也會體驗每一次的中點組合，差不多只要四十五個月就能完成體驗。觀察每個人二推月亮換星座的反應也很有意思。他們會開始穿不同顏色的衣服，增胖或變瘦，開始邂逅在他們星盤中代表顯著能量的星座人物，興趣也會隨之改變，受到二推月亮所在星座象徵事物的吸引。月亮特質強的人（巨蟹座能量特別明顯，或月亮在開創宮位，即一、四、七、十宮），每兩年二推月亮變換宮位所帶來的改變會相當驚人。

二推歷程的心理動力

最有趣的莫過於觀察二推月亮處在何種時期，檢視哪些人事物在此時進入你的生命之中。隨著月亮移動到某一個星座，月亮的關係功能通常會吸引某些能夠具體展現出讓月亮「學習」特質的人。宮位同要重要，畢竟月亮移至的位置，似乎強調了當時必須處理或經歷的外在世界議題。只不過，若你採用的是象限宮位系統（quadrant system），那每一宮的大小會有所差異，因此月亮在每一宮、每個星座所處的時間也會有所不同。月亮可能在遭到劫奪的星座待上好幾年，經過下一個橫跨兩個星座的宮位卻一下就過去了，可能這段距離只有十五度。然而，這不規則的節奏還是一種節奏，因為宮位從主動（火象或風象宮位）走向接納（土象與水象宮位），這可以說是某種吐納的節奏。火象或風象宮位有獨特的外向性，土象與水象宮位則有截然不同的內向層次。舉例來說，二推月亮行經十二宮，通常都會描述為相當低調、內探的一段時光，當事人也許會覺得若有所失、茫然不解。這個期間的主題是孕育與構思，如果當事人與自然的月亮週期節奏一致，就會接受自己必須靜候，對浮現的內在議題做功課（通常是家庭問題），而不是急著勉強應接尚未成熟的雛形。隨後，當月亮移動到上升點，行動的時刻到了，該向外參與生命了，這時通常都會感覺如獲新生。當月亮移動到四交點時，通常都會帶來重大的改變，而從十二宮進入一宮則特別標註了能夠確立自我、改變生活環境的重大決定。

接著，月亮移動進二宮，又回到往內探的領域，強調的是安全感、穩定性、個人價值觀的組成。三宮又是外向宮位，當事人會想認識新的人，學習新事物。各位可以理解我的意思。月亮會一頭栽入宮位相關的事務之中，若又與宮位中的行星產生合相，那力道會更大，之後月亮會透過與其他人情感上的碰撞，得到體驗。每隔七年，二推月亮也會與本命月亮產生強硬相位（合相、四分、對分），因此，月亮就跟行運的土星一樣，會與本命配置形成週期性的關聯。年輕時，行運土星、本命土星之間的強硬角度差不多與二推月亮、本命月亮之間的強硬相位時間上重疊，只不過，隨著年紀漸長，重疊的時刻也會逐漸錯開，因為土星的週期差不多慢了一年半。我們可以花上另一個禮拜探討土星與二推月亮的週期，只是恐怕那樣就超出內行星的主題範疇了。

二推月亮會移動，二推太陽也會前進。這兩顆行星合相的時刻因人而異，端看出生盤上，它們相差幾度（月相的概念）。如果你的太陽在牡羊座零度、月亮在雙魚座五度，二推月亮差不多會在兩歲左右，首度接近本命太陽，第二次差不多要等到三十歲了。兩歲的二推太陽會在牡羊座兩度，因此，二推新月會在二推月亮接近本命太陽後兩個月出現。二推月亮先合相本命月亮、再合相本命太陽的間隔時間會隨著年齡增長而拉長，二推太陽也會以一年一度的速度移動。以上面舉的例子來說，當這個人到三十歲時，二推太陽就會來到金牛座零度，因此二推月亮會花兩年半的時間從本命太陽移動到二推太陽的位置。以此類推。

這些二推的月相在生命裡都是相當重要的時間點。我發現二推月亮合相二推太陽時，外在的表現會特別明顯，因為二推盤可以顯示我們現在的狀況，以及此刻在世界上發生的事情。通常在二推月相發生的宮位可能會出現內心與外在的重大事件，只不過，若這組月相與出生盤的行星形成強硬相位，那當然也會啟動該行星所處的本命宮位議題。通常在二推新月產生的時機點，也就是播下生命中巨變種籽的時刻。

在場有人記得自己在二推新月時發生什麼事嗎？

觀眾：我經歷了一場實際的危機。二推新月對分我的本命土星。

觀眾：我的二推新月出現在下降點，那時我太難過了。我婚姻破裂。

麗茲：二推新月的本質並不是負面的。不過，我們必須仔細審視它是否與本命行星產生相位，當然，行運（transit）的行星也會與這組月相產生角度。舉個例子：二推新月合相行運的冥王星，同時合相下降點、四分金星，也許這時你的婚姻真的會觸礁。不過，這種組合也會帶來生命的全新篇章，可能一開始的時候很難熬，但隨著月相週期展開，際遇也會以具有創造力的方式浮現。

日月蝕本身也不具備負面的性質。它們反映出的是高度聚焦的能量，一旦過往的累積到了成熟狀態，日月蝕便會作為啟動的機制。假設二推火星四分土星，行運的冥王星距離在一、兩度的地方，而日月蝕與二推火星合相，大概可以期待在日月蝕出現的兩週內，會出現某種危機，但這不是因為日月蝕帶有負面的能量。就算日月蝕沒有直接與本命行星產生相位，還是可以攪動所處宮位象徵的議題。日月蝕也能觸動二推的行星，就算當時二推行星與本命行星沒有形成什麼強硬相位也一樣。我想我們對於日月蝕的關注不夠高，但如果有什麼東西逐漸累積醞釀，還沒有公諸於世，那日月蝕肯定會促進這樣的過程。這點對月蝕尤為甚是，因為滿月象徵了月亮能量的巔峰，傾向於以實際事件或與他人的情緒交流來具體呈現。

花點時間研究自己的星盤，追蹤這些在關鍵生命時刻週期性的運作，我相信這樣的觀察相當寶貴。這不是為了要預知未來，反正未來總是能夠想到令人不悅的方式帶給我們「驚喜」，這麼做是為了要更加理解自己的生命節奏，進而讓生命的劇本更具意義。只要認真研究太陽與月亮的週期，各位就會明白，生命中沒有什麼事件是隨機的。生命的際遇忠實反映出我們內在轉變的過程，只是這些事件是持續循環運作週期的一部分；這種運作會一而再、再而三地帶領我們遠離或貼近戲劇裡的同樣角色，只是這些角色換上不同的裝束罷了。艾略特在《小吉丁》一詩中是這麼寫的：

> 我們不會停止探索
> 探尋的盡頭
> 將會回到一切的原點
> 且首次眞切認識這個地方。[10]

生活裡的大小事並不是在缺乏精細模式下「發生」的，我們更不用像偶爾以為的，必須請某些非人的外在「宿命」手下留情。意義串連起我們所有的經歷，而在我們研究太陽月亮週期的運作時，串連的模式就會浮現。

觀眾：對於二推月相而言，是月相發生的本命宮位比較重要，還是二推盤的宮位？

麗茲：我想我講過，二推月相會根據所在的二推宮位，以及與其產生相位的二推行星，用外在的方式具體展現出來。各位理解，二推盤不只是包括二推的行星配置，還要加上二推系統的宮頭嗎？然而，月相的深層意涵，包括開花結果（滿月）及開始、結束（新月），都可以從相位所發生的本命宮位及與其產生相位的本命行星上觀察到。兩者皆重要，有時這兩組配置都會引發世俗的事件。雖然看似複雜，但只要稍微研究一下自己的二推月相在出生盤宮位與二推盤宮位的呈現方式，大概就能有所了解。

顯化的門戶：月交軸線

也許我們該來聊聊南北交了。我想剩下的時間就說這個，因為我相信南北交軸線能夠具體展現出太陽與月亮之間的關係，且反映出生命會在哪一個領域展現這兩種原則的內在組合（也就是拉丁文裡的 coniunctio，這個字有結合、化合之意）。我發現經過剛剛二推新月、滿月的洗禮，有些人看起來餘悸猶存。的確需要做點功課。不過，南北交會輕鬆一點，畢竟各位應該都曉得這兩個交點出現在星盤的哪個位置上。

我想我先前提過，在傳統的印度占星中，南北交惡名在外。據說，它們是邪靈，因為在日月蝕的時候，它們會「吞噬」日月，而且也跟宿命有關。如果你信仰相關的宗教，那當然沒問題，因為根深柢固的哲學就很宿命論，但西方占星學不會這樣看。歐美的心理學背景具有不一

10 原註：T．S．艾略特，《小吉丁》（*Little Gidding*），出自《艾略特詩曲戲劇全集》，英國版一九六九年由倫敦 Faber & Faber 出版，第九十七頁，美國版一九五二年由舊金山 HarperCollins 出版。

樣的原型基礎，傾向於強調一個人的自由意志與個人價值。兩者相比沒有孰好孰壞，只是不同的系統罷了，西方有深植於其靈魂中的系統。因此我們必須採取符合自己本質的系統。

我沒有看到月交點具有任何不祥的天性，就跟日月蝕一樣。不過，南北交似乎可以反映出顯化過程中的一個點，在此，我們經歷過內在「蒸餾」，從外頭具體展現出來，一旦相遇，就會帶有「宿命」的感覺。因為南北交軸線是太陽與月亮軌道交會之處，彷彿顯化的門戶，太陽意識、意義原則與月亮體現的原則在此相會。就我的觀察，南交與北交對於行運、二推的影響都差不多，因為它們會以軸線的方式移動，兩端會同時與其他行星產生相位。我覺得對本命交點的配置解讀也是如此。你必須對南北交所在的宮位做功課，這兩個宮位所象徵的議題（也就是兩者對立、互補之處）一定會一起啟動。有時其中一端感覺問題比較麻煩，但所有的對宮關係的棘手之處在於尋求平衡。如果太強調一端，另一邊肯定會起來作亂。在此我們必須以軸線的概念來思考，而不是北交比南交「更好」或「更壞」。

我前面提到，太陽的意義功能與月亮的具體功能會一起出現在南北交軸線上，我相信這就是為什麼經驗會在此發生，且同時具體也對內在層次產生深遠共鳴的原因。我常聽到有人說：「這樣很過分！」通常是南北交出現重要行運的時候，或是行運的南北交與出生盤上的關鍵位置產生相位的時候。如果要我給南北交一個關鍵詞，我會說「顯化」，而當南北交因為二推或行星行運而與出生盤配置產生關聯時，外在議題通常會浮現，這些議題會與發展深刻意涵（太陽）與情感、實際表達（月亮）有關。

我很訝異很多占星師會完全無視南北交的存在，但他們會看穀神星行運與本命灶神星的一百四十四度代表什麼意涵。能量最強的行運當然是南本交與本命行星的合相。這種行運通常會伴隨大家所熟知的「宿命感」、「命中註定」，似乎反映出某種一定會出現的業力。不過我不願對客戶做出這種假設，就算對方相信也不妥。宿命或業力可以用心理學來理解，這樣的方式較為中立，客戶不用背負道德判斷的負擔，因為在解讀轉世議題的過程中，道德判斷是不可避免的。對於這種道德判斷，我很懷疑，畢竟價值觀會隨著不同的時代與文化有所轉變，加上，沒有人曉得另一個人的行為背後的真正原因，更不清楚這些行為最終會造成何種後果。在生活中做出抉擇時，需要個人道德標準輔助，但我覺得我們不該把自己的道德準則強加在客戶身上，對方的個人價值系統可能與我們不同，但還是合理。

因此在解讀南北交軸線的顯化作用時，我會將其視為一種結合了出生盤中太陽與月亮原則的內在衝擊，具有目的性，而不是作為過去世生命的業力。這兩種觀點並非全然互斥，只是兩種不同表達的方式。如果一件事發生在具體層面上（月亮），但該事件沒有引發任何內在的意義或成長（太陽），那麼也許就只是偶然，與外在現實的相遇也許愉悅或討厭，但事後都不會留下太深遠的改變。同理，就算沒有緊繃的外部驅動力，我們也可以產生深刻的洞見或自性。不過，南北交軸線可以結合兩種層次的經驗。舉例來說，此刻行運的土星差不多在摩羯座二十二度，如果你的南北交軸線有一端位在開創星座的二十二度，你的南北交就會體驗到土星的行運，很可能會啟動南北交所在兩個宮位的事件與內在領悟。驅動力也許非常「土星」——世俗的壓力、金錢問題、分離議題、工作挑戰、某種永久的承諾，但通常會受到衝擊的都是南北交軸線所在的宮位。

觀眾：二推行星的速度都一樣嗎？

麗茲：只有在使用太陽弧推運法（solar arc progression）的狀況下是這樣，星盤裡的每一個點、四交點以及宮位會象徵性地以每年同樣的速度移動，這個速度是太陽每天實際移動的速度。不過，在二次推運（secondary progression）中，每一顆行星象徵性地以實際一天的速度移動。因此每顆行星會有不同的速度，特別是出生時逆行的行星，或是緩慢恢復順行的行星。我覺得這兩種看法都管用，而且通常在占星中，在生命的關鍵時刻，這兩種盤都會碰巧產生強硬相位。

因此，觀察一下移動到你南北交軸線的行運重要相位，也要看看行運南北交與本命行星所形成的相位。有些占星師將南北交軸線與關係議題連結，特別是德國占星師蘭荷・艾伯汀。他在《行星影響力的結合》[11]中認為月交點軸線是「綑綁在一起的關係或盟友」，我覺得他對南北交中點（midpoint）的解讀非常精確。他對南北交的解讀相當符合我們前面提過的「合體」、太陽與月亮的結合概念，也就是將關係（月亮）與個人發展（太陽）串連在一起。只要牽扯到南北交軸線，當事人就會感覺「命中註定」或是具有深刻意涵的相遇。北交的行為通常會包含其他人的存在，因為有太陽的「加持」，這些人對我們的個人成長通常都很重要。他們以神祕的方式與我們的生命意義、目的產生連結（有點類似雙方配對盤〔synastry〕中，其中一人的南北交軸線與另一人的本命行星產生相位）。二推月亮帶來的關係也許有趣好玩、充滿熱情、令人興奮期待，但當我們回顧生命，思索起對於真正自我產生實際衝擊的對象時（就算這種關係不長久），我們通常都會發現南北交軸線在相遇時啟動，可能是這組軸線的行運與本命行星產生相位，也有可能是行運或二推的行星與本命南北交軸線產生相位。

如果各位還記得太陽英雄旅程的內容，大概就曉得英雄會遇上不同的角色：羨妒的黑暗雙胞胎啦、在門檻守候的巨龍啦、遇險的少女，還有提供協助的動物，諸如此類。這些具有象徵意涵的角色都屬於星盤中尚未發展完成的太陽，當行運或二推啟動南北交軸線時，這些人物角色就會出現。我們這輩子也許會遇到不同的人扮演同樣的神話角色。舉例來說，黑暗雙生子，

11 原註：蘭荷．艾伯汀（Reinhold Ebertin），《行星影響力的結合》（*The Combination of Stellar Influences*），一九六〇年由德國阿倫 Ebertin Verlag 出版。

一開始也許是你的父母或手足，之後可能由同事或好朋友來扮演這個角色。因此，觀察生命中一段時間就會重複的行運（好比說土星的十二年的回歸）與南北交產生相位的時候，就算是出現在生命裡的新朋友，他們對我們的意義也許可以連結到另一個人早年對我們的影響，但我們一開始也許也認不出他們扮演的是同一個神話角色。

觀眾：請問南北交是星盤裡最重要的東西嗎？

麗茲：不，我不覺得星盤裡有什麼東西「更為重要」。只是看你當下用何種角度觀察最有幫助罷了。欣賞風景時，看的是整體，你不會說那棵樹最重要，或是那面牆，或是那片雲。不過，如果你稍微在那棵樹上聚焦久一點，然後觀察雲朵的變化，最後端詳牆面，你會對這片景色的組成有更深刻的認知。接著，當你再度欣賞時，這片地景的豐富性增加了，也能在不同層面上觸動你，因為你明白你看到的是樺樹，不是橡樹，而雲朵是一團積雨雲，牆壁由當地的板岩建成。

我們這週聚焦在太陽與月亮功能對於人格的發展。對於這樣的焦點，南北交軸線格外重要，因為這組交點可以萃取日月關係的精華，將其展現在生命的特定領域，也就是一個人最有可能透過具有意義的外部關係進而成長的領域。因為南北交不是行星，它們不會反映出我們內在的衝動或需求，因此，它們並不屬於「個人」。不過，它們可以展現出我們最重要的個人衝動會在哪裡整合且顯化，這股衝動就是月亮對關係的需求與太陽自我實踐需求的結合。

觀眾：南北交行運的容許度是多少？

麗茲：就跟我看行星的容許度是一樣的。我覺得移動速度緩慢的行運我都會抓前後十度，就跟行運與出生盤行星產生強硬相位時一樣。行運的行星會慢慢接近，我們不會星期四一早醒來，發現行運土星合相太陽。行運象徵了一種過程，需要建立場景，經歷釋放與整合。當然啦，行運在一度容許度內的時候力量最強，但就算距離拉到三、四度，行運的次要相位或月相還是可以發揮作用。移動速度緩慢、逆行週期永無止盡的外行星更是如此，在行運的次要相位或月相啟動外行星的兩年期間，中間會有好幾次影響力最強的時刻。更重要的是，因為本命配置通常會形成相位，南北交或其他行星行運可能同時影響多處。

舉個例子吧，設想一個人出生盤上有一組T端點，太陽在牡羊座三度，海王星在天秤座七度，火星則在巨蟹座四度。二推月亮這天進入牡羊座，來到一度或兩度的位置，這時就會觸及本命太陽。接著，二推月亮在與本命太陽緊密合相後一個月，它會四分火星，三個月後，又與海王星對分。就算兩個月過去，二推月亮已經距離海王星對分一、兩度了，卻還是「餘音繞梁」。因此我們發現二推月亮啟動這組T端點時，總共歷時約莫八、九個月。與其說「二推月亮會在七月二十七號與太陽零度合相，八月三十一號與火星零度四分」，更為確切的做法應該是將「日、火、海」視為一體來解讀，所有相關的議題（自我確立的需求、與他人融合的渴望、對於自我意義的追求）都會在這九個月間一起啟動。

我也會用同樣的方式解讀南北交的行運。就跟二推月亮一樣，用上述例子來說，南北交行運的能量會在抵達牡羊座／天秤座零度時達到巔峰（但稍早已經埋下種子），一直要到南北交超過牡羊座／天秤座十度或十一度後，對這組T端點主要的顯化過程才會過去。遇到中點時（T端點就是對分相加其中點的概念），我們必須考量組成的三顆行星，通常出生盤上的重要配置牽扯進來的都不只三顆星。

觀眾：可以聊聊本命行星與南北交的相位嗎？

麗茲：如果我們理解本命南北交軸線是太陽與月亮原則在生命裡結合且顯化的點，那本命行星就會根據相位，促成或阻礙這個過程。舉例來說，假設土星合相其中一點，那當事人生命中能夠促進成長的相遇，通常都會伴隨離別、限制，以及接受物質世界所帶來的侷限。如果金星與南北交軸線三分或六分，那這個人的美感、價值觀、生命中的價值就會與促進成長的關係和諧一致，相互助長。只要理解相關的原則，我想各位可以自己思考每組相位的意義。

我有一張星盤，希望各位從南北交軸線的關係來解讀。看盤之前，還有什麼疑問嗎？

醞釀的過程：容許度

觀眾：二推行星的容許度跟行運一樣嗎？

麗茲：我想我已經用二推月亮的例子說得很清楚了。對，行運、二推行星與南北交軸線行運的主要相位前後度數會看得比較寬，也許到十度。過程是一樣的。經驗的種子早在我們還沒有注意到時就已埋下，通常注意到的時候，這顆種子都已經生根許久。接觸到深度心理治療的工作時，你會發現個人議題早在幾個月前的夢境之中成形，有時甚至是好幾年前的事，然後才成熟，進入意識之中。有時這些議題轉瞬即逝，也許反映出的是二推月亮的行動，或是火星行運造成的影響，通常牽扯進來的是人格特質「表相」。夢境對於議題的成形也許需要花上三個月的時間整合進意識與生命之中。其他議題是深層的生命主題，會深探進人格的中央核心裡，也許會與二推太陽對本命配置的動作同步（過程通常需要幾年時間），或是冥王星行運（在本命行星上，作用力可能長達三到四年），而當事人的夢境就會在生命轉變實際影響外在現實前幾年，預先演示出深層的運作過程。榮格認為童年早期的夢境通常能夠蘊含整個人生的奧祕，因為那時的夢反映出的是出生盤的藍圖，也是仰賴時間、一連串的選擇與結果，才能在一個人的生命中充實且展現出來。

然而，我們傾向在巨變迎頭痛擊時，才會注意到，而不是當它們還是種子或醞釀階段就發現。這就是占星誘發因子（日月蝕、次要月相、火星這種動能行星的行運、水星或金星等內行星的停滯行運）聚焦在靈魂中長期醞釀之物的時刻。大家都知道火星會誘發移動速度緩慢的配置，日月蝕也是，前面提過了。不過，我喜歡斯多葛主義對因果宿命女神赫瑪墨涅（Heimarmene）的概念，看不見的引線，因為因果穿來引去，又因為其他因果穿來引去，如此循環往復，追溯到上一輩、上上一輩等先人難以參透之過往。如果我們在某個重大事件發生時，剖析這條引線上的點，這個事件似乎憑空出現，但事實上，天底下不存在無中生有，而是從殘存之物中建立而起。斯多葛主義的概念與東方的業力觀念類似，但不需要相信輪迴轉世。一個人的心智無法完全捕捉赫瑪墨涅的引線，因為這串線綑囊括的是整個人生，但當我們研究行運或二推的意義時，我們可以記住這點，一切都建立在先前的行運與二推基礎上，以及當事人當時應對的反應。事件宛如冰山一角，並非孤立獨立，而是根系之間彼此深連的結果。

外行星的行運角度在種子及醞釀階段總是會比內行星久，也會與深層與廣義的家族、集體議題有關。不過，必須透過內行星來處理這些「大傢伙」，因為內行星才是個人性格的運作器官。這種過程需要時間，這也是我對相位容許度的理解，容許度反映出來的是過程的所有階段，從無意識層次的種子到整合進意識人格的層面之中。

觀眾：我想請教凱龍與南北交的關係，兩者在出生盤，以及行運或二推時的解讀。

麗茲：凱龍似乎反映出的是一個人覺得受傷或不足的領域。這種特質類似土星，我們說過了，但不同之處在於：凱龍似乎會要求當事人加強理解與忍受的能力，因為傷痛感覺永遠無法療癒，也永遠無法從痛苦中解脫出來。如果我們將此原則與南北交的原則（透過他人影響我們成長與自我發展的門戶）結合，那凱龍與南北交軸線同時存在的關係很可能會出現無法調和的衝突、持續的痛楚，以及與日俱增的理解和同理心。簡言之，這段關係可能會帶來療癒的元素，就算只是熱情如火的愛戀，而不是分析師與病人的那種關係也一樣。

當本命行星與南北交軸線產生相位時，重要關係中通常會包含這顆行星所象徵的成分。本命凱龍與月交的組合會反映出，關係會傾向於讓當事人最深層的傷痛、恐懼、痛楚浮現，這樣才能理解且整合。對於關係的態度會受到與南北交產生相位的行星之影響，因為這是很容易一再重複的模式。凱龍與南北交合相的人也許最終會相信，所有深刻的交往都會帶來痛苦、暴露內心最脆弱的一面，而這些刻骨銘心的關係也會影響一個人底層的世界觀（凱龍會想用哲學的面向來處理傷口）。凱龍行運與南北交的結合也許會帶來這種關係，出生盤的配置則會反映出某種模式。

每個人對生命的本質都有最獨特的見解，年輕時，要理解其他的看法實在很難。也許會假設其他人也會用同樣的方式觀看且評估這個世界（或本該如此）。因為南北交軸線會帶來具有意義的經驗，因此它們對於一個人的世界觀會造成巨大的影響，而沾染了凱龍色彩的世界觀會具備凱龍本身的原型主題背景，也就是需要持續受苦才能得到的智慧，或是學習適應難以調和的衝突。因為我們習慣用內在風景打造外在世界，凱龍與南北交產生相位時，傾向於期待且尋找痛苦與快樂並存的複雜關係，要是這段關係太愉悅、太表面，當事人也許會開始製造危機，或是斬斷這分關係。凱龍位在七宮、位在天秤座，或是金凱形成強硬相位，都會造成同樣的影響，但當凱龍與南北交結合時，我覺得對人生觀的影響尤為強烈。

行走的二推月亮週期

現在我想花點時間討論星盤案例（請見星盤八）。我並沒有因為南北交軸線的講座特別捏造出這張星盤，納傑爾真的出生在全日蝕期間，太陽月亮都合相北交點。這張盤極具個人特色，非常強調一宮裡的獅子座。冥王星與木星的合相度數很近，同時合相日、月、北交，然後水星也合相凱龍，凱龍已經到了處女座零度的位置。日月合相當然是新月，但當時也發生了日

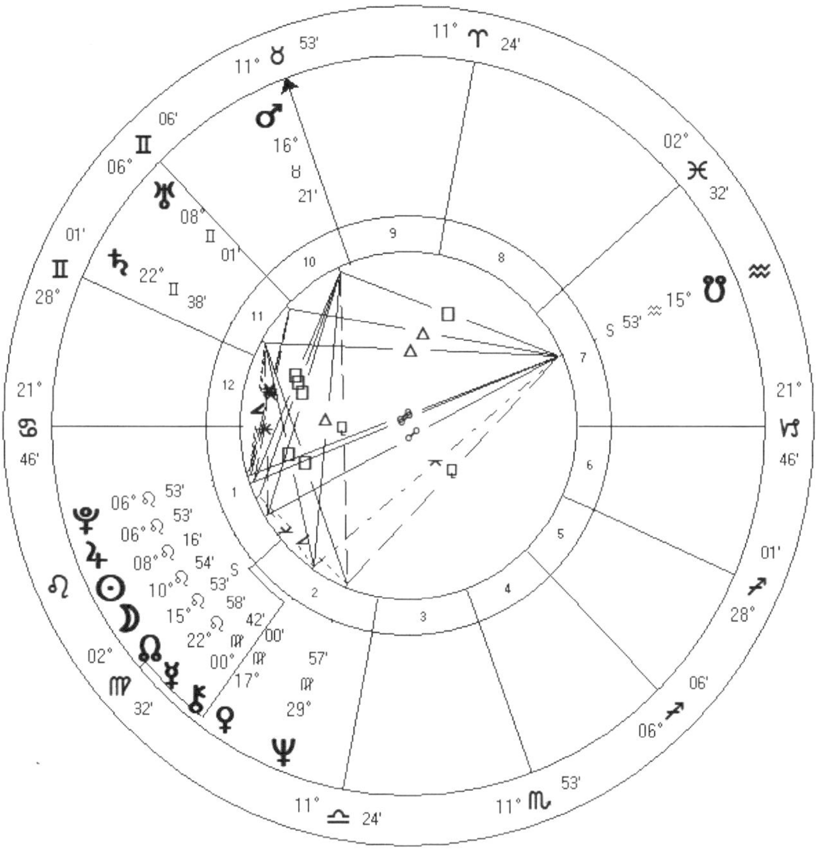
11° ♈ 24'
11° ♉ 53'
06° ♊ 06'
28° ♊ 01'
21° ♋ 46'
02° ♍ 32'
11° ♎ 24'
11° ♏ 53'
06° ♐ 06'
28° ♐ 01'
21° ♑ 46'
02° ♓ 32'
♂ 16° ♉ 21'
♅ 08° ♊ 01'
♄ 22° ♊ 38'
☋ 15° ♒ 53' S
♇ 06° ♌ 53'
♃ 06° ♌ 53'
☉ 08° ♌ 16'
☽ 10° ♌ 54'
☊ 15° ♌ 53'
☿ 22° ♌ 58'
⚷ 00° ♍ 42' S
♀ 17° ♍ 00'
♆ 29° ♍ 57'
1
2
3
4
5
6
7
8
9
10
11
12

星盤八　納傑爾的出生盤

蝕，因為太陽月亮不只黃緯同度，黃經也在同一個位置上。

我還記得在古老的占星文獻上讀過這樣的描述，出生於日蝕期間的孩子長不大。納傑爾並非如此，跟他一樣這麼充滿生命力的人，我還沒見過幾個。我不曉得對於日月蝕如此無用的想法從何而來，但我想大概是來自中世紀占星學，擷取了印度認為南北交軸線不祥的概念。這位先生與衰弱、軟弱無緣，但各位等等會了解，這組新月會在他的情感生活上造成何種問題。

也許我們可以參考魯伊爾對於新月月相的詮釋，因為無論新月出現在幾宮，都可以應用他的說法。顯然在火象宮位的火象合相，納傑爾熱情認真，對於展現創意才能相當著迷。不過，新月本身就具備這些特質，因為月亮對其他人的感受性被炙熱太陽實踐自我的需求輾壓。任何人事物都無法阻擋新月，就算是雙魚座也然如此，更別說這是獅子座新月。土冥合相可能會放大納傑爾的強烈性格，也會聚焦在他不斷尋找新方式來發揮想像力的需求上。冥王星喜歡除舊布新，而日冥合相也許會因為這樣的原因而煩躁不滿，這種反應與變動星座的坐立難安不同。我們也要想想神話裡的太陽英雄，這點相當重要，因為這張盤很強調獅子座。

我稍微介紹一下納傑爾的家庭。他的父親是個酒鬼，他不太與父親交流，家裡的溝通都是由母親負責，但媽媽專橫跋扈，又愛擺出犧牲、受苦的姿態。我覺得有趣的是從獅子座特有的神話主題來觀察以下兩點——帕西法爾追尋聖杯，且救贖靈性受創的父親。納傑爾長年的追尋大多是在外部世界打造他內心的理想，這是源於獅子座原型對於尋找意義的需求，如同在他降生的靈性荒原之中，聖杯可以滋養他，成為他的父親。納傑爾從底層且艱困的背景中一路向上爬，終於在二十八、九歲時製作出一部電影（也就是二推月亮回歸、行運土星回歸之時），這部作品斬獲多項國際電影節大獎，票房上也相當成功。這部電影讓他荷包滿滿，他用這筆錢創立自己的製片公司；他的好名聲不只出自能夠製作出細膩、有市場的電影，更會挖掘默默無聞演員埋沒的才華。

憑直覺認可其他人潛在的才華，且讓其充分發揮，我覺得這是日月木冥組合反映出來的天賦，造就了絕佳的比馬龍[12]。納傑爾一開始出名是因為他會雇用窮困潦倒、酗酒成性的無名演員，讓他們成為名流，打造出長久的演藝生涯，因此避開了高薪知名明星，降低電影製作成本。這就是他展現才華的方式。納傑爾的新月在一宮獅子座，的確有人覺得他才該站在鏡頭前，這點我不質疑，如果他更有自信（或是，如果他的上升點不是在害羞躊躇的巨蟹座），他也許會跳下來演戲。

12 譯註：比馬龍（Pygmalion），希臘神話中的賽普勒斯國王，根據詩人奧維的《變形記》中所述，他也是一位雕刻家，根據內心理想女性形象創作雕像，且愛上了「她」。最終愛神阿芙蘿黛蒂出於同情，賦予雕像生命。引申出來的意思是：有怎麼樣的期待，就會引發怎麼樣的結果。在此大概可以解釋為，因為納傑爾慧眼識英雄，而這些璞玉般的演員也在他的期待與琢磨下，成為熠熠生輝的明星。

儘管如此，成功的製片人本身就是明星。我剛說了，納傑爾在二推月亮及行運土星回歸時初嚐成功滋味，這時行運的南北交軸線也碰巧來到獅子座與水瓶座軸線，行運觸動一宮裡的行星。因此我們看到南北交作用了，但實在不能說這種成功不祥或不好。我們可以說，南北交軸線具體實踐了納傑爾的創意衝動，透過其他人（他的演員與觀眾）顯化出來。身邊的人覺得只是走運，納傑爾卻看出這是逐漸成形的內在天命，只要他繼續依照對其他人的直覺與本能行事，他就不可能走錯路。他覺得這一切都是「註定」如此。

納傑爾的生命有一點很妙，那就是，他彷彿是會行走的二推月亮週期。這大概是因為月亮即他的命主星（上升巨蟹），加上月亮又與太陽、北交位於一宮的緣故。他第一次的巨大成就發生在二推月亮回歸、南北交行運與本命一宮新月合相的時候，但等到這些行運過去之後，行運的南北交合相上升、下降軸的時候（南北交以逆著十二宮的方向移動），一切開始走樣。納傑爾與工作夥伴上開始出現摩擦，最終他失去了製片公司與大部分的錢，消失在大眾視野中好一段時間。大家都以為他完蛋了，大概跑去哪裡端盤子了。整整十四年的時間，沒有人曉得他跑去哪，就是鬧消失，電影圈的人很容易這樣，據說這個行業由海王星守護。

隨後，納傑爾的二推月亮來到七宮頭，同時差不多與本命月亮對分，也對分本命太陽（形成二推滿月的意思）。納傑爾忽然又冒了出來。在二推月亮移動到地平面之下的十四年間，他似乎是在蘇格蘭某處養羊，且涉足進房地產開發產業，重新建立出足夠的財務版圖。當二推月亮終於來到水瓶座，與本命太陽、月亮、南北交軸線對分時，納傑爾開了一間新的製片公司，回到原初的創意工作領域。而當行運的南北交回到獅子座與水瓶座軸線（這次星座相反），且再次合相一宮裡的本命新月時，新的製片公司製作的第一部電影上映，大獲成功，羨煞不少圈內同僚。電影業鮮少有鳳凰浴火重生，一旦失足，這個人通常會永遠消失。不過，也許大家低估了日、月、木、冥合相的組合，其力量得以從灰燼中重生，再度扮演起比馬龍的角色。

各位明白，我為什麼會說納傑爾是「會行走的二推月亮週期」了吧？他也是火象人將生命幻化成神話的絕佳案例。本命日蝕的緊密度數反映在他生命深度的週期性質上，因為當循環的行運合相時，一次就會合相所有的行星。多數人的月亮及南北交週期，表現不會這麼明顯。當然啦，這張星盤還有很多東西可以討論，但我覺得這是二推月亮及南北交軸線運作的絕佳案例。也很適合觀察新月月相的特質，月亮整個隱身在太陽的光輝之中。納傑爾有一個很有意思的特質，認識他的人都是這樣描述的，在公司的時候，他似乎迷人、充滿力量與吸引力（我們大概猜得出來），但當距離拉開後，這些人完全不曉得在一般的人際層面上，納傑爾到底是個怎麼樣的人。人格的月亮層面功能在於連結其他人，不知為何，這種功能在納傑爾身上模糊不明，外人彷彿是在面對一個具有人格的神話存在，沒有辦法透過一般的情緒和本能貼近其中的人性。

傳統上會認為月亮在一宮或十宮，這種人具備「處理」人的天賦，因為他們對於他人感受與需求相當敏感。多數案例的確如此，月亮在十宮的人甚至會選擇演戲、公關、助人事業等領域的工作。不過，納傑爾的一宮月亮是暗月，黑卡蒂的月亮，他的天賦在於能用直覺挖掘未經發展的才華，同時對外人保留自己的情緒生活，這就是他展現這種獨特矛盾結合的方式。納傑爾透過電影，對身邊的人及外在世界造成巨大的太陽衝擊。然而，要碰觸他的內心、真正了解他這個人相當不容易，雖然這一切都隱藏在他周遭的光芒之下，較為遲鈍的目光根本無法察覺，因為一宮的獅子座及月木合相，大家自然會覺得他很有魅力。他人只會隱約感覺到一種不太自在的感受，彷彿真正的他沒有出現，但話又說回來，從太陽展現的角度，以及他對世界高度個人化的創意貢獻而言，他又確實存在。

我們也可以觀察一下納傑爾的火星，因為火星四分日、月、南北交軸線，還在天頂，所以也很重要。

觀眾：他在生命裡肯定會有一番作為。

麗茲：沒錯，說得很對。位於天頂的火星反映出納傑爾永無止盡的野心及征服的需求。他必須成功，必須成為廣大市場上的第一人、佼佼者。火星在這個位置也暗示了這些特質來自他的母親，她聽起來顯然具有烈士般的性格，在世俗成就上卻沒有任何建樹。她希望兒子出人頭地，他也「使命必達」。他的某些世俗努力源自於需要滿足母親的期待，但這些也是他自己的期待。納傑爾以具有意識的方式善用火星，也操作得宜，他的成功與專業聲望都反映了這點。那火星在金牛座呢？有什麼特徵？

觀眾：速度緩慢，堅毅不拔。

麗茲：的確，就是以拖待變、耗死對手的原則。火金牛起步慢，但一旦上了軌道，誰都無法阻擋。火金牛需要實際的成就，競爭的天性會透過世俗的方式表達，好比說賺錢或得到專業的成就。納傑爾做這些事不是因為他覺得這些行為對他的靈魂演化有益。他要的是實際的結果。我也覺得這顆火星說明了他為什麼能夠長時間高強度工作。他不只是「運氣好」，更不是天生善於見風使舵，雖然他突如其來的成功看似如此。一切成就都是他胼手胝足打拼而來，耐著性子，小心翼翼，只是他的獅子座需要展現出豪邁、引人注目的個性，也許會降低他天性裡固執、努力面向的重要性，因為這一面與光鮮亮麗毫無關係。

觀眾：火金牛也很講究感官，其中參雜了性的驅動力。

麗茲：是的，火金牛反映出強大的肉體驅動力。委婉地說，納傑爾的戀情多采多姿。如我們所料，他生命中有很多女人。火星在金牛座的男性傾向於用性愉悅與性征服來認同自己的力量與性能力，這點與位在風象星座的火星大相徑庭，後者會以聰慧靈敏及組織能力作為對力量的認同。

觀眾：我想多了解他的母親。先前說過，納傑爾必須滿足母親對於未竟成就的期待。天頂的火星都會這樣表現嗎？

麗茲：不，不見得每位個案都有逼著自己有所成就的母親。位於天頂的行星反映出母子之間共同的特質，母子都能用具有創意的方式表達。我認識許多火星在天頂的人，他們的母親在世界上都成就非凡，成為孩子正面、充滿活力的成功典範。我們沒有辦法只看星盤就了解母親是否能夠自己表達出這種特質，也不曉得她是否意識到自己具備這些特質。如果持續處在無意識狀態，那母子之間很容易產生問題，因為孩子身上會背負起無以名狀的巨大壓力，替自己與媽媽活出這顆行星。就納傑爾的案例而言，我們可以從他的家庭背景據證推論。我們曉得他的母親必須「照料」酗酒的丈夫，她占有慾強、專橫跋扈，竭盡一切手段阻止兒子與父親產生任何連結。她沒有外出工作過，卻以無意識的迂迴方式表達火星特質，因為烈士精神通常是暗中進行的侵略性及控制手段，而我會暗示，她多少參與或密謀了丈夫的酗酒行為，因為這樣她才有「自我犧牲」的正當理由，而犧牲正是她在生命中毫無建樹的偽裝。有「問題」的丈夫，無論是酗酒、好色、財務失敗，這種丈夫很容易成為發洩的對象，太太可以將生命中對於未竟夢想的怒氣統統怪到男方頭上。

平心而論，我們也該考量納傑爾母親出生的時代，那時對於火星女性的支持與鼓勵比現在少很多。因此，就天頂的火星而言，納傑爾與母親之間的困難反映出來的大概是以下幾個元素結合在一起的狀況——母親所處時代的集體價值觀（期待每位女性都成為愛家持家的母親與妻子）、母親本身的人格特質（選擇迂迴而不是明確的方式活出火星），最後是她的家庭背景，這也許不能怪她，但她的原生家庭的確在早年摧毀了她的自信，讓她無法以公開、積極的方式表達火星。

如果我們將這些要素統統加在一起（有些不在星盤上），那我們大可猜測，母親對納傑爾「出人頭地」有猛烈的逼迫。不過，這也是納傑爾的推動力，在我們卯起來責備父母之前，我們切莫忘記這點。納傑爾也許要面對這個重要的議題，那就是，辨識出他自己的心之所向，以及他想要用來安撫母親的東西究竟是什麼。其中的差異在於被動強迫與主動選擇。如果納傑爾擁有自己的火星，他就能追尋自己的目標與慾望。如果他無意識認同母親未竟的生命，他就會成就母親的夢想，而不是自己的願景，他會覺得自己似乎是在替別人努力，因此無法放鬆，無法享受勞動的果實。類似的元素出現在納傑爾與女性的交往上，他年輕時容易邂逅崇拜他、希望得到照顧的女性，這些女性在關係中，無論是財務上或創造力上，都毫無貢獻。這是重複了納傑爾與母親相處的模式。

觀眾：這種狀況可能發生嗎？女性不展現月亮特質，或男性不表達太陽能量？

麗茲：當然。對於男人活出太陽、女人活出月亮這種一概而論的講法，我非常警惕。太陽、月亮是男性、女性的原型象徵行星，但每個人能夠表達的能量特質程度因人而異。我經常看到某位星盤的女主人，月亮處在無意識狀態。她會透過尋找具有月亮特質的男人找回這股能量，類似與太陽「接觸不良」的男性也許會透過太陽特質強的女性來尋找創造力之火。這種行為並不是與生俱來的「不對」或病態，但我覺得，每個人遲早會被靈魂推出去，盡量藉由內在的特質活出最好的自己，這些特質就包括了每一顆行星。不過，星盤配置高度個人化，女性的太陽處在開創宮位，或月亮躲在十二宮，相位寥寥可數，那她起初會比較容易認同太陽的原則。有時並不是因為星盤象徵，而是家族內的情結造就了女性與月亮失聯，或男性與太陽斷線。這時問題就會帶來傷痛，因為當事人會產生強迫性的反應，無法自然表達抒發。曾幾何時，男女角色定位相當明確，在生理學的支配與環境的要求下，這種狀況無可避免，自然而然就發生了。不過，隨著人類在幾百年的光陰間增加的複雜性、成熟性與個人性之後，就外在看來，這些原型的角色似乎沒有那麼堅不可摧了。話雖如此，與行星失聯遲早會引發問題，因為我們內在無意識的部分會變成強迫性的行為，讓我們受到情結，乃至於生命的迫害。

我接下來想討論火星與日月合相的四分相。本週講座中，我們已經見過許多類似的四分相。各位對納傑爾星盤裡的這組相位有什麼看法。

觀眾：他肯定常常覺得憤怒、急躁。

麗茲：奇妙的是他其實很少發怒。這個例子很適合說明四分相的狀態——一邊被擠進無意識中，在「外頭」遇見這股能量。如果納傑爾發現，他可能會引發難以控制之人的怒火時，他就會進行巨蟹座巧妙的推理，然後默默走開，對方再也不會見到他。如果他必須資遣替他做事的下屬，他一定會找另一位員工替他開口，然後鬧消失兩個禮拜，因為他不喜歡面對面的衝突。雖然他野心勃勃，拼命追求成就，但很難想像私底下的他這麼「不火星」。結果就是這些閃躲與逃避讓很多人對納傑爾怒火中燒。他有很多敵人，等著將他逼到絕境，跟他「好好算帳」。

納傑爾火星四分相的其中一種表現方式是相當無意識的（火星反映出來的面向包括與人直接對峙、維護自身立場、健康的攻擊性等），因此投射出去，讓他透過其他人感受這顆火星，通常都是在工作上往來的對象。我常在日火對分的人身上觀察到這種狀況，因為自我（包括了自我形象）與激進的衝動產生衝突，當事人會害怕自己的怒火，也無法忍受其他人看見自己變得殘暴強勢。我也覺得這組日火四分也許與納傑爾培養其他人的才華，自己卻從不登上舞台有關，雖然大家都覺得他外表出眾，畢竟一宮獅子座裡有那麼多顆行星。

觀眾：聽起來他的火星似乎沒有真正脫離母親。

麗茲：正是如此，我也是這麼想的。納傑爾可以展現某些火星特質，好比說野心、工作上的競爭心態，但這些都是母親希望他替她展現出來的特質。他小時候不被允許展現的是他自己的攻擊性，以及坦言自己想要什麼。納傑爾的意志與母親的意志相衝突（兩人都極其固執），從這個角度而言，他的母親霸占了他的火星。講得更明白一點，她對兒子施展了某種心靈上的去勢。從他與女性的過往以及他的世俗成就來看，你大概不會這麼想，但也許逼迫他一直重申自己「雄風」的特質部分來源於此。這點隱約也造就他無法與其他人在實際層面進行直接交流。

觀眾：一宮的獅子座遭到劫奪有什麼重要的意涵嗎？

麗茲：星座遭到劫奪時，它與宮頭沒有直接聯繫，因此沒有直接進入世界的途徑。每一宮都掌管生命實際的某個領域，由守護星負責路徑的疏導。不過，遭到劫奪的宮位彷彿是每次都要向房東報備的房客，房東就是宮頭的守護星，就納傑爾的星盤來說正是月亮，即巨蟹座的守護星。因此，獅子座的能量為了要表達自我，必須得到月亮的指揮，這意味的納傑爾對他人非常敏感（雖然是無意識的），他因此很難公然地「發光發亮」。這也許說明了，為什麼他會培養其他人的才華，而不是滿足自己想要被人看見、得到賞識的需求。

觀眾：他有孩子嗎？

麗茲：有，他跟孩子似乎處得很好。我覺得他是慷慨也關切的父親，大概從巨蟹與獅子的組合就看得出來，同時也是因為他曉得被父親徹底忽略是什麼滋味。他與不同的女性生了好幾個孩子，似乎有點反映出日木合相的特質，不怎麼檢點的宙斯與許多凡人女性結合，產出好幾個半人半神的孩子。宙斯本身也有父親議題。

觀眾：可以多聊聊出生盤上的新月是什麼樣的感覺嗎？

麗茲：新月帶有強烈的牡羊座氣息。就納傑爾的例子來說，可以用新月落在牡羊座的自然宮位上來解釋，也就是一宮，但就算新月是在較為低調的宮位，這種特質還是很明顯。這種人對自己極其敏感，但對他人作為獨立個體的感受卻不是太敏銳。對他人敏感是滿月的禮物，滿月人會太注意別人，因此引發猶豫不決與緊繃狀態。新月傾向在意自己的創意目標，月亮的功能通常都只能擺在後頭。只不過呢，處在無意識狀態的東西通常都會以祕密的方式產生巨大力量，因此當事人對於自己的感受特別敏感。其他人偶爾需要對新月人喊三次：「哈囉，我在這呢！」但對滿月人只需不經意地眨個眼，他們就會立刻擔心起，自己是否冒犯了你。

雖然納傑爾具有絕佳的直覺與能力能夠操縱他人，雖然他上升在巨蟹，但他也經常在處理他人的情緒時把場面搞得很尷尬。的確，我們都曉得他很敏感，但他的敏感主要僅限於對自己敏感。他很容易因為他人受傷，但完全不會注意到自己已經徹底重創了別人。他可以看到別人的創意潛力，卻無法察覺對方的感受，除非對方明明白白說出來。整體來說，這點在火象星座身上的確成立，他們可以感受到其他人身上的潛質，卻沒有辦法對於對方的時機點與需求察言觀色。這就是為什麼許多人覺得火象人都在施壓、逼迫他們，這種指控會讓火象人相當震驚，因為他們是真心、無私地在滋養他人的能力，完全沒有注意到需要更多時間及更溫和的手法。當然啦，納傑爾典型的火象態度會認為人家想抱怨就抱怨吧，但如果對方不開口，納傑爾也就只是聳聳肩，說：「我怎麼會知道？我又不會心電感應。」

我們該來聊聊納傑爾的金星嗎？我覺得這顆金星滿棘手的，因為雖然金星與火星形成不錯的三分相，但處在失勢的星座，又與土星、天王星四分，同時是土天中點。艾伯汀是這樣描述金星＝土星／天王星的：「戀愛關係裡的張力與壓力。」[13]而且，金星在納傑爾十四歲時開始逆行，暗示了他在敏感的年紀時期，在愛與性的領域上遭受許多挫折。如果我們將金星視為納傑爾的自我價值感，挑戰金星或讓金星因為孤立無援而受傷的是土雙子，而且土星位在象徵群體的十一宮裡。十一宮是我們經驗大家庭歸屬感的場域，土星位在十一宮暗示了當事人是匹「孤狼」，覺得自己與眾不同，格格不入。在雙子座的土星會帶出遭人誤解或覺得笨的恐懼，不只反映在同年早期（納傑爾是獨生子，沒有手足能夠交流），同時也會影響智識的深度與嚴肅性，在一般社交閒聊上會造成溝通的障礙。

土雙子在「談天」上常有障礙（儘管如此還是會過度補償），很害羞，在派對這種尋常社交場合上會非常不適。因此土星強烈的孤立感、與眾不同感干擾了納傑爾對自己的價值認知，特別是在他對自己的評價，以及肉體層面的吸引力上（金星畢竟是在二宮的處女座）。他必須努力找到自身肉體的價值感，也要面對內在整合的問題，不要為了贏得別人的愛，就「賤價出售」。土星的四分相會一直說：「但其他人都不喜歡你。」納傑爾給人的第一印象絕對不是自信不足或害羞，因為他的偽裝發展得很好（巨蟹上升），而且他自我神格化的能力也會讓人猜不透。

觀眾：但他的匱乏感應該會在親密關係中變得明顯，土星守護七宮。

麗茲：是的，的確比較明顯，而且我確定在親密關係中，他體驗到的多為金土四分帶來的恐懼與缺乏自信。不過，金土人通常會無意識選擇「安全」的伴侶，也就是情緒、智識或社交人際上不如他們的人，這樣可以降低威脅感，因此納傑爾選擇的女性也許不會注意到他沒有表達出來的缺愛恐懼。她們只會覺得他很難搞，麻木不仁。

13 原註：這是普遍使用的中點標示寫法。「金星＝土星／天王星」意味著金星與中點形成四分、合相、對分，或是構成四十五度、一百三十五度的相位。

我發現土象星座的金星還有一個特點，那就是當事人需要能夠生活在土元素平靜、難以言喻的層面之中。我聽過很多土象金星當事人說害怕無聊，因為土元素反映出的是自然世界的靜默與寧靜。土元素不會坐在那邊跟你咬耳朵、裝聰明。就只是「存在」而已。如果星盤很強調火元素，或是當事人的父母期待一輩子的娛樂，那自然節奏帶來的正面寧靜、和諧特質就會遭到低估或輕視，但如果這一切發生在土象金星身上，當事人就會在不斷嘗試想要展現光芒、變得令人興奮的過程中，失去自我價值感。納傑爾肯定害怕，只要表演停下了，他不再神祕、迷人、瀟灑，其他人就會覺得他又蠢又無趣。我想起我讀過演員約翰・馬可維奇（John Malkovich）的一則訪談，他說令人期待的週末就是待在家裡給桌子塗油上漆 。我不確定他的金星是否位在土象星座，但我懷疑納傑爾也有類似的特質。只不過呢，納傑爾大概嘴巴上不願承認。

當金星處在土象星座但遭到輕視時，可能會產生這種恐懼，認為自己的身體笨拙、乏味且毫無吸引力。我會猜測，納傑爾的土星四分二宮處女座的金星反映出了許多沒有表達出來的恐懼，擔心肉體不夠迷人或不具吸引力，但他明明就有很多豔遇。金星與位於天頂的火星三分帶來絕佳助力，因為世俗成就與性能力補償了較為脆弱的感受。納傑爾越是成功，他就越能忘卻其他那些不舒服的問題。不過，我覺得他終將需要用意識關注金星的領域，也許金星可以作為通往晦暗月亮的橋樑。

我注意到我們已經超過時間了，也許我們該繼續，看看大家對於太陽、月亮週期及南北交軸線有什麼疑問。

觀眾：如果有東西投射出去，好比說納傑爾的火星，這意味著他完全沒有活出這些能量嗎？

麗茲：我不覺得這件事可以分得這麼壁壘分明。每顆行星都有不同的面向，我們也許只會意識到其中幾個面向，且能夠以恰當的方式展現出來，但同時對於其他面向又覺得困難，甚至是完全沒有意識到。納傑爾的確以具有辨識度的幾種方式展現了他的天頂火金牛——他有錢、成功，他在相當競爭的行業裡占有一席之地，在與他人談商業合作時，他可以相當進取。就世俗角度而言，他是贏家。因此，他「活出了」火星的諸多面向。不過，他在一對一關係中無法順暢表達火星，在此層面的攻擊性是隱性也無意識的。與其回應另一個人的憤怒，他選擇撤退消失，不接電話。當你想要與人直接吐露心聲時，對方總是沒空，這樣會讓人覺得很煩。這就是在說「別來煩我」，因此很多人都很氣納傑爾。

很少看到一顆行星完全處在無意識狀態，排除在性格之外。通常是當事人能夠掌握這顆行星的某些特質，有些面向無法駕馭。某種程度而言，行星跟人很像，複雜、面向多元，隨著年紀漸長，我們也會發展每顆行星深刻的表達方式。當我們面對諸如投射這種心理議題時，我們必須謹慎，不能太直接，或黑白分明，因為這種問題通常都會牽涉進許多交織在一起的狀況。日火四分也許可以照顧好陽剛的情慾形象，卻無法好好與人進行情感交流。同時，納傑爾正面表達火星的方式（世俗成就）提供了出口，讓他能夠宣洩在私領域無法道明的怒氣。他可以痛擊競爭對手，卻無法對母親大小聲，這樣可以保持他的心理健康，畢竟他還是有出口的，就算這個出口遭到無意識家庭議題腐蝕也派得上用場。星盤裡沒有一個配置會完全處在意識狀態，且表現到極致，以至於無需繼續挖掘。

觀眾：可以詳細談談劫奪的星座與行星嗎？我覺得我似懂非懂。

麗茲：我可以提供我粗淺的舉例。可以把星座當成能量場，能夠替行星基本的驅動力或衝動抹上色彩。宮頭則類似避雷針，能夠將行星驅動力及星座能量往外引導，顯化在世界上。星盤裡的宮頭定義了每個人生活的具體現實，也決定了其中行星功能的限制。如果一顆行星所在星座沒有守護任何宮頭，感覺就會像租客向房東租屋，擁有建築的房東就是宮頭守護。如果公寓是你的，你大可我行我素，可以將牆壁漆成紫色，在院子裡種致命的顛茄，誰都管不了你。不過，如果你是房客，你就得先請教房東的意見。房東也許會說：「抱歉囉，但蘇黎世的公寓都該是白色的。」於是你的住所保持白白的牆面。你當然可以搬家，但劫奪星座的行星搬不走。納傑爾星盤裡那些遭到劫奪的獅子座行星在透過一宮表達能量之前，都得先請示過月亮（月亮本身也在獅子座）。

觀眾：妳會說這麼多獅子座行星讓納傑爾自戀嗎？

麗茲：我覺得用「自戀」一詞需要謹慎。自戀有臨床意涵，也有在對方不讓我們得逞時，用來侮辱人家。記得安布羅斯・比爾斯對自我中心者（egotist）的定義嗎[14]？我們姑且不論這第二個較為常見的用法，也就是用來罵人，因為這種用法與提出指控的人息息相關，完全沒有客觀基礎。至於臨床定義，自戀是一種心理狀態，當事人的自我尚未發展成熟，無法以獨立有機體的型態與外在世界互動。佛洛伊德用「原發自戀」描述嬰孩的觀點，這個孩子只注意到自己強烈的需求，只要需求無法滿足，孩子就會憤怒鬧脾氣。這個嬰兒是全能的宇宙中心，無法理解「他者」的存在。在此脈絡下，自戀的成人無論乍看之下有多聰慧、社交手腕多麼高明，通常孩提時代都受過深刻的創傷，也沒有發展出足夠的自我，認清其他人的現實。每個人事物都是部分客體（part-object），只是當事人的延

---

14 譯註：安布羅斯・比爾斯（Ambrose Bierce）是這麼說的：「自我中心主義者，品味低下，對自己的興趣遠超過對我的興趣。」出自他一九〇六年出版的諷刺作品《魔鬼辭典》（*The Devil's Dictionary*）。繁體中文版以《厭世辭典：愛在酸語蔓延時》之名出版，於二〇二〇年由遠足文化出版。

伸，就跟手腳一樣。當事人認為需求得到滿足理所當然，如同我們希望手腳如何移動一樣理所當然，如果這種假設遭到他人界線的挑戰，結果就是大發雷霆。每個人都有自戀的口袋，有人口袋大，有人口袋小。有人始終困在這個嬰兒時期的狀態裡，他人只是投食的客體，就算表面的行為看起來充滿愛意、自我犧牲也一樣。

的確，火象星座比較容易聚焦在自己的內在想像世界上，忽視他人的需求。不過，這不是臨床上的自戀定義。頂多只能算是不夠敏感，麻木遲鈍。火元素具有戲劇效果，講究個人神話，他們喜歡活得跟宏偉大戲一樣，就算很辛苦，也比過著默默無聞、尋常的平凡生活好。因此，火象星座無論如何都會將焦點吸引到自己身上（這種態度若處在無意識狀態，很容易操縱別人，甚至歇斯底里），但臨床上的自戀反映出的是自我認同結構上的深層創傷，無論星座，每個人都可能遇到這種事。每一個星座都有其最獨特的方式來應對衝突及創傷，經歷這種痛苦的火象人可能會以特別浮誇、顯而易見的方式展現出自戀的狀態。不過，土象或水象人在臨床上也會產生自戀傾向，只是會以自我犧牲或肉體的症狀展現出問題所在。

我會說納傑爾在某種程度上，人格中具備自戀的元素，但沒有到完全失能的狀態，我也不會將這點歸咎於日獅子上，而是認為一切與他的童年背景有關。剛剛才說過，每個人都有尚未發展成熟的口袋，因為納傑爾的母親試圖掌控他，所以他的家庭環境的確侵害了他的意志與自我。然而，在納傑爾的案例中，這種自戀的傷口會以獅子座的方式表達出來，意味著他需要觀眾的認同（特別是女性），才會覺得自己真實存在。

自戀是孤獨、引發焦慮的狀態，因為當事人會覺得內心空虛、不真實，除非能夠找到提供鏡像自我的外物。各位記得納西瑟斯（Narcissus）的神話嗎？因為母親的阻攔，納西瑟斯不能看自己的倒影。當他最終在池水的鏡像中看見時，他愛上了這張臉，無法自拔，更認不出他人（山嶽神女艾珂〔Echo〕）給的愛。這是很深刻的神話故事，詳細說明了自戀的問題。如果母親沒有允許孩子發展自我，卻要求孩子學習她的榜樣，反映她的需求與未竟的生命，過程就很像不讓納西瑟斯查看自己的面容一樣。等到孩子長大，他就會到處找鏡子，仰賴外在世界的認可，滿足內心的空虛黑洞。火元素也許會依賴外界將他視為超凡脫俗的象徵，土元素可能會仰賴外在的財富與地位展現，風元素靠的是聰明才智引發的認可，水元素則有賴於替其他成員活出未竟的生命，進而維繫一個家。不過，嚴重自戀帶來的悲劇在於，當事人其實只是一個小小孩，沒有辦法適應外在世界，因為對他來說，外在世界根本不存在。唯一存在的是內心的空洞，這裡本該存放自我與英雄的珍寶，結果卻被母親洗劫一空，因為她也經歷過自戀帶來的創傷，需要孩子填補她自己的空虛。自戀因此會遺傳。唯一解方就是我們聊了整整一週的東西，透過太陽與月亮的發展與功能，逐步建立出獨立的自我。

心靈工坊 PsyGarden
Holistic 160

發光體：從太陽、月亮看生命追求與心靈整合

The Luminaries: The Psychology of the Sun and Moon in the Horoscope

麗茲・格林（Liz Greene）、霍華・薩司波塔斯（Howard Sasportas）——著
楊沐希——譯

出版者—心靈工坊文化事業股份有限公司
發行人—王浩威　總編輯——徐嘉俊
責任編輯—饒美君　封面設計—鄭宇斌　內頁排版—李宜芝
通訊地址—10684台北市大安區信義路四段53巷8號2樓
郵政劃撥—19546215　戶名—心靈工坊文化事業股份有限公司
電話—02）2702-9186　傳真—02）2702-9286
Email—service@psygarden.com.tw　網址—www.psygarden.com.tw

製版・印刷—中茂分色製版印刷事業股份有限公司
總經銷—大和書報圖書股份有限公司
電話—02）8990-2588　傳真—02）2290-1658
通訊地址—248新北市五股工業區五工五路二號
初版一刷—2024年9月　ISBN—978-986-357-3-999　定價—580元

國家圖書館出版品預行編目資料

發光體：從太陽、月亮看生命追求與心靈整合 / 麗茲・格林（Liz Greene），霍華・薩司波塔斯（Howard Sasportas）著；楊沐希 譯. -- 初版. -- 臺北市：心靈工坊文化事業股份有限公司, 2024.09
面；　公分. --（Holistic ; 160）
譯自 : The Luminaries: The Psychology of the Sun and Moon in the Horoscope.

ISBN 978-986-357-399-9(平裝)

1.CST: 占星術 2.CST: 心理學

292.22　　113014217

心靈工坊 PsyGarden 書香家族 讀友卡

感謝您購買心靈工坊的叢書，爲了加強對您的服務，請您詳填本卡，
直接投入郵筒（免貼郵票）或傳眞，我們會珍視您的意見，
並提供您最新的活動訊息，共同以書會友，追求身心靈的創意與成長。

書系編號－HO160　書名－發光體：從太陽、月亮看生命追求與心靈整合

姓名　　是否已加入書香家族？ □是 □現在加入

電話（公司）　（住家）　手機

E-mail　生日　年　月　日

地址 □□□

服務機構／就讀學校　職稱

您的性別─□1.女 □2.男 □3.其他

婚姻狀況─□1.未婚 □2.已婚 □3.離婚 □4.不婚 □5.同志 □6.喪偶 □7.分居

請問您如何得知這本書？

□1.書店 □2.報章雜誌 □3.廣播電視 □4.親友推介 □5.心靈工坊書訊
□6.廣告DM □7.心靈工坊網站 □8.其他網路媒體 □9.其他

您購買本書的方式？

□1.書店 □2.劃撥郵購 □3.團體訂購 □4.網路訂購 □5.其他

您對本書的意見？

封面設計	□ 1.須再改進	□ 2.尚可	□ 3.滿意	□ 4.非常滿意
版面編排	□ 1.須再改進	□ 2.尚可	□ 3.滿意	□ 4.非常滿意
內容	□ 1.須再改進	□ 2.尚可	□ 3.滿意	□ 4.非常滿意
文筆／翻譯	□ 1.須再改進	□ 2.尚可	□ 3.滿意	□ 4.非常滿意
價格	□ 1.須再改進	□ 2.尚可	□ 3.滿意	□ 4.非常滿意

您對我們有何建議？

□ 本人＿＿＿＿＿＿（請簽名）同意提供真實姓名/E-mail/地址/電話/年齡/等資料，以作為心靈工坊聯絡/寄貨/加入會員/行銷/會員折扣/等用途，詳細內容請參閱：
http://shop.psygarden.com.tw/member_register.asp。

廣　告　回　信
台北郵局登記證
台北廣字第1143號
免　貼　郵　票

心靈工坊 PsyGarden

台北市106 信義路四段53巷8號2樓

讀者服務組　收

免　貼　郵　票

（對折線）

加入心靈工坊書香家族會員
共享知識的盛宴，成長的喜悅

請寄回這張回函卡（免貼郵票），
您就成爲心靈工坊的書香家族會員，您將可以——

⊙隨時收到新書出版和活動訊息

⊙獲得各項回饋和優惠方案